中国国情调研丛书
乡镇卷
China's national conditions survey Series
Vol towns

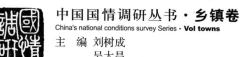

中国国情调研丛书·乡镇卷
China's national conditions survey Series·Vol towns
主　编　刘树成
　　　　吴太昌

镇域科学发展之路

——对河北迁安及野鸡坨镇的调查

THE ROAD OF SCIENTIFIC DEVELOPMENT OF TOWN AREAS
SURVEY OF YEJITUO TOWN OF QIAN AN, HEBEI

魏后凯　刘　楷 主编

中国社会科学出版社

图书在版编目（CIP）数据

镇域科学发展之路 / 魏后凯、刘楷主编 . —北京：中国社会科学出版社，2010.5

（中国国情调研丛书·乡镇卷）

ISBN 978 - 7 - 5004 - 8705 - 0

Ⅰ. ①镇⋯　Ⅱ. ①魏⋯②刘⋯　Ⅲ. ①乡镇经济 – 经济发展 – 研究 – 中国　Ⅳ. ①F299.23

中国版本图书馆 CIP 数据核字（2010）第 072315 号

责任编辑　张晓秦
责任校对　曲　宁
封面设计　杨丰瑜
技术编辑　王炳图

出版发行　中国社会科学出版社
社　　址　北京鼓楼西大街甲 158 号　　邮　编　100720
电　　话　010—84029450（邮购）
网　　址　http：//www.csspw.cn
经　　销　新华书店
印　　刷　北京君升印刷有限公司　　装　订　广增装订厂
版　　次　2010 年 5 月第 1 版　　印　次　2010 年 5 月第 1 次印刷
开　　本　710×1000　1/16
印　　张　16.25　　插　页　2
字　　数　238 千字
定　　价　35.00 元

中国国情调研丛书·企业卷·乡镇卷·村庄卷

总 序

陈 佳 贵

为了贯彻党中央的指示，充分发挥中国社会科学院思想库和智囊团作用，进一步推进理论创新，提高哲学社会科学研究水平，2006 年中国社会科学院开始实施"国情调研"项目。

改革开放以来，尤其是经历了近 30 年的改革开放进程，我国已经进入了一个新的历史时期，我国的国情发生了很大变化。从经济国情角度看，伴随着市场化改革的深入和工业化进程的推进，我国经济实现了连续近 30 年的高速增长。我国已经具有庞大的经济总量，整体经济实力显著增强，到 2006 年，我国国内生产总值达到了 209407 亿元，约合 2.67 亿美元，列世界第四位；我国经济结构也得到优化，产业结构不断升级，第一产业产值的比重从 1978 年的 27.9% 下降到 2006 年的 11.8%，第三产业产值的比重从 1978 年的 24.2% 上升到 2006 年的 39.5%；2006 年，我国实际利用外资为 630.21 亿美元，列世界第四位，进出口总额达 1.76 亿美元，列世界第三位；我国人民生活水平不断改善，城市化水平不断提升。2006 年，我国城镇居民家庭人均可支配收入从 1978 年的 343.4 元上升到 11759 元，恩格尔系数从 57.5% 下降到 35.8%，农村居民家庭人均纯收入从 133.6 元上升到 3587 元，恩格尔系数从 67.7%

下降到 43%，人口城市化率从 1978 年的 17.92% 上升到 2006 年的 43.9% 以上。经济的高速发展，必然引起国情的变化。我们的研究表明，我国的经济国情已经逐渐从一个农业经济大国转变为一个工业经济大国。但是，这只是从总体上对我国经济国情的分析判断，还缺少对我国经济国情变化分析的微观基础。这需要对我国基层单位进行详细的分析研究。实际上，深入基层进行调查研究，坚持理论与实际相结合，由此制定和执行正确的路线方针政策，是我们党领导革命、建设与改革的基本经验和基本工作方法。进行国情调研，也必须深入基层，只有深入基层，才能真正了解我国国情。

为此，中国社会科学院经济学部组织了针对我国企业、乡镇和村庄三类基层单位的国情调研活动。据国家统计局的最近一次普查，到 2005 年底，我国有国营农场 0.19 万家，国有以及规模以上非国有工业企业 27.18 万家，建筑业企业 5.88 万家；乡政府 1.66 万个，镇政府 1.89 万个，村民委员会 64.01 万个。这些基层单位是我国社会经济的细胞，是我国经济运行和社会进步的基础。要真正了解我国国情，必须对这些基层单位的构成要素、体制结构、运行机制以及生存发展状况进行深入的调查研究。

在国情调研的具体组织方面，中国社会科学院经济学部组织的调研由我牵头，第一期安排了三个大的长期的调研项目，分别是"中国企业调研"、"中国乡镇调研"和"中国村庄调研"。"中国乡镇调研"由刘树成同志和吴太昌同志具体负责，"中国村庄调研"由张晓山同志和蔡昉同志具体负责，"中国企业调研"由我和黄群慧同志具体负责。第一期项目时间为三年（2006—2008），每个项目至少选择 30 个调研对象。经过一年多的调查研究，这些调研活动已经取得了初步成果，分别形成了《中国国情调研丛书·企业卷》、《中国国情调研丛书·乡镇卷》和《中国国情调研丛书·村庄卷》。今后这三个国情调研项目的调研成果，还会陆续收录到这三卷书中。我们期望，通过《中国国情调研丛书·企业卷》、《中国国情调研丛书·乡镇卷》和《中国国情调研丛书·村庄卷》这三卷书，能够在一定程度上反映和描述在 21 世纪初期工业化、市场化、国际化和信息化的背景下，我国企业、乡镇和村庄的发展变化。

　　国情调研是一个需要不断进行的过程，以后我们还会在第一期国情调研项目基础上将这三个国情调研项目滚动开展下去，全面持续地反映我国基层单位的发展变化，为国家的科学决策服务，为提高科研水平服务，为社会科学理论创新服务。《中国国情调研丛书·企业卷》、《中国国情调研丛书·乡镇卷》和《中国国情调研丛书·村庄卷》这三卷书也会在此基础上不断丰富和完善。

2007 年 9 月

中国国情调研丛书·乡镇卷

序 言

　　中国社会科学院在 2006 年正式启动了中国国情调研项目。该项目为期 3 年，将于 2008 年结束。经济学部负责该项目的调研分为企业、乡镇和村庄 3 个部分，经济研究所负责具体组织其中乡镇调研的任务，经济学部中的各个研究所都有参与。乡镇调研计划在全国范围内选择 30 个乡镇进行，每年 10 个，在 3 年内全部完成。

　　乡镇作为我国最基层的政府机构和行政区划，在我国社会经济发展中，特别是在城镇化和社会主义新农村建设中起着非常重要的作用，担负着艰巨的任务。通过个案调查，解剖麻雀，管窥蠡测，能够真正掌握乡镇层次的真实情况。乡镇调研可为党和政府在新的历史阶段贯彻城乡统筹发展，实施工业反哺农业、城市支持乡村，建设社会主义新农村提供详细具体的情况和建设性意见，同时达到培养人才，锻炼队伍，推进理论创新和对国情的认识，提高科研人员理论联系实际能力和实事求是学风之目的。我们组织科研力量，经过反复讨论，制定了乡镇调研提纲。在调研提纲中，规定了必须调查的内容和自选调查的内容。必须调查的内容主要有乡镇基本经济发展情况、政府职能变化情况、社会和治安情况三大部分。自选调查内容主要是指根据课题研究需要和客观条件可能进行的各类专题调查。同时，调研提纲还附录了基本统计表。每个调研课题可以参照各自调研对象的具体情况，尽可能多地完成和满足统计表所规定的要求。

　　每个调研的乡镇为一个课题组。对于乡镇调研对象的选择，我们没有特别指定地点。最终确定的调研对象完全是由课题组自己决定的。现在看来，由课题组自行选取调研对象好处很多。第一，所调研的乡镇大都是自己工作或生活过的地方,有的还是自己的家乡。这样无形之中节约了人力和财力,降低了调研成本。同时又能够在规定的期限之内,用最经济的支出,完成所担负的任务。第二,在自己熟悉的地方调研,能够很快地深入下去,同当地的父老乡亲打成一片、融为一体。通过相互间无拘束和无顾忌的交流,能够较快地获得真实的第一手材料,为最终调研成果的形成打下良好的基础。第三,便于同当地的有关部门、有关机构和有关人员加强联系,建立互惠共赢的合作关系。还可以在他们的支持和协助下,利用双方各自的优势,共同开展对当地社会经济发展状况的研究。

第一批的乡镇调研活动已经结束,第二批和第三批的调研将如期进行。在第一批乡镇调研成果即将付梓之际,我们要感谢经济学部和院科研局的具体安排落实。同时感谢调研当地的干部和群众,没有他们的鼎力支持和坦诚相助,要想在较短时间内又好又快地完成调研任务几乎没有可能。最后要感谢中国社会科学出版社的领导和编辑人员,没有他们高效和辛勤的劳动,我们所完成的乡镇调研成果就很难用最快的速度以飨读者。

目　录

前　言

本书是 2007 年度中国社会科学院"国情调研项目"，课题名称为"镇域经济的科学发展研究"。之所以选择这个题目进行调研，主要有两方面原因：首先，目前学术界对区域经济的研究大多集中在省级、地级、地市级以及县级层面，而对镇域经济的研究十分薄弱，有不少方面至今仍然是空白。其次，目前我国镇域发展存在着诸多问题，如基础设施落后、公共服务能力低、环境卫生条件差、经济社会发展不协调、城镇管理滞后、地区发展差距大等，镇域科学发展是当前亟待研究解决的重要问题。我国有近 2 万个建制镇，全国近 60%的人口居住在镇域内，镇域经济发展质量的好坏直接影响到全国经济的发展，更影响到当前正在推进的新农村建设和和谐社会构建。因此，加强对镇域经济的综合调研和深入研究，不仅可以深化我国的区域经济理论，而且也可以为当前统筹城乡发展、加快城镇化进程和推进新农村建设提供理论和政策依据。

在调研对象的选择上，我们首先把调研地点锁定在河北省。选择河北省作为调研地点，主要是考虑到河北省虽地处东部地区，但却具有中西部地区的某些特征。2007 年，河北省人均生产总值为 19877元，城镇居民人均可支配收入为 11690 元，农民人均纯收入为 4293元，在东部地区仅高于海南省，居倒数第二位。同时，河北作为一个人口大省，现有建制镇 962 个，镇域经济类型多样。因此，选择河北省作为调研对象在全国具有一定代表性。更重要的是，河北省临近北京，与北京的联系十分密切，加上近年来我们在河北有较好的研究基础，这样将便于课题组深入地开展调查研究。

在具体镇的选择上，我们曾有三种备选方案，包括霸州市胜芳镇、滦南县宋道口镇、迁安市野鸡坨镇。胜芳镇土地面积 112.75 平方千米，下设 39 个行政村，2007 年总人口达 12.13 万人。胜芳镇的特色主导产业为金属玻璃家具，其市场份额约占全国的 65%。2005 年，中国轻工业联合会、中国家具协会联合授予了胜芳镇"中国金属玻璃家具产业基地"的称号。胜芳镇金属玻璃家具产业始于 20 世纪 80 年代初，经过 20 多年的发展，目前全镇已拥有金属玻璃家具企业及配套企业 1300 多家，总资产超过 30 亿元，涉及办公家具、教学用品、餐桌餐椅、沙发、茶几等 8 大系列 4000 多个品种，年产金属玻璃家具 4500 万台（套），从业人员 8.3 万余人。产品出口美国、日本、俄罗斯等 30 多个国家和地区，年出口额达到 2.16 亿美元。2007 年，全镇实现财政总收入达 6.47 亿元，居河北省第 9 位，在全国财政总收入千强镇中也处于前列。

宋道口镇土地面积 74.7 平方千米，下设 65 个行政村，2007 年总人口为 5.18 万人。该镇为中国钢锹之乡，现已成为远近闻名的钢锹生产基地。宋道口钢锹生产基地距滦南县城 5 公里，正处于唐乐公路两侧，具有十分便利的交通运输环境。主要生产各种类型的淬火钢锹、锄头、甘蔗刀及园林工具。该基地拥有钢锹生产企业 135 家，仅钢锹一项，年产钢锹 1.3 亿把，占全国钢锹生产总量的 90%，享有"全国最大的钢锹生产基地"的美称。宋道口钢锹企业拥有庞大的销售网络体系，产品 70% 畅销国内市场，30% 出口东南亚、非洲等发展中国家，在加拿大、美国、法国、德国等发达国家和地区出口量也日益增加。目前，宋道口镇已出现燕南、腾飞、合亿等规模型企业，创造了"根"、"奔"、"燕南"、"钢马"、"乌鸡"等知名品牌，并注册登记了滦南县钢锹行业协会，建立了中国钢锹网。目前，宋道口镇已经初步形成了钢锹产业集群的雏形。

无论是胜芳镇还是宋道口镇，都属于专业镇或镇域产业集群的类型，只不过胜芳镇的金属玻璃家具产业集群已经基本成型，而宋道口镇的钢锹产业集群还处于初期阶段。由于目前国内对专业镇或镇域产业集群进行了大量的案例研究，加上我所主持的产业集群研究项目已经结题，[①] 所以我们最后确定选择野鸡坨镇进行案例研究。野鸡坨镇地处迁安市南部，是国家首批小城镇建设试点镇，现辖 21 个行政村，土地面积 72.93 平方千米，2007 年末总人口达 3.60 万人。

选择野鸡坨镇作为调研对象，主要有三个方面的原因：一是代表性。野鸡坨镇不像马兰庄镇拥有丰富的铁矿资源，也不像杨店子镇和木厂口镇拥有大型钢铁企业，而是凭借其交通区位优势和近年来镇政府的积极努力迅速发展起来的。目前，野鸡坨镇的一些主要指标处于全国中等偏上的水平。2007 年，野鸡坨镇镇区人口 7194 人，比全国建制镇平均水平低 28.3%；镇区占地面积 4.5 平方千米，比全国建制镇平均水平高 5.1%；全镇财政收入 4388 万元，比全国建制镇平均水平高 29.9%。但由于近年来镇域经济的快速发展，特别是一些大中型工业和物流项目的进入，野鸡坨镇的就业结构发生了巨大变化。2007 年，野鸡坨镇第一、第二、第三产业就业结构为 9.7∶57.9∶32.4，其中第二、第三产业就业比重分别比全国建制镇平均水平高 30.9 和 8.1 个百分点。因此，野鸡坨镇在全国具有一定的代表性，其发展中面临的问题也是全国大多数建制镇所面临的共同问题。

二是工作基础。自 2006 年以来，我们在河北唐山市进行了大量的规划研究工作。最早在 2006 年底，应唐山市委书记赵勇同志的邀请，我与刘楷副研究员到唐山进行调研，并到迁安进行了实地考察。2007 年初，唐山市委委托中国社会科学院开展"唐山市建设科学发展示范区战略规划"课题研究，我有幸参加了这项规划研究工作，并担任规划编制组副组长。在规划编制过程中，我们多次赴唐山实地调研，并跑遍了唐山所有的区、县、市和开发区。2007 年 3 月，迁安市人民政府委托我组织编制《迁安市服务业发展规划》（2007—2020 年）；11 月迁安市发展与改革局又委托我组织编制《迁安市工业经济发展规划》；2008 年 2 月，迁安市人民政府又委托我组织编制

---

① 参见魏后凯等著《中国产业集聚与集群发展战略》，经济管理出版社 2008 年版。

《迁安市建设科学发展示范市规划》（2008—2020 年），包括规划文本、规划纲要和实施方案三个文件。在开展这些规划研究的过程中，课题组成员多次赴迁安市进行实地调查，召开了数十次座谈会，跑遍了迁安市所有乡镇，其中有的乡镇还跑了几次，并对大量的企业、工业区、商业网点、旅游点、典型村和农户进行了实地调研，掌握了丰富的第一手材料。

三是地方支持。从唐山市委、市政府到迁安市委、市政府，再到野鸡坨镇镇党委、镇政府，都对我们的调研高度重视，并尽最大努力提供各种方便，包括住宿和交通安排、调研地点选择、人员协助、会议组织和资料提供。尤其是，迁安市建设科学发展示范市领导小组办公室廉波主任和野鸡坨镇党委书记郭桂军、镇长李志勇对我们的国情调研高度重视，组织动员各部门给予积极支持和配合。显然，没有唐山市各级政府的大力支持，要完成这样一项国情调研将是十分困难的。同时，为了更全面深入了解镇村经济，在迁安市建设科学发展示范市领导小组办公室的建议下，我们还帮助编制了《野鸡坨镇建设科学发展示范镇规划》（2008—2020 年）和《野鸡坨村建设科学发展示范村规划》。通过规划调研和国情调研的有机结合，课题组与当地建立了良好的合作关系。

本书是我和刘楷主持的中国社会科学院国情调研项目的最终研究成果。课题的总体框架和调研设计由我和刘楷共同确定。全书共分为十章。第一章着重介绍全国镇域经济的总体情况和科学发展思路；第二章至第三章主要分析迁安市乡镇和村域经济发展现状及其思路；第四章至第十章重点从经济发展、教育发展、社会和治安情况、政府职能变化、镇区建设、专业村发展、示范镇建设规划等方面对野鸡坨镇的发展进行深入考察研究。可以说，本书的考察研究是从全国、市域、镇域、村域四个不同层面逐步展开的。

本书的作者和分工如下：第一章，魏后凯、刘楷；第二章、第六章，刘长全；第三章，邬晓霞、魏后凯；第四章，孙承平、魏后凯；第五章，邬晓霞；第七章，蒋媛媛；第八章，蔡翼飞；第九章，郭叶波；第十章，魏后凯、刘楷、邬晓霞、蔡翼飞、郭叶波。附录一由魏后凯整理，附录二由蒋媛媛、邬晓霞整理。此外，作为规划编制课题组成员，农村发展研究所张军研究员，工业经济研究所周民良研究员、石碧华副研究员参与了课题讨论和实地调研。河南规划设计院高见绘制了有关图件。邬晓霞、蒋媛媛和郭叶波对调研报告初稿进行了初步审阅。全部书稿由魏后凯统一进行修改审定，并对某些部分进行了重写。

需要指出的是，本调研报告是课题组的集体成果，是大家共同劳动的结晶。然而，由于我们的水平有限，加上野鸡坨镇过去的研究基础较薄弱，统计和文字资料较少，这无疑就加大了调查研究的难度。因此，在本书中难免会存在一些不足之处，希望各位同仁提出宝贵的意见。

魏后凯

2009 年 3 月 26 日

于北京中海·安德鲁斯

第一章

我国镇域科学发展之路

　　镇是我国最基层的行政区单位。作为城镇的重要组成部分，镇区是介于市与乡之间的较低级的城镇居民点。它起着联系城乡经济的纽带和桥梁作用，既是统筹城乡发展的重要载体，也是乡村人口和非农产业的集聚地。同时，目前我国镇域范围内还设有近40万个村民委员会，镇域总人口占全国总人口的近60%。因此，加快推进镇域科学发展，对统筹城乡发展、推动新农村建设以及促进城镇化健康发展，都具有十分重要的理论和现实意义。

一　我国建制镇的发展历程

（一）建制镇的设置标准

　　镇是我国最基层的行政区域。《中华人民共和国宪法》第三十条明确将我国行政区域划分为三级：（1）全国分为省、自治区、直辖市；（2）省、自治区分为自治州、县、自治县、市；（3）县、自治县分为乡、民族乡、镇。直辖市和较大的市分为区、县。自治州分为县、自治县、市。① 第九十五条进一步明确，省、直辖市、县、市、市辖区、乡、民族乡、镇设立人民代表大

---

① 这种三级行政区划体制最早在1954年9月20日第一届全国人民代表大会第一次会议通过的《中华人民共和国宪法》中得到明确，并沿用至今。

会和人民政府。

建制镇作为最基层的一级行政区域之一种，其设置标准经历了1955年、1963年和1984年三次变化。最早在1955年6月9日，国务院发布了《关于设置市、镇建制的决定》，明确提出了建制镇的设置标准：（1）县级或者县级以上地方国家机关所在地，可以设置镇的建制；（2）不是县级或者县级以上地方国家机关所在地，必须是聚居人口在2000人以上，有相当数量的工商业居民，并确有必要时方可设置镇的建制；（3）少数民族地区如有相当数量的工商业居民，聚居人口虽不及2000人，确有必要时，亦得设置镇的建制；（4）工矿基地，规模较小、聚居人口不多，由县领导的，可设置镇的建制。

1963年12月7日，为严格控制市镇人口，中共中央、国务院做出了《关于调整市镇建制、缩小城市郊区的指示》，提高了建制镇的设置标准：（1）工商业和手工业相当集中、聚居人口在3000人以上，其中非农业人口占70%以上，或者聚居人口在2500人以上不足3000人，其中非农业人口占85%以上，确有必要由县级国家机关领导的地方，可以设置镇的建制；（2）少数民族地区的工商业和手工业集中地，聚居人口虽然不足3000人，或者非农业人口不足70%，但是确有必要由县级国家机关领导的，也可以设置镇的建制。凡不符合上述条件的建制镇一律撤销。

1984年11月22日，为了适应城乡经济发展的需要，国务院批转了民政部《关于调整建镇标准的报告》，适当放宽了建制镇设置标准。（1）凡县级地方国家机关所在地，均应设置镇的建制。（2）总人口在2万人以下的乡，乡政府驻地非农业人口超过2000人的，可以建镇；总人口在2万人以上的乡，乡政府驻地非农业人口占全乡人口10%以上的，也可以建镇。（3）少数民族地区、人口稀少的边远地区、山区和小型工矿区、小港口、风景旅游、边境口岸等地，非农业人口虽不足2000人，如确有必要，也可设置镇的建制。（4）凡具备建镇条件的乡，撤乡建镇后，实行镇管村的体制。我国现行的设镇标准仍沿用1984年的规定。

（二）我国建制镇的发展

我国设镇的历史十分悠久，但直到近代才将镇作为基层行政区。[①] 总体上看，新中国成立以来，我国建制镇的发展大体经历了四个不同阶段：

第一阶段为过渡调整时期（1949—1961年）。新中国成立初期，限于当时的条件，国家没有制定专门的法规明确镇的行政地位和设置标准，镇的行政属性不明确，各地设镇较为混乱。有的镇下设有乡，而有的地方一城二镇，甚至数镇。到1954年底，全国共有建制镇5400个。1954年颁布的《中华人民共和国宪法》明确了镇的行政地位，1955年国务院又明确提出了建制镇的设置标准。根据这一标准，各地对已有的建制镇进行了审查、清理，撤销了一些不符合条件的镇，对一城多镇进行了合并。到1958年底，全国建制镇总数已减少到3621个。1958年开始了"大跃进"，全国实行"政社合一"体制。在合并小乡建立人民公社的过程中，有的乡合并为镇，一部分乡改为镇，镇的数量过快增长，到1961年底已达到4429个。[②]

第二阶段为萎缩停滞时期（1962—1983年）。由于市镇人口增长过快，加上自然灾害的影响，农业特别是粮食生产大面积歉收，导致全国范围内口粮短缺，城镇居民粮油副食品供应困难。在这种情况下，中央采取了减少城镇人口的办法来压缩商品粮油供应量。1961年，全国减少了城镇人口1300万人。[③] 1962年，中央又提出全国城镇人口再减少2000万人。[④] 1963年，又提高了设镇标准，对不符合设镇标准的建制镇一律撤销。到1965年，全国建制镇的数量减少到

---

① 1909年1月，清政府颁布《城镇乡地方自治章程》，规定在5万人口以上的村庄、屯集地建镇，不满5万者为乡，并把乡镇作为一级基层行政区。

② 浦善新：《中国建制镇的形成发展与展望（二）》，载《村镇建设》1998年第1期。

③ 《中央关于一九六二年上半年继续减少城镇人口七百万人的决定》，1962年2月14日。

④ 《中共中央、国务院关于进一步精减职工和减少城镇人口的决定》，1962年5月27日。

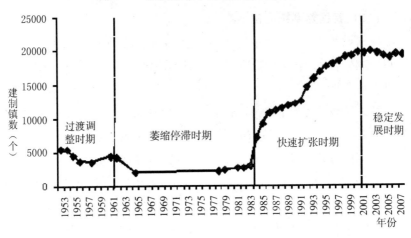

图 1—1　建国以来中国建制镇数量的变化

资料来源：1995 年以前数据来自浦善新：《中国建制镇的形成发展与展望（二）》（《村镇建设》1998 年第 1 期）；1996—2007 年数据来自国家统计局编：《中国统计年鉴》（各年度）。

2000 个左右。① 之后，在"文化大革命"期间，我国建制镇的发展基本处于停滞衰落状态。1978 年之后，随着农村商品经济的繁荣，全国建制镇有所恢复，但由于受设镇标准和"离土不离乡、进厂不进城"观念的制约，建制镇的发展仍比较缓慢。到 1983 年底，全国建制镇仅有 2968 个，比 1961 年减少了 33%。

　　第三阶段为快速扩张时期（1984—2000 年）。1984 年，国务院批转了民政部《关于调整建镇标准的报告》，放宽了设镇标准，确立了以乡建镇的新模式。撤乡建镇后，实行镇管村的体制。由于采取以乡建镇的模式，1984 年全国新增建制镇 4218 个，1985 年新增 1954 个，1986 年又新增 1578 个，使当年年底全国建制镇总数达到 10718 个，是 1983 年的 3.6 倍和 1978 年的 4.9 倍。之后，在 1987—1991 年间，全国建制镇数量增长放慢，平均每年新增 347 个，远低于1984—1986 年间的平均每年新增 2583 个的水平。邓小平同志南巡讲话之后，随着中国经济由计划经济体制向市场经济体制的加速转轨，

---

①　浦善新：《中国建制镇的形成发展与展望（二）》，载《村镇建设》1998 年第 1 期。

各地设镇的步伐又开始加快，1992—1995 年平均每年新增建制镇 1269 个，其中 1992 年新增 2084 个。到 1995 年底，全国建制镇总数已达到 17532 个，比 1991 年增加了 40.8%。1996—2000 年，各地设镇步伐又有所放慢，平均每年新增 432 个。2000 年，全国建制镇总数为 19692 个，比 1995 年增加 12.3%。

　　第四阶段为稳定发展时期（2001 年以来）。自"十五"计划以来，我国建制镇的数量增长已经处于相对稳定时期。建镇的模式由最初的撤乡建镇逐步转变为撤乡并镇，建制镇的发展由过去注重数量扩张转变为注重质量的提高，注重加强中心镇的建设和强化镇区的集聚功能。这期间，全国建制镇的数量一直维持在 1.9 万个左右，并呈现出不断减少的态势。到 2007 年底，全国共有建制镇 19249 个，比上年减少 120 个，比 2000 年减少 443 个，平均每年减少 63 个。建制镇数量的减少主要是由于近年来各地大量并镇和城市不断扩区的结果。

二　镇域经济的含义和类型

（一）镇域经济的特点和作用

　　从空间范围看，区域经济具有一定的层次性。从省域经济到市域经济，再到县域经济和镇域经济，它们均在我国国民经济中承担着不同的功能和重要作用。作为县域经济的核心组成部分，镇域经济概念具有两方面含义。从行政区的角度看，镇域经济是指镇级行政区范围内的区域经济，它受到行政区划边界的影响和制约。从经济区的角度看，镇域经济则是以镇为中心形成的开放经济系统，是在镇域范围内各种要素和产业有机构成的经济综合体。镇域的边界通常以镇的吸引或影响范围来界定。在这种情况下，镇域的边界将是模糊、变化的。

　　镇域经济是县域经济的基础，它具有三个显著特点：一是综合性。虽然镇域的范围不大，但镇域经济所涵盖的内容却十分广泛，它是由各种要素、各种产业和各个经济领域有机构成的综合体，具有典型的区域经济综合性特征。二是地域性。镇域经济类型多样，地域特色突出，其经济结构、产业构成、发展模式和动力机制等都呈现出多元化的特征。对镇域经济而言，特色就是竞争力。三是开放性。由于地域范围较小，镇域经济的开放性和专业化程度要更高。镇域消费的产品绝大部分来自镇域之外，而镇域生产的产品绝大部分销往其他地区。广东的专业镇、浙江的"块状经济"，以及近年来各地快速发展的"一镇一业"、"一镇一品"等，都是这方面的典型例子。

镇域经济是县域经济的基础，是壮大县域经济总量，提升县域经济竞争力的关键环节。从沿海发达地区的经验看，省域经济强往往强在县域经济，而县域经济强则往往强在镇域经济。同时，镇域经济也是统筹城乡发展的桥梁和纽带。它架起了融通城乡的桥梁，起到承上启下的"二传手"作用，促进了农业和工业、农村和城市的相互影响和相互促进。因此，发展和壮大镇域经济，对消除城乡二元结构、统筹城乡发展具有重要意义。此外，镇域经济也是吸纳农村剩余劳动力的重要渠道。特别是在珠三角、长三角等发达地区，目前镇域经济已经发展成为吸纳农村剩余劳动力的主渠道。我们对野鸡坨镇的调查也表明，镇域经济的快速发展在吸纳农村劳动力就业和维护农村社会稳定中起着关键性作用。

（二）镇域经济的类型划分

我国建制镇数量多，类型丰富多样。由于各镇在自然条件、交通区位、资源禀赋、经济基础、产业发展、历史文化等方面存在较大差异，因此，镇域经济的类型划分可以采取多种不同的方法。按照地理特征、区位条件和民族特点，国家统计局把我国建制镇分为平原建制镇、丘陵建制镇、山区建制镇、民族建制镇和城关镇五种类型。[①]按照经济发展水平的差异，可以把镇分为发达镇和欠发达镇。按照产业专业化程度，则可以把镇分为专业镇和非专业镇。而专业镇又可分为内生型和嵌入型两类。其中，内生型专业镇是指基于自身的优势资源、优势产业和已经形成的专业市场等因素建立起来以民营中小企业

---

① 国家统计局农村社会经济调查司：《中国建制镇统计资料2008》，中国统计出版社2008年版。

为主体的专业镇；嵌入型专业镇是指通过引入的方式而形成的专业镇。① 目前，学术界大都采取综合指标来进行分类。如朱文忠等把小城镇分为城郊结合型、工业基地型、专业市场型、旅游名镇型、交通要道型、综合开发型 6 种类型。② 侯保疆则按照产业、地理、功能等特征，把建制镇分为农业型、工业型、商贸型、旅游型、边界型、城郊型、工矿依托型、交通枢纽型、移民型和综合型 10 种类型。③

我国地域辽阔，各地区的情况千差万别。在实际调查研究中，由于各自研究目的和各地实际情况不同，很难采取统一的标准和分类方法。根据课题组对唐山市的实地调查，即使是相距不远的迁安市和乐亭县，两市县镇域经济类型也具有较大的差异性。迁安市铁矿资源丰富，是依靠铁矿开采和钢铁工业迅速发展起来的工业强市，各乡镇经济发展差别较大。现有的 19 个乡镇大体可分为采掘型、重化工业为主型、综合型、特色产业支撑型和农业型 5 种类型。而乐亭县过去作为传统的农业大县，农业产业化程度较高，各乡镇经济发展相对均衡。现有的 14 个乡镇大体可分为 3 种类型，即以特色果蔬种植及畜牧养殖为主的乡镇，以渔业、珍皮动物养殖及临港配套产业为主的乡镇和综合型乡镇。因此，镇域经济的类型划分，一定要考虑到研究的目的和需要，从当地的客观实际出发。

三 我国镇域经济发展现状分析

（一）我国镇域经济发展状况

从镇域经济的地位看，2007 年我国建制镇总人口 7.77 亿人，占全国总人口的 58.8%；其中镇区人口 1.93 亿人，占全国城镇人口的 32.5%；拥有从业人员 4.11 亿人，占全国总数的 53.4%；实现财政总收入 6505.14 亿元，占国家财政收入的 12.7%；财政支出 4142.94

---

① 白景坤、张双喜：《专业镇的内涵及中国专业镇的类型分析》，载《农业经济问题》2003 年第 12 期。

② 朱文忠、杨章明、朱坚强主编：《小城镇发展导论》，立信会计出版社 2002 年版。

③ 侯保疆：《论我国现阶段乡镇的类型及功能》，载《汕头大学学报》（人文社会科学版）2006 年第 3 期。

亿元，占国家财政支出的 8.3%；完成固定资产投资 34537.86 亿元，占全社会固定资产投资的 25.2%。由此可见，镇域经济在全国经济中占有十分重要的地位。

从镇域经济的平均规模看，2007 年我国建制镇平均每个镇总人口为 40358 人，比 2001 年增长 25.4%；其中，平均镇区人口为 10031 人，比 2001 年增长 74.1%；平均镇区面积为 4.28 平方千米，比 2001 年增长 4.6%；平均全镇从业人员 21364 人，比 2003 年增加 14.4%；平均全镇财政收入 3379 万元，比 2003 年增加 141.7%；平均全镇财政支出 2152 万元，比 2004 年增加 66.7%；平均全镇完成固定资产投资 1.79 亿元，比 2004 年增加 92.7%。这说明，近年来我国镇域经济的平均规模在不断扩大，尤其是财政收入、投资规模和镇区人口呈快速增长态势（见表 1—1）。

表 1—1 　　　　　　2007 年我国建制镇经济的平均规模

	总人口 （人）	镇区 人口 （人）	就业 人员 （人）	固定资 产投资 （万元）	财政 收入 （万元）	财政 支出 （万元）	镇区 面积 （Km²）	镇区人 口密度 （人/Km²）
全国	40358	10031	21364	17943	3379	2152	4.28	2343
东部地区	50859	13879	27642	38071	8088	4861	5.19	2675
中部地区	42147	9777	22156	11207	1437	1009	3.35	2917
西部地区	31966	7091	16742	7635	1010	775	4.00	1771
东北地区	29975	8657	14254	5315	1468	1202	4.95	1750

资料来源：国家统计局农村社会经济调查司编：《中国建制镇统计资料》（2008 年），中国统计出版社。

从镇域就业结构看，从 2001 年到 2007 年，我国建制镇第二产业就业比重由 19.1% 提高到 27.4%，增加了 8.3 个百分点；而第三产业就业比重由 19.7% 提高到 24.3%，增加了 4.6 个百分点。[①] 目前，

---

① 2001 年数据来自国家统计局农村社会经济调查总队社区处：《2001 年我国建制镇稳步发展》，载《调研世界》2002 年第 11 期。

我国建制镇第二产业就业比重已经超过第三产业，就业结构呈现出"一二三"的格局。但各地区的情况差别较大，东部地区呈现微弱的"一二三"格局，而其他地区仍然呈"一三二"格局。2007 年，我国建制镇三次产业的就业比重，东部地区为 37.4∶37.3∶25.3，中部地区为 52.6∶23.5∶23.9，西部地区为 58.4∶18.2∶23.4，东北地区为 57.7∶18.2∶24.0。也就是说，目前我国建制镇的就业仍是以农业为主体。

从镇域基础设施看，根据第二次全国农业普查资料，2006 年末，在全国 19391 个镇中，有 72.3% 的镇实现集中供水，19.4% 的镇生活污水经过集中处理，36.7% 的镇有垃圾处理站。2007 年，在全国建制镇的 39.36 万个行政村中，有 99.7% 的村通电，98.7% 的村通电话，98.2% 的村通公路，69.0% 的村通有线电视，62.1% 的村通自来水，20.6% 的村垃圾经过集中处理。这说明，目前我国建制镇的公共基础设施尤其是环境卫生设施还十分落后，远不能适应镇域经济发展的需要。这一点在中西部和东北地区更为突出（见表1—2）。

表 1—2　　　　　　**我国建制镇的基础设施情况**

主要指标		全国	东部地区	中部地区	西部地区	东北地区
2006 年末	全部建制镇数（个）	19391	6155	4933	6800	1503
	# 实施集中供水的镇（%）	72.3	76.6	65.0	74.6	68.3
	生活污水经过集中处理的镇（%）	19.4	25.7	17.3	16.7	12.9
	有垃圾处理站的镇（%）	36.7	48.9	35.3	30.0	21.9
2007 年	村民委员会数（个）	393590	168896	106890	99259	18545
	# 通电的村（%）	99.7	100.0	100.0	98.7	99.9
	通电话的村（%）	98.7	99.9	99.2	96.1	99.6
	通公路的村（%）	98.2	99.4	99.0	95.4	99.1
	通有线电视的村（%）	69.0	81.9	57.8	56.5	82.3
	通自来水的村（%）	62.1	80.8	41.9	53.0	56.2
	垃圾集中处理的村（%）	20.6	33.3	12.6	8.9	13.9

资料来源：国家统计局农村社会经济调查司编：《中国建制镇统计资料》（2008），中

国统计出版社 2008 年版；国务院第二次全国农业普查领导小组办公室、中华人民共和国国家统计局：《中国第二次全国农业普查资料综合提要》，中国统计出版社。

（二）我国镇域经济发展存在的问题

当前，我国镇域经济发展主要存在以下六个问题：

1. 镇区人口规模小，产业集聚水平低。2007 年，我国建制镇的平均镇区人口规模只有 10031 人，其中，西部地区只有 7091 人；镇区集聚的人口占全镇总人口的比重仅有 24.9%，其中，西部地区只有 22.2%。研究表明，小城镇的镇区人口一般要达到 3 万人以上，才能正常发挥综合集聚的功能。然而，目前我国绝大部分建制镇都达不到这一最低集聚规模要求。[①] 尤其在西部地区，缺少主导产业是小城镇较为普遍的现象。由于集聚规模小，缺少主导产业支撑，导致小城镇就业机会不足，其对农村剩余劳动力的吸纳能力较低。据统计分析，在 1990—2000 年间，江西省内人口迁移方向从乡村迁出的人口中有 34.21% 进入城市，只有 5.98% 进入镇，这说明建制镇接纳人口能力很差。[②]

2. 产业布局分散，土地利用效率低。由于缺乏合理的规划，不少建制镇建设带有较大的盲目性，存在"小、散、低"的问题，即建设规模过小，产业布局分散，土地利用效率低。特别是，非县城的一般建制镇工业用地粗放，工业区、居住区、服务区相互混杂，单位土地产出率较低，集约节约用地的潜力很大。根据住房和城乡建设部提供的数据计算，2007 年末，我国设市城市城区人均占地为 93.3 平方米，县城为 111.1 平方米，而一般建制镇建成区则高达 216.6 平方米，是设市城市城区的 2.32 倍，是县城的 1.95 倍。[③] 县城的人均占地也比设市城市高 19.1%。

---

① 2001 年，我国镇区人口超过 3 万人的只有 365 个，仅占建制镇总数的 2%。参见国家统计局农村社会经济调查总队社区处：《2001 年我国建制镇稳步发展》，载《调研世界》2002 年第 11 期。

② 梁淑荣、毛建华：《江西省建制镇人口发展状况分析》，载《城乡建设》2005 年第 1 期。

③ 在计算人均占地时，人口包括暂住人口，占地面积是指建成区面积。参见住房和城乡建设部《2007 年城市、县城和村镇建设统计公报》，2008 年 6 月 24 日。

3. 基础设施落后，公共服务水平低。我国绝大部分建制镇由农村居民点发展而来，人口规模偏小，经济实力弱，交通、通信、电力、供排水、环保等基础设施落后，环境卫生较差，公共服务水平低。2006 年末，我国仍有 63.3% 的镇没有垃圾处理站，有 80.6% 的镇生活污水没有经过集中处理。2007 年末，我国建制镇建成区用水普及率为 76.6%，燃气普及率为 43.1%，人均道路面积为 10.7 平方米，人均公园绿地仅有 1.76 平方米，不仅低于县城，更远低于设市城市城区（见表 1—3）。建制镇与设市城市之间基础设施和公共服务能力的差距十分明显。

表 1—3　　　　　2007 年我国城镇主要基础设施差距比较

指标	设市城市城区	县城	建制镇建成区
用水普及率（%）	93.8	81.2	76.6
燃气普及率（%）	87.5	57.3	43.1
人均道路面积（平方米）	11.4	10.68	10.7
人均公园绿地（平方米）	8.98	5.62	1.76
建成区绿化覆盖率（%）	35.3	20.20	——
建成区绿地率（%）	31.3	15.41	——

资料来源：住房和城乡建设部：《2007 年城市、县城和村镇建设统计公报》，2008 年 6 月 24 日。

4. 融资筹资难，资金制约严重。随着银行商业化改革的推进，国内各大商业银行都在由农村向城市、由小城镇向大中城市不断收缩。设在镇上的银行只吸储，不放贷，资金流向城市的问题日益加剧。[①] 目前，我国镇域经济大部分仍以传统的农业和农村经济为主体，非农产业发展较慢，镇级政府财力有限，资金积累能力低，信贷环境差。2007 年，我国建制镇人均固定资产投资仅有 4446 元，只相当于全国平均水平的 42.8%，城镇平均水平的 22.5%。

---

① 祝艳：《加快镇域经济发展的几点思考》，载《理论学习》2006 年第 10 期。

5. 人才和技术短缺。小城镇由于基础设施落后，环境卫生较差，各种配套服务不完善，不能为科技人员提供理想的工作和生活环境，难以吸引人才。特别是，在现行的市管县体制下，由于城镇和城乡差距的拉大，中心城市事实上起到了吸纳小城镇和乡村地区人才和资金的作用，导致各种高素质和专门人才不断向中心城市集中。根据全国人口变动情况抽样调查数据，2006 年全国镇大专以上人口占 6 岁及以上人口比重为 5.9%，比 2002 年还下降了 0.4 个百分点，比同期全国城市平均水平低 12.5 个百分点；而全国镇文盲半文盲人口占 15 岁及以上人口比重达到 7.96%，比全国城市平均水平高 4.42 个百分点（见表 1—4）。小城镇各行业技术档次普遍较低，技术短缺现象也十分严重。

表 1—4　　　　　　我国城镇人口受教育程度主要指标比较

主要指标	城市		镇	
	2002 年	2006 年	2002 年	2006 年
大专以上人口占 6 岁及以上人口比重（%）	13.2	18.4	6.3	5.9
文盲半文盲人口占 15 岁及以上人口比重（%）	5.67	3.54	8.71	7.96

　　资料来源：根据《中国人口统计年鉴 2003》和《中国人口和就业统计年鉴 2007》计算。

6. 东西部地区差距大。我国镇域经济发展严重不平衡，东部地区小城镇集聚能力较强，平均规模增长较快，而中西部地区集聚能力较弱，平均规模增长较慢。从 1996 年到 2007 年，东部地区建制镇镇区平均人口规模增长了 1.74 倍，远高于东北地区的 70.3%，中部地区的 1.12 倍，西部地区的 1.03 倍。这期间，东部地区建制镇镇区平均占地面积扩大了 1.35 倍，也远高于东北和中西部地区（见表 1—5）。2007 年，东部地区平均每个建制镇完成固定资产投资额分别是东北、中部和西部地区的 7.2 倍、3.4 倍和 5.0 倍，平均每个建制镇实现财政总收入分别是东北、中部和西部地区的 5.5 倍、5.6 倍和 8.0 倍，平均每个建制镇完成财政支出分别是东北、中部和西部地区的 4.0 倍、4.8 倍和 6.3 倍。

表1—5　　　　　　　我国各地区建制镇镇区平均规模增长

	镇区平均总人口			镇区平均占地面积		
	1996 年（人）	2007 年（人）	增长（%）	1996 年（平方千米）	2007 年（平方千米）	增长（%）
全国	4519	10031	122.0	2.23	4.28	91.6
东部地区	5070	13879	173.7	2.21	5.19	134.8
东北地区	5082	8657	70.3	3.70	4.95	33.5
中部地区	4623	9777	111.5	2.23	3.35	50.2
西部地区	3496	7091	102.8	1.86	4.00	115.8

资料来源：根据《中国建制镇统计资料》（2008）和《中国第一次农业普查资料综合摘要》计算。

再从人均指标看，2007 年，东部地区建制镇人均实现财政总收入达到 1590.2 元，是东北地区（489.8 元）的 3.2 倍，中部地区（340.8 元）的 4.7 倍，西部地区（316.0 元）的 5.0 倍；东部地区建制镇人均完成固定资产投资达到 7485.6 元，是东北地区（1773.3 元）的 4.2 倍，中部地区（2658.9 元）的 2.8 倍，西部地区（2388.6 元）的 3.1 倍。由此可见，我国东部地区与其他地区之间镇域发展差距十分明显，而且近年来呈不断扩大的趋势。若按三大地带进行划分，1999 年东部与西部地区建制镇平均财政收入之比为 4.08:1，[1] 2003 年这个比例扩大到 5.61:1，2004 年扩大到 6.12:1，2007 年则进一步扩大到 8.29:1。

四　镇域科学发展及其路径选择

（一）镇域科学发展的含义

科学发展观是一种以人为本，全面、协调、可持续的发展观，它

---

[1]　国家统计局农村社会经济调查总队：《全国建制镇财政收入水平差距拉大》，载《调研世界》2004 年第 11 期。

是全面发展、协调发展和可持续发展的三位一体。走科学发展之路，就是在坚持以人为本的前提下，走全面发展之路、协调发展之路、可持续发展之路。所谓镇域科学发展，就是坚持以人为本，全面推进经济、政治、文化、社会和生态建设，实现镇域经济社会的全面、协调、可持续发展，逐步形成经济繁荣、社会进步、设施完善、环境优美、文明和谐、特色鲜明的镇域发展新格局。

根据近年来各地的实践经验，镇域经济的科学发展可以归纳为：领导得力、以人为本、因地制宜、特色发展。一是领导得力。我国是一个人口众多的大国，大多数居（村）民的居住区人口密度较高，同时文化水平参差不齐，这必然导致对问题的认识存在较大差异。在这种情况下，一个能够团结群众，带领群众不断进取的坚强有力的领导班子，将是镇域经济发展成功的核心和关键所在。二是以人为本。要以最广大人民的根本利益为出发点，坚持发展为了人民、发展依靠人民、发展成果由人民共享，使广大群众充分享受到经济发展和改革的成果，彻底抛弃过去那种以牺牲环境为代价追求经济增长的传统发展模式，形成全民共建共享的发展格局。三是因地制宜、特色发展。由于镇域面积狭小，各种资源有限，不具备建立相对完整的经济发展体系的能力，因此，镇域经济的发展，要以发展特色经济为核心，追求经济发展的"精"和"特"，而不是面面俱到的"粗"和"广"，以"精"求发展，这是提升镇域经济竞争力的关键。

（二）镇域科学发展的主要内容

具体来讲，镇域科学发展主要包括以下内容：

1. 资源充分合理利用。推进镇域的科学发展，必须充分发挥镇域优势，合理利用镇域内各种资源，包括区位优势、自然资源、农产品资源、劳动力资源和社会文化资源等，大力推进节能、节水、节地、节材工作，不断提高资源利用效率，为构建资源节约型社会作出积极贡献。

2. 特色经济健康发展。镇域经济发展一定要突出特色，以特色谋求发展，要把培育特色和发展特色产业作为提升镇域竞争力的核心环节。无论是镇域产业发展还是园区和小城镇规划建设，都必须突出自身特色，积极培育壮大特色经济，走"小而专"、"小而精"、"小而特"的特色发展道路。

3. 镇域经济集约发展。借鉴成都等地的经验，实行"三个集中"战略，积极引导农村工业向集中发展区集中、农民向城镇集中、土地向规模经营集中。同时，要大力推进资源的集约节约利用，提高资源尤其是土地利用效率，积极引导产业合理集聚，充分发挥集聚规模效应，使小城镇发展成为农村非农产业的集聚区、农民就业的集中区、商贸服务的中心区。

4. 镇域可持续协调发展。要大力发展镇域科技、教育、文化、卫生、体育等社会事业，进一步完善社会保障体系，促进镇域经济与社会的全面协调发展。同时，要树立经济效益与社会效益、生态效益相统一的全面效益观，在促进经济繁荣的同时，将镇域生态环境建设放在重要位置上，努力实现镇域经济与环境协调发展，不断增强镇域可持续发展能力。

5. 镇域和谐发展。要充分发挥镇村领导的带头示范作用，切实帮助全镇居民实现共同富裕，使广大群众能共享经济发展和改革开放的成果。同时，要健全社会救助体系，强化社会治安和安全生产，完善治安防控网络，保障社会和谐稳定。

6. 政府高效服务。强化基层组织和政府执政能力建设，继续加大镇域交通、通信、能源、给排水以及科技、教育、文化、环境卫生等基础设施建设投入力度，进一步提高镇政府的公共服务能力和水平，推进基本公共服务的均等化。

（三）镇域经济科学发展的路径

总的讲，实现镇域经济的科学发展，应该走特色化、品牌化、专业化、集约化和生态化的发展道路。

一是走特色化之路。我国建制镇的类型多样，各自自然条件、历史文化和社会经济特点具有较大差别。因此，镇域经济发展应该突出特色，注重发挥自身优势，选择具有自身特色的产业类型和发展模式，大力发展特色产业和特色经济，走多元化的特色发展之路，而不能千篇一律、一个模式。

二是走品牌化之路。首先，要弘扬镇域特色文化，突出小城镇建设和产业发展特色，大力推进特色商业街和特色园区发展，加强镇区形象建设和推介，着力打造和提升镇域品牌；其次，以文明生态村、专业村和经济强村建设为重点，积极推进村域形象建设和宣传推介，着力塑造一批村域品牌；第三，实行农业产业化品牌战略，加强农产品认证和商标注册，强化企业品牌建设，着力培育一批知名企业品牌。这样，通过镇域品牌、村域品牌与企业品牌互动，推动镇域经济逐步走上品牌化的发展之路。

三是走专业化之路。专业化是彰显镇域经济特色，提高经济绩效的有效途径。广东专业镇和浙江"块状经济"的经验表明，一些经济强镇大多是依靠走专业化、集群化之路快速发展起来的。因此，要繁荣和发展镇域经济，就必须充分发挥镇域优势，强化专业化分工协作，推进实施"一镇一业"、"一村一品"，抓好产业链延伸和产前、产中、产后服务体系建设，促进产业链式发展，使镇域经济逐步走上专业化的发展之路。在镇域专业化的基础上，有条件的镇还可以进一步向集群化方向发展。

四是走集约化之路。我国人口多，人均资源占有量少，土地资源有限，特别是耕地资源缺乏。为此，必须节约和高效循环利用资源，大力推进节能、节水、节地、节材工作，强化集约节约利用土地，进一步严格保护耕地，不断提高单位土地的产出效率，积极建设资源节约型和紧凑型小城镇，推动镇域经济逐步走上集约化的发展之路。

五是走生态化之路。要进一步加强生态、环境卫生等基础设施建设，积极发展生态农业和生态型工业，按照"减量化、无害化、资源化"的原则，全面推行清洁生产，加强对各种废弃物的回收和循环利用，着力推广节能减排和环境友好新技术，大力倡导绿色生活方式，引导群众绿色消费，努力构建环境友好的生态企业、生态工业园区、生态型小城镇和生态型产业体系，促使镇域经济逐步走上生态化的发展之路。

第二章

迁安乡镇发展现状与思路

镇域经济类型丰富多样，因自然条件、交通区位、资源禀赋、经济基础、历史文化等不同而产生差异。作为一个资源型城市，迁安是依靠铁矿开采和钢铁工业迅速发展起来的工业强市，但由于铁矿资源分布不均，钢铁企业布局相对集中，各乡镇经济发展差别很大。因此，通过实地调查研究，深入分析考察迁安乡镇经济发展类型、现状特点和主要存在问题，提出不同类型乡镇发展思路和重要举措，对野鸡坨镇乃至其他乡镇实现科学发展都具有重要借鉴意义。

一 迁安市基本概况

迁安是一座有近两千年历史的古城，1996 年经国务院批准撤县设市，目前辖 1 个街道办事处、10 个居民委员会、19 个乡镇和 534 个行政村，总面积 1208 平方公里，总人口 69.9 万人。迁安市先后多次被评为"全国城市规划管理先进单位"和"小城镇建设先进单位"，2000 年被国家建设部确定为新增 31 个、河北省唯一的"乡村城市化"试点县（市）。2006 年 7 月，胡锦涛总书记亲临唐山视察并发表重要讲话，殷切希望唐山真正把科学发展观落到实处，把曹妃甸建成科学发展示范区。为贯彻落实总书记的讲话精神，唐山市委作出了以曹妃甸为重点，努力把唐山建设成为全面落实科学发展观要求的科学发展示范区的重大决策，并明确要求迁安市在科学发展示范区建设中起示范带头作用。

迁安市位于华北平原北部，在环渤海经济圈中处于"京东冀北"的位置，向西临近北京，向南临近天津、唐山，东通秦皇岛，处于华北平原通往东北的重要通道上，是京津冀都市圈、山东半岛城市群和辽中城市群三大城市群的重要交汇点，有着特殊的区位优势。在自然资源方面，迁安矿山资源具有品种多、储量大、质地优良、分布集中、易于采洗的特点。目前，已探明矿藏达 20 多种，以铁矿石、石灰石、花岗大理岩、白云岩、燧石和煤等最为丰富，其中铁矿石地质资源储量 28 亿吨，为全国县级储量之最。迁安还具有丰富的旅游、农产品、森林资源，2006 年林业用地面积占土地总面积的 43.2%，森林覆盖率达 36.8%。迁安有驰名中外的"京东板栗"，是河北省甘薯发展重点县，有"河北甘薯之乡"的称号，生产的宣纸也全国闻名，有"南宣北迁"的美誉。

近年来，迁安市经济增长速度远超全国和河北省平均水平。1997年迁安市完成生产总值（GRP）47.6 亿元，2007 年增加到 401.6 亿元，年均增长 23.8%。2007 年迁安市城镇居民人均可支配收入达到12118 元，农民人均纯收入达到 5885 元，全市综合经济实力连续 5年位居河北省县级 30 强之首，2007 年在全国百强县（市）中居第 27位。但是，从结构上来看，迁安市经济也存在产业结构单一、发展层次低的问题。迁安是依靠铁矿开采、冶炼和钢铁工业迅速发展起来的，虽然近年来已经实现了从"铁迁安"到"钢铁迁安"的重大转变，但铁矿开采、钢铁冶炼、建筑材料等初级产品仍占很大比重，产业结构较为单一。2007 年，迁安市钢铁冶金行业完成工业增加值占全市工业增加值的 84.3%，占全市经济总量的 40% 以上，占全部财政收入的 60% 多。从三次产业结构来看，1990—2007 年，迁安市第三产业比重一直在 30% 左右徘徊，第二产业则达到近 60%。

在经济快速发展的同时，迁安市教育、科技、文化、卫生、体育、公共安全等社会事业也取得了全面进步，城乡居民综合素质得到显著提高。以文明生态村创建为载体的社会主义新农村建设在全市 534 个村全面展开，实施了市疾病控制中心、农村卫生院、村卫生室标准化项目，建立了农村新型合作医疗、失地农民养老保险等社会保障制度。在全国首批试点并成功普及了新型农村合作医疗制度，探索实施了城镇居民医疗保障制度，建成了覆盖城乡的医疗保障制度，还在河北率先启动失地农民养老保障制度。与周边地区甚至全国相比，迁安市在许多惠民政策上都具有超前优势，率先在全国减免农业税、实现医疗保险和养老保险全覆盖后，又陆续实施了包括高中阶段免费教育在内的"十大幸福工程"（见表2—1）。2006年，迁安市为全市农民发放"养老金"多达5100多万元，新农合报销3297万元。2007年，全市享受老年农（居）民社会养老保险补贴的人数达到7.56万人，占应领取人数的97.52%，当年市财政补助农村社会养老保险的资金达到1.12亿元。

表2—1　　　　　　迁安市实施的"十大幸福工程"

项目	主要内容
村村通工程	确保农村饮水安全村达到100%、通有线电视村达到100%
医疗工程	投资6.5亿元新建一所集医疗救治、保健康复、疗养休闲于一体的现代化综合医院
教育扶助工程	实施高中阶段免费教育，所需资金全部由市财政负担。落实义务教育阶段寄宿学生"一免两补"政策
"百矿披绿"工程	在所有的矿山企业全面开展环境治理、复垦绿化工作
安居工程	建设经济适用住房6万平方米，解决620户中低收入家庭住房困难问题
充分就业工程	今年新增城镇就业5500人以上，城镇登记失业率控制在3%以内
社保扩面工程	建立健全社会保障体系，做到应保尽保
道路畅通工程	加强道路交通秩序整治，促进城乡公交一体化健康发展
真情暖万家扶贫济困工程	切实保障困难群众的基本生活。加强社会救助体系建设，建立健全社会保险、社会救助、社会福利、慈善事业相衔接的保障体系
农民生活环境改善工程	安排专项资金，大力推广普及沼气、吊炕、太阳能路灯和改厕建设，推广使用新型建材，使农民生活环境明显提升

二 迁安市镇域经济发展状况

目前，迁安市各乡镇之间规模存在较大差异，按土地面积算，最大的是迁安镇，占到全市的 11.0%；最小的是赵店子镇，只占全市的 3.2%。按人口数量算，规模最大的是迁安镇，占到全市的21.7%；最小的是太平庄乡，只占全市的 2.3%。人口最密集的是迁安镇，达到每平方公里 1131 人，是全市平均水平的 1.97 倍；最稀疏的则是太平庄乡，每平方公里只有 267 人，相当于全市平均水平的 47%。表 2—2 列出了各乡镇的基本数据。

表 2—2　　　　　　　　　　　2006 **年各乡镇基本数据**

乡镇	土地面积（平方公里）	人口（人）	人口密度（人/平方公里）	地区生产总值（万元）	人均地区生产总值（元/人）	单位面积实现生产总值（万元/平方公里）	第一产业增加值比重（%）	财政收入（万元）	农民人均纯收入（元）
迁安镇	132.9	150253	1131	415009	27621	3123	1.3	28548	5520
夏官营镇	68.7	31746	462	141010	44418	2053	5.7	14111	5952
杨各庄镇	76.5	38285	500	115000	30038	1503	18.3	1237	4882
建昌营镇	91.1	44978	494	120103	26703	1318	8.4	2498	5950
赵店子镇	38.5	20170	524	121954	60463	3168	5.1	24525	6030
野鸡坨镇	72.9	35897	492	96506	26884	1324	10.4	4995	5960
大崔庄镇	68.9	25473	370	85000	33369	1234	5.3	2366	5308
杨店子镇	86.3	74907	868	225000	30037	2607	5.2	24168	5980
蔡园镇	53.4	24052	450	265000	110178	4963	1.0	29126	8100
马兰庄镇	45.3	24929	550	419785	168392	9267	0.9	71731	7180
沙河驿镇	41.4	28107	679	101819	36225	2459	3.5	10933	5658
木厂口镇	58.1	23377	402	163014	69733	2806	3.7	33406	6405
扣庄乡	68.3	40828	598	88000	21554	1288	15.9	3889	5950
彭店子乡	42.1	22019	523	66500	30201	1580	12.1	7156	5812
上庄乡	44.6	24455	548	58018	23724	1301	21.5	1463	4806
闫家店乡	41.2	24200	587	81616	33726	1981	6.9	5331	5951
五重安乡	67.3	25568	380	68050	26615	1011	9.7	2066	5968
大五里乡	51.1	17394	340	144277	82946	2823	3.1	14195	6006
太平庄乡	59.3	15816	267	35700	22572	602	13.2	2451	5940

资料来源：根据《迁安市国民经济统计年鉴》（2007）计算。

　　由于经济基础、资源条件和地理位置的不同，各乡镇在经济发展水平、产业结构等方面存在很大的差异。2006 年，人均地区生产总值最高的马兰庄镇达到 16.8 万元，是全市平均水平的 4.15 倍，而最低的扣庄乡只有 2.3 万元，仅相当于全市平均水平的 56%。从财政收入来看，马兰庄镇完成大口径财政收入 7.17 亿元，占全市各乡镇合计的 25.2%；最低的杨各庄镇只有 1237 万元，仅占全市各乡镇合计的 0.4%，前者是后者的 58 倍。在产业结构方面，各乡镇之间也具有明显的差异。从第一产业地位来看，上庄乡和杨各庄镇第一产业增加值占地区生产总值的比重都在 20% 左右，仍是当地收入的重要来源，而马兰庄镇和蔡园镇所占比重则只有 1% 左右，其对收入的影响已非常小。目前，铁矿石开采、焦化、钢铁等产业仍是迁安经济和财政收入增长的支柱，然而，这些产业分布很不均匀，主要集中在马兰庄、蔡园、木厂口、大五里、夏官营、杨店子和沙河驿等乡镇，这是导致各乡镇人均生产总值和财政收入相差悬殊的主要原因。相比较而言，各乡镇农民人均纯收入之间的差距要小一些，最高的蔡园镇为 8100 元，最低的上庄乡为 4060 元，前者是后者的 1.69 倍。

　　按照经济发展水平，可以将迁安市各乡镇分为高、低两组。第一组包括马兰庄镇、蔡园镇、木厂口镇、大五里乡、赵店子镇和夏官营镇 6 个乡镇，其人均地区生产总值都高于全市平均水平。该组乡镇大都是迁安市铁矿资源与钢铁工业集中分布的地区，其生产总值合计为 125.5 亿元，占全市总额的 44.6%；人均生产总值达到 88590 元，是全市平均水平的 2.18 倍；每平方公里土地实现生产总值为 3983 万元，是全市平均水平的 1.71 倍。但是，该组内部也存在明显的差异。按人均生产总值计算，最高的为 168392 元，最低的只有 44418 元，前者是后者的 3.79 倍；按每平方公里土地实现生产总值计算，最高的马兰庄镇为 9267 万元，是全市平均水平的 3.98 倍，而最低的夏官营镇只有 2.53 万元，还要略低于全市平均水平。由于钢铁工业及相关产业较为发达，第一产业在这些乡镇经济中都只占很小的比重，其中，蔡园镇第一产业增加值占生产总

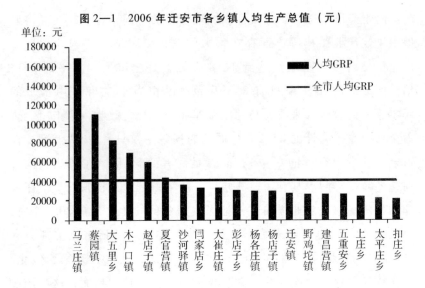

图 2—1　2006 年迁安市各乡镇人均生产总值（元）

值的比重只有 1.0%，最高的夏官营镇也只有 5.7%，六乡镇的平均水平为 2.5%。

　　第二组包括大崔庄、沙河驿、阎家店、杨店子及迁安镇等 13 个乡镇。这些乡镇实现生产总值合计为 155.6 亿元，人均生产总值为 28256 元，只相当于第一组平均水平的 31.9%，比全市平均水平还低 30% 多。按每平方公里土地实现生产总值计算，该组乡镇平均为 1743 万元，只相当于第一组平均水平的 43.8%。与第一组乡镇不同，该组内部各乡镇经济发展水平差距较小，人均生产总值最高的沙河驿镇为 36225 元，只有最低的扣庄乡的 1.7 倍。虽然该组乡镇每平方公里土地实现生产总值普遍较低，但各乡镇之间却存在较大差异，最高的迁安镇为 3123 万元，是全市平均水平的 1.34 倍，而最低的太平庄乡只有 602 万元，仅相当于全市平均水平的 26% 和迁安镇的 19%。该组各乡镇第一产业增加值所占比重还普遍较高，有 2 个乡镇在 20% 左右，6 个超过 10%，13 个乡镇平均为 7.5%。

　　需要指出的是，第二组各乡镇虽然人均生产总值差距较小，但其产业结构和发展条件却不尽相同。与第一组乡镇基本相同，杨店子和沙河驿镇钢铁工业也占有较高的比重，同时由于区位条件有利、经济基础较好，其商贸流通、餐饮等服务业也具有一定发展。但由于钢铁工业的发展，其环境污染问题也较为突出。迁安镇是市政府所在地，也是迁安市经济、政治、文化活动的中心。虽然其人均生产总值并不是全市最高的，但经济总量却是最大的，并且有着更多元化、服务功能更加突出的产业结构。从三次产业比重来看，迁安镇第三产业增加值比重已达到 50% 左右，在所有乡镇中是最高的。随着产业活动集聚趋势的不断加强和产业链的不断延伸，迁安镇的中心地位和管理职能还将会进一步增强。因此，迁安镇在产业结构上所体现出来的中心地位仍将会继续加强，即高端产业会得到优先发展，服务功能和服务中心职能会进一步提升。野鸡坨、大崔庄、建昌营等乡镇由于具有优越的区位条件、良好的产业基础或特色优势产业，也表现出较大的发展潜力，其非农产业在经济中将占有较高的比重。另外，扣庄乡虽然目前发展水平还较低，但迁安市高新技术开发区的规划建设为其发展提供了良好的机会，今后将迅速融入市区经济发展中。

三　乡镇分类及其比较

整体上，迁安是一个资源型城市，铁矿开采、钢铁冶炼及相关产业在经济中占很大比重。但各乡镇之间在经济发展水平、经济结构上仍存在很大的差异，在未来的发展中也面临各自不同的主要问题，有着不尽相同的重点方向等。有些乡镇是钢铁产业集中分布的地区，经济发展水平高，但环境问题突出，亟待转变经济结构、促进产业升级，实现经济与环境的协调发展；有些乡镇经济基础薄弱，但交通便利，区位条件优越，或特色产业有较好发展，从而表现出较高的发展潜力；还有一些乡镇经济落后，主导优势产业不突出。因此，迁安市的 19 个乡镇可以分别反映中国当前不同类型乡镇的特征及面临的问题。

综合考虑以上所述差异，可以将 19 个乡镇分成五类，分别是：以铁矿采掘业为主的乡镇、以重化工业为主的乡镇、综合型乡镇、特色产业支撑型乡镇以及农业型乡镇（见表2—3）。以铁矿采掘业为主的乡镇包括马兰庄和蔡园两镇，铁矿采掘业在两镇经济中所占比重最高。以钢铁和重化工业为主的乡镇，包括夏官营镇、彭店子乡、木厂口镇、大五里乡和赵店子镇，是迁安市钢铁生产最集中的乡镇。综合型乡镇包括迁安镇、野鸡坨镇、杨店子镇和沙河驿镇，这几个乡镇有着较好的区位条件、商贸传统或旅游资源等，都有较大的经济增长潜力，未来在地区经济发展及产业体系构建中将居主导地位。特色产业支撑型乡镇包括大崔庄镇、五重安乡、太平庄乡和建昌营镇，这些乡镇在旅游、农产品加工等方面都有一定的基础，但整体发展水平不高。农业型乡镇包括上庄乡、杨各庄镇、扣庄乡和闫家店乡，这几个乡镇经济基础较差，地区优势不明显，未来产业发展的主导方向不明确。

五类乡镇的差异突出体现在经济发展水平、经济结构、资源环境、农民收入等几个方面，下面分别进行对比分析。

在经济发展方面，五类乡镇表现出非常明显的差异（见表2—4）。整体来看，以铁矿采掘业为主及以钢铁和重化工业为主的乡镇具有较高的经济发展水平，综合型、特色产业支撑型与农业型乡镇的发展水平都较低，其中，农业型乡镇最低。2006年以铁矿采掘业为主的乡镇人均生产总值达到13.98万元，是以钢铁和重化工业为主的乡镇的2.5倍，是综合型、特色产业支撑型和农业型乡镇的5倍左右。用变异系数来衡量19个乡镇人均生产总值的差异，2006年系数达到了0.789，比全国省际收入差异的整体水平还要高出很多，而2000年该系数只有0.344，比全国省际收入差异要低很多。这种情况的出现，是因为全国经济快速增长对钢铁等原材料产品的巨大需求，拉动了这些资源型乡镇的发展，使其保持相对更快的经济增长速度。2000—2006年，以铁矿采掘业为主的乡镇实现生产总值年均增长38.8%，以钢铁和重化工业为主的乡镇的增长速度也达到了30.3%，都远高于迁安市和全国平均增长速度。同期，综合型、特色产业支撑型和农业型乡镇的经济增长速度都只有20%左右。

表 2—3　　　　　　　　　　迁安市乡镇分类及其基本特征

乡镇类型	主要乡镇	基本特征
以铁矿采掘业为主	马兰庄、蔡园	较高的经济发展水平和工业化程度 主导产业突出，产业层次低 环境问题突出，环保任务重 农民收入水平在各乡镇中处于领先地位，但仍有待进一步提高
以钢铁和重化工业为主	夏官营、彭店子、木厂口、大五里、赵店子	经济发展水平和工业化程度都较高 主导产业比较突出，产业层次较低 环境问题突出，低水平发展引起多方面制约 农民收入仍有待进一步提高
综合型	迁安镇、野鸡坨、杨店子、沙河驿	经济发展水平一般，但增长潜力较大 服务功能更加突出 经济发展引起的环境问题不突出 农民收入水平不高
特色产业支撑型	大崔庄、五重安、太平庄、建昌营	经济水平适中，有一定发展潜力 主导产业不突出
农业型	上庄、杨各庄、扣庄、闫家店	经济发展水平低，优势不明显 第一产业在经济中仍占有较高比重 农民收入水平很低

在经济结构方面，五类乡镇之间也有显著的差异。以铁矿采掘业为主的乡镇的工业化程度较高，主导产业突出，但是产业层次较低。蔡园和马兰庄两镇的产品结构比较单一，资源型的铁矿采掘业在经济中占很高的比重。例如，蔡园镇有采矿企业 15 家，矿业从业人员5000 多人，年工业总产值占到全镇的 70%；在马兰庄镇，首钢矿业公司水厂矿、原河北迁化公司（现已改制）和唐山首钢马兰庄镇铁矿等大中型企业都坐落在其境内。由于钢铁工业在地方经济中占很高比重，以钢铁和重化工业为主的乡镇也存在产业结构单一的问题，除钢铁产品及其附属产业外，很少有其他工业产品。如木厂口镇有1020 万吨钢、600 万吨铁、800 万吨材的年生产能力，赵店子镇有

铁、钢、材各400万吨的配套生产能力。在产品结构仍以粗钢为主、产品附加值和科技含量都较低的情况下，劳动力成本与主要原材料价格同时上涨的挤压对其经济效益的影响更加突出。综合型乡镇的服务功能更加突出。按照迁安市服务业发展规划，以迁安镇为主的河东区是迁安服务业增长的主核心，是未来迁安市的物流信息中心、商务中心区、餐饮和商贸区，目前迁安镇生产总值中有近半数在服务业中创造。杨店子和野鸡坨两镇是迁安未来市区的重要功能区，作为完善市区功能的组成部分，而沙河驿镇也是服务业发展的重点乡镇。特色产业支撑型和农业型乡镇都存在主导产业不突出的问题。在特色产业支撑型乡镇，虽然第一产业增加值比重已降到10%以下，但却缺乏非常突出、占绝对主导地位的产业领域。在农业型乡镇，第一产业在生产总值中占有较高比重，仍是增加收入、解决就业的重要途径。例如，2000年农业型乡镇第一产业增加值比重高达40%，虽然到2006年已大幅下降，但仍占15.5%，其中上庄乡和杨各庄镇分别占26.7%和21.5%。由于缺乏具有竞争力的特色产业，推动农业型乡镇经济快速发展的优势因素仍不明显。

在环境方面，以铁矿采掘业为主及以钢铁和重化工业为主的乡镇都面临突出的环境问题，环保任务繁重。为追求经济和财政收入的快速增长，采矿业低水平、低层次扩张带来了严重的环境问题，包括耕地占用、土地破坏等。高耗能、污染大的钢铁工业的快速发展，除了污染问题，也受到了土地、电力和水等资源供给的制约。在其他三类乡镇，经济发展引起的环境问题还不突出。不过，本身较差的自然状况对经济发展的制约仍是存在的，而土地流失问题也值得注意。

在农民收入方面，与经济水平、经济结构的差异不同，五类乡镇普遍较低，各类乡镇之间的差异明显要小。最高的仍是以铁矿采掘业为主的乡镇，最低的则是综合型乡镇，前者是后者的1.65倍，较人均地区生产总值差距要小很多。用变异系数来衡量乡镇间农民人均纯收入的差异，2000年该系数为0.116，2006年小幅上升到0.122，居民收入差异的变动也比人均地区生产总值要小很多。这说明，在以铁矿采掘业为主及以钢铁和重化工业为主的两类乡镇的快速经济增长

表 2—4　　　　　　　迁安市不同类型乡镇经济发展比较

指标	年份	单位	乡镇类型				
			以铁矿采掘业为主	以钢铁和重化工业为主	综合型	特色产业支撑型	农业型
地区生产总值	2000	万元	95614	130125	276112	103533	112382
	2006	万元	684785	636755	838334	308853	342634
	年增速	%	38.8	30.3	20.3	20.0	20.4
人均地区生产总值	2000	元/人	20018	11607	10254	9480	8950
	2006	元/人	139806	55512	28992	27617	26817
	增幅	%	598	378	183	191	200
	年增速	%	38	30	19	20	20
第一产业增加值比重	2000	%	4.7	21.4	15.4	19.5	40.0
	2006	%	0.9	5.2	3.6	8.4	15.5
	变动	百分点	3.8	16.2	11.8	11.1	24.5
农民人均纯收入	2000	元/人	4626	3394	2865	3356	3330
	2006	元/人	7640	6041	4624	5792	5397
	增幅	%	65	78	61	73	62
	年增速	%	9	10	8	10	8

资料来源：根据《迁安市国民经济统计年鉴》（各年度）计算。

中，农民收入增长要缓慢得多，只比全市整体水平略高一些。这也表明此类乡镇现有发展模式在拉动农民收入增长方面的作用仍十分有限。

四　各类乡镇的发展思路

综上所述，五类乡镇发展特点存在显著差异，并面临各自不同的主要问题，这些问题也是国内其他地区同类乡镇所普遍面临的。针对这些问题，各类乡镇有着不同的发展重点和任务，需要采取不同的措施，这些措施对国内同类乡镇的发展也具有重要的借鉴意义。

（一）以铁矿采掘业为主的乡镇

这类乡镇面临的主要问题包括：产业结构问题、环境问题、资源有效利用问题、生产效率问题以及地区间收入差距问题等，这也是资源型乡镇在发展中普遍面临的问题。为实现这类乡镇的可持续发展，需从以下五个方面着手：

第一，加快经济转型，摆脱对自然资源的过度依赖，增强经济发展后劲。重点围绕主导产业和企业，延伸产业链，发展适应市场需求的新兴产业，同时发展包括商贸流通、餐饮服务等在内的第三产业，实现产业结构的多元化。

第二，发展循环经济，解决生态环境破坏严重问题。加强矿区治理和生态环境建设，对尾矿库、废料台、闭坑矿实施治理，恢复生态环境；大力发展尾矿砂等尾料综合利用和废料台综合治理，实现循环经济的新突破；在项目引进上不断提高准入门槛，不以牺牲环境为代价盲目换取生产总值的快速增长；探索建立矿产资源开发与环境保护的长效机制，通过设立和推行专门的储备基金制度，克服治理滞后于开发引起的收益与责任的不对称问题。

第三，规范矿产资源开采秩序，提高采选技术和水平，增强传统优势产业竞争力。加强治理整顿，根治矿产资源开发中的无序开采、乱采乱挖问题，实现资源的合理开发、节约利用，让有限的资源发挥最大效益；加快矿产资源整合，以合理利用资源为出发点，促进资源向优势企业集中；进一步引进先进技术、优化开采程序、更新操作方式、强化排尾监测措施，提高矿产资源开发质量和经济效益，最大限度杜绝资源浪费现象发生。

第四，走集约发展的道路，提高资源利用效率，克服土地、电力供给不足的制约。进一步提高产业发展的准入标准、技术标准和环境标准，引导资源型乡镇结构转型，提高经济发展的经济、社会和环境效益，在资源环境的承载范围内实现更高的经济发展水平。

第五，加快实现全面发展，利用转移支付手段调节收入差距。为消除资源型乡镇存在的巨大收入差距，迫切需要推进这类乡镇的全面发展，在公共服务均等化的基础上，加大转移支付在调节收入差距方面的作用。

（二）以钢铁和重化工业为主的乡镇

这类乡镇面临的突出问题都源于产业技术水平低、产业链条短和产业层次低，要实现经济持续增长就必须转变发展模式。为此要着力做好以下三个方面工作：

第一，推进产业结构升级。通过把工业化、城镇化和农业农村现代化结合起来，形成一、二、三产业相互促进、协调发展的现代产业体系；引导钢铁等重化工企业延伸产业链条，加快精深加工业及其配套产业发展，提高技术含量和增加值；扶持和壮大民营经济，鼓励中小企业技改扩建，加快资源和企业整合。

第二，加快主导产业改造。要加大钢铁等重化工产业的结构优化、管理和技术创新力度；通过引进国内外知名大企业，并与地方企业融合发展，实现品牌、技术、资本、管理、人才的全面对接，探索一条利用外部资源，以市场、品牌为推动力实现产业升级的新路径；鼓励与国内外大型装备制造企业合资、合作，发展与主要产业相关联的装备制造业，延伸主导产业链条；加快产品结构调整步伐，实现精品化、专业化、深加工化。

第三，推进节能减排，提高环境效应。全面推行清洁生产，发展循环经济，加大节能减排力度；加强工业污染治理力度，推进环保绿色企业创建，对重点污染企业强制实行清洁生产审核，突出其在发展循环经济方面的示范作用；加强重点行业能源、原材料、水等资源消耗的管理；推动不同行业合理延长产业链，加快重点行业循环经济改造，充分发挥产业集聚和工业生态效应，形成资源循环利用的产业链，构建节约型产业体系。

（三）综合型乡镇

综合型乡镇在县域经济发展中有着不可替代的作用，但又面临产业层次低、发展水平低和辐射带动能力弱等诸多问题。为推进这类乡镇的发展，今后应着力抓好以下三个方面工作：

第一，加快第二、第三产业发展，增强服务功能和辐射能力。大力发展第三产业，增强综合型乡镇的服务功能；促进工业合理发展，加快培育支柱产业，推动新兴产业发育，形成技术含量高、辐射带动能力强的工业主体；加快民营经济发展，提高民营经济整体素质，使之成为经济发展和结构升级的重要主体。

第二，加强城镇软硬环境建设，提高要素和产业集聚能力。围绕构筑城市框架、提升城市品位、完善城市功能的要求，加强城镇软硬环境建设，逐步扩大城镇规模，增强辐射带动能力；进一步完善城镇各项基础设施，优化产业发展环境，吸引各种要素和产业集聚。

第三，不断提高农民收入。加快发展城郊型农业、都市农业，形成以设施农业、精品农业、优质农业和高效农业为主体的农业主导产业，实现由传统农业向现代农业、由粗放农业向集约农业的转变；优化农业产品结构和农业生产布局，推进农业规模化、产业化步伐；通过提供技术支持、资金支持和风险保障支持，改善农业生产条件。

（四）特色产业支撑型乡镇

特色产业支撑型乡镇面临的突出问题就是经济发展水平低、农民收入水平低以及主导产业不突出，促进特色经济发展，培育有增长潜力的主导产业，是这类乡镇的主要任务。

第一，加快农业产业结构调整。以市场为导向，以科技为支撑，大力发展现代农业、高效农业、特色农业、生态农业，在壮大特色种植业、扩大规模养殖业和提升农产品加工业上实现突破；加强农业企业、协会建设，实施品牌发展战略；培育和发展农副产品流通体系，扶持以农民为主体的流通组织和经纪人队伍，提高农产品的商品化程度。

第二，促进工业结构优化升级。广泛吸引镇内外资金，鼓励各类主体投资创业，大力发展民营经济；鼓励和推动工业企业向镇区和市开发区集中，促进土地集约节约利用；依托园区建设，发展科技含量高、生产规模大、经济效益高的工业企业，促进企业管理和技术水平提升。

第三，加强城镇开发建设。以现代化、功能完善为目标提升城镇功能；积极探索多元化投融资渠道，加大城镇建设的投资力度；切实加快城镇基础设施、综合市场和环境形象建设，努力提高城镇管理水平，在改善经济发展环境与人居环境的基础上，着力增强城镇的集聚能力。

（五）农业型乡镇

该类乡镇面临的主要问题是经济增长乏力、城镇建设与社会事业发展严重滞后。目前，以传统农业为主的乡镇在县域经济中仍占很大比重，实现农业型乡镇的科学发展，对于推进新农村建设、统筹城乡协调发展、构建和谐社会都具有重要意义。要加快农业型乡镇的发展，必须突出经济发展这一重点，尽快在调整农业结构、培育支柱产业、推进城镇建设等方面实现突破。

第一，调整农业结构，提高农业产业化水平。加快由传统种养殖业为主向高效农业、特色农业、特色养殖业共同发展的格局转变；加强农业基础设施建设，大力发展现代高效农业；引进和培育农业龙头企业、农产品知名品牌，加快农产品加工转化步伐，积极引导和大力支持农产品加工企业进行资产重组，促进农业企业延伸产业链条、调整产品结构。

第二，优化发展环境，加快民营经济发展。通过优化创业环境，健全创业机制，加快全民创业的步伐，使之成为镇域经济发展的主体；建立健全人才培训、技术信息、法律服务和行业协会四个服务体系，搭建创业平台；拓宽民营经济发展领域，鼓励民营经济进入新农村建设和城镇基础设施建设，支持民营经济进入教育、文化、体育、社会福利等社会事业领域；进一步强化政府的服务功能，切实帮助民营中小企业解决融资难、贷款难的问题。

第三，加强城镇建设，提高公共服务水平。加强城镇基础设施建设，提高公共服务能力和水平，切实改善人居环境；大力发展商贸流通、餐饮服务、信息服务和物流运输业，提高城镇集聚和服务功能；加快镇区教育、文化、体育、卫生事业发展，促进城镇经济和社会事业协调发展。

五 乡镇可持续协调发展的启示

通过对迁安市各乡镇的调查，可以得到一些启示。这些启示对解决当前中国镇域经济发展中面临的各种问题将具有重要参考价值。

第一，为贯彻国家土地政策，防止耕地流失，必须在乡镇一级完善土地管理和监控机制。耕地流失是当前我国面临的重要问题，为保障国家粮食安全，守住 18 亿亩耕地的红线具有非常重要的战略意义。然而，各级地方政府在追求经济和财政收入增长的驱动下，盲目搞园区建设和项目建设，通过"反租倒包"等形式占用大量土地，[①] 其中很大一部分是地理位置优越、种植条件好的耕地。为切实贯彻落实国家土地政策，需要着力增强和完善乡镇在土地管理、监控等方面的职能，使之成为防止耕地流失最重要的关口。

第二，在乡镇一级完善促进农业发展的激励机制。目前，农业在促进农民增收、推动地方经济增长方面所发挥的作用非常有限，也因而在地方经济中不能得到足够的重视。要真正实现农业产业结构升级，使农业成为高效、高附加价值和有竞争力的产业部门，实现农民收入与国民经济同步增长，就必须着眼于鼓励农业发展，完善基层地方政府的考核机制与激励机制，克服地方政府在经济发展中的短视行为。

第三，完善县域收入调节机制，在基层实现协调发展。对于类似

① 所谓"反租倒包"，是指集体经济组织根据农民意愿，将已发包给农民的土地反租（反包）回集体，经过投资开发，改善生产条件后重新发包给本集体经济组织的农民或租赁给集体经济组织以外的人。

于迁安这样的资源型地区,在发展中往往面临着严重的乡镇间收入不平衡问题,并可能引起社会矛盾与不稳定。如何在基层进一步建立和健全收入调节机制,通过加大财政转移支付的力度,促进各乡镇经济社会协调发展,推动基本公共服务的均等化,对于推进和谐社会构建和新农村建设将具有至关重要的作用。

第三章

迁安村域经济与专业村发展

加快村域经济和专业村发展，是促进农民增收、推进新农村建设的重要途径。为深入探讨专业村在促进农民增收、实现村庄科学发展中的重要作用，结合《迁安市建设科学发展示范市规划》（2008—2010 年）的编制，2007—2008 年，课题组在河北省迁安市进行了多次实地调研活动，走访了迁安市 19 个乡镇一些具有代表性的专业村，重点围绕专业村的发展特点、特色产业、居民收入、经济结构以及科学发展思路等方面进行了深入考察。下面着重从四个方面进行分析讨论。

一 迁安市村域发展状况

截至 2007 年底，迁安市共辖 19 个乡镇，其中，12 个建制镇、7 个乡，534 个行政村，每个乡镇所辖行政村概况如表 3—1 所示。随着文明生态村和社会主义新农村建设的扎实开展，迁安市农业产业化水平不断提高，农民收入逐年增加，农村文化教育事业蓬勃发展，社会保障体系愈益健全，基础设施日趋完善，民主政治建设逐步深化。

表 3—1　　　　　迁安市各乡镇所辖行政村概况（2007 年）

乡镇名称	村庄数量（个）	农村总人口（万人）	农村劳动力（万人）	人均耕地面积（亩/人）	农民人均纯收入（元）
迁安镇	98	10.0	5.1	0.83	7046
扣庄乡	27	3.9	1.7	1.56	7156
夏官营镇	28	3.0	1.7	1.60	7305
彭店子乡	18	2.1	1.1	1.38	7060
杨各庄镇	37	3.7	2.3	1.49	6650
建昌营镇	50	4.1	2.3	7.00	7103
赵店子镇	15	2.0	0.9	1.55	7266
野鸡坨镇	21	3.5	1.7	1.26	7065
大崔庄镇	21	2.4	1.4	1.04	6520
闫家店乡	17	2.4	1.2	1.08	7153
五重安乡	29	2.6	1.7	0.96	7080
杨店子镇	36	4.8	2.5	1.23	7350
蔡园镇	26	2.4	1.4	0.67	9486
大五里乡	16	1.6	1.1	0.88	7187
马兰庄镇	17	2.1	1.1	1.38	9693
沙河驿镇	19	2.4	1.3	1.17	7186
木厂口镇	19	2.2	1.4	0.82	8010
太平庄乡	16	1.5	1.0	1.13	7163
上庄乡	24	2.3	1.5	1.57	5508

资料来源：根据迁安市农牧局各乡镇"122"工程统计表和迁安市统计局《2007 年国民经济和社会发展统计公报》汇总计算。

1. 农业产业化水平不断提高

到 2007 年底，迁安市以"市场—龙头—基地—农户"为特点的农业产业化经营格局已基本形成。与 2004 年相比，全市农业产业化经营额由 21 亿元增加到 2007 年的 30 亿元，年均增长 12.6%；农业龙头企业个数由 41 家增加到 63 家，农业产业化率由 59% 增加到 65%。2007 年，迁安市农业产业化率比唐山市平均水平高出 6 个百分点，走在唐山市农业产业化经营的前列。

2. 农民收入逐年增长

从 2001 年到 2007 年，迁安市农民人均纯收入由 3290 元增加到 7006 元，年均递增 13.4%，特别是 2004—2006 年，全市农民人均纯收入增幅达到 19.1%，比全国最发达前十强县的平均增幅高出 7 个百分点。2007 年，迁安市农民人均纯收入比唐山市平均水平高出 20.3 个百分点，位于唐山市前列。

3. 文化教育事业蓬勃发展

自 2004 年以来，迁安市每年拨付 1700 多万元教育转移支付资金，全部用于农村中小学陈旧校舍改造和布局调整，教学设备、教学仪器购置等支出，全市农村小学入学率和巩固率均保持在 100%，初中入学率达到 99.3%，巩固率达到 98.7%。近年来，迁安市大力实施"阳光工程"，对 16—60 周岁的农村劳动力实施免费就近培训。到 2007 年 4 月，累计培训农民 4.3 万人，转移农村劳动力 15.8 万人。同时，迁安市全力打造乡村文体平台，到 2007 年底，全市 80%的村（居）建有文体活动室，354 个村建有图书室，415 个村建有广场。结合村村通有线电视工程和农村远程教育工程，到 2007 年底，全市农村通信设施固定资产已超过 1.5 亿元，建成农村光纤宽带通信接入网点 270 多个，313 个村开通有线电视，423 个村开设农村远程教育站点。

4. 社会保障体系愈益健全

迁安市在河北省率先实施了失地农民养老保障制度，到 2007 年，全市共有 83 个村的 8674 名失地农民参保，每月为 5175 名失地农民发放养老金 173 万元。从 2007 年 6 月 1 日起，全市有 7.6 万名老年农民按月领取 60 元的社会养老保险补贴，月发放补贴总额 454 万元。同时，迁安市率先试点并成功普及新型农村合作医疗制度，2007 年全市参合农民 547472 人，农民参合率达到 96.1%，高出唐山市平均水平 3 个百分点，累计为 98.8 万人次参合农民报销医疗费用 5674 万元。此外，迁安市还不断完善农村最低生活保障制度，创造性实施了低保家庭分类管理制度，确保受助家庭"应保尽保"和"阳光施保"，农村低保标准由 2005 年的每人每年 800 元提高到 2007 年的每人每年 1200 元，共有 8351 名农村人口纳入低保范围。

5. 基础设施日趋完善

截至 2007 年 4 月，迁安市累计投资 11.8 亿元，铺设水泥路 4967

公里，累计建设连村公路 576 公里，通油路村、通客运班车村达到
100%，通自来水村达到 352 个，通有线电视村达到 336 个，建沼气
池 8.9 万个，植树 959 万株，全市农村街道硬化率、街道绿化率、养
殖户建沼气池率均达到了 100%。

6. 农村基层民主政治建设逐步深化

迁安市通过公开栏、会议、明白纸、广播等多种形式创新村务工
作公开形式，扩大了村民的知情权和监督权，采取定期检查和随机抽
查的方式督导村务工作的正常开展。为了全面落实民主制度，迁安市
通过规范村民大会和村民代表会等途径，不断提高村民的决策水平。

二 专业村的界定与类型划分

(一) 专业村的概念界定

关于专业村的概念界定，国内学者的观点主要从定性和定量两个
方面展开，定性观点偏重专业村的本质和表现等方面，如陈建胜认
为，"专业村是指在一个村子内部或者相邻几个村落，大部分村民从
事某种相同或相似的经济活动，逐渐形成具有一定知名度的某一种产
品或行业"；[①] 定量观点偏重专业村的衡量标准，如刘生学等人认为，
"某一种产品的种植面积占全村耕地面积的 50% 以上或从事同一产品
生产的户数占全村户数的 50% 以上，而且这一产品的收入占全村农
业总收入的 50% 以上"。[②]

除对专业村的概念进行直接界定外，一些学者还通过分析专业村
的起源 "一村一品"，对专业村的形成机理进行详尽的描述。如黄映
辉等人认为，"一村一品是指，根据一定区域的资源优势、传统优势
和区位优势，通过大力推进规模化、标准化、市场化、品牌化建设，
使一个村或几个村以及更大的区域范围，拥有一个或几个市场潜力

---

① 陈建胜：《分工、市场、合作——基于浙江专业村发展路径研究》，载《中外企业
家》2007 年第 12 期。

② 刘生学、谷振环、王少权：《田野上的新希望——来自北京市大兴县专业村的调查
与思考》，载《投资北京》1994 年第 1 期。

大、区域特色明显、附加值高的主导产品或产业，从而大幅度提升农业经济效益和农村综合竞争力的经济发展模式"。① 但同时，我们也可以看到，专业村与"一村一品"存在一定的差异性，专业村是"一村一品"的村庄专业化生产在地域空间上的表现，"一村一品"是专业村专业化生产的核心内容。

专业村的概念应该具有动态性，因此，结合迁安市实际，我们认为，专业村是一个村庄内部或者相邻几个村庄凭借资源优势、区位优势、传统产业优势、大型企业拉动优势等，围绕相同或相似的产品，开展专业化、特色化、规模化和标准化的生产，并通过市场化、品牌化和服务体系建设，逐渐形成具有综合竞争力的知名产品和特色产业。凡具备以下条件之一的，即认定为专业村：（1）从事主导产业或产品生产经营的农户占全村总户数的 50% 以上；（2）从事主导产业或产品生产经营的人数占全村劳动力总数的 40% 以上；（3）主导产业年收入占全村年经济总收入的 50% 以上；（4）来自主导产业或产品生产经营的人均收入占该村当年农民人均纯收入的 50% 以上。其中，就第二条标准而言，由于专业村从事特色产业的劳动生产率较高，因此，特色产业或产品从业人数比重定为 40% 即可。

（二）专业村的类型划分

考察全国各地农村的发展现状、特色产业基础和比较优势，一般都是按照行业性质对专业村进行类型划分，既包括种植型、养殖型、农产品加工型专业村，也包括工矿开采型、工业品加工型、商贸流通型、生态旅游型、劳务输出型等类型专业村。根据上述专业村类型划分，结合迁安市专业村发展的实际情况，将迁安市 297 个专业村划分为六种类型，即特色农业产业化型专业村、工矿开采型专业村、工业品加工型专业村、生态观光旅游型专业村、商贸流通型专业村和劳务输出型专业村。具体来说，特色农业产业化型专业村指以特色林果种植、设施蔬菜和花卉种植、农产品加工、养殖和养殖加工等产业为主

---

① 黄映辉、史亚军等：《北京郊区"一村一品"发展特点问题及对策分析》，载《中国农学通报》2008 年第 8 期。

的专业村类型；工矿开采型专业村主要指以铁矿、白云石等矿产资源开采为主导产业的专业村类型；工业品加工型专业村指以铸造、纸张、网绳等加工工业为主的专业村类型；生态观光旅游型专业村指以农产品采摘、旅游、观光为主的专业村类型；商贸流通型专业村指从事小商品批发零售和汽车运输等行业的专业村类型；劳务输出型专业村指以向市内的工矿企业和村外的建筑队输出劳动力为主的专业村类型。

就迁安市而言，在六种类型专业村中，特色农业产业化型专业村所占比重最高；然后依次为劳务输出型专业村、商贸流通型专业村、工矿开采型专业村、工业品加工型专业村和生态观光旅游型专业村（如图3—1所示）。这说明，虽然迁安市属于以重化工业为主的资源型城市，但矿产资源和钢铁生产主要集中在少数几个乡镇，农业种植仍是多数农户从事的主要生产经营活动。

图3—1 2007年迁安市专业村按行业分类所占比重

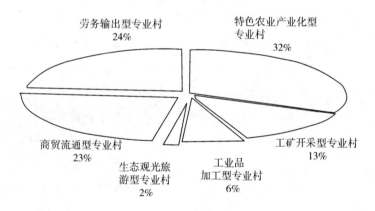

资料来源：根据迁安市农牧局各乡镇"122"工程统计表汇总计算。

三 专业村的分布特点及形成机理

（一）专业村的分布特点

2007年，迁安市委、市政府作出了实施"122"富民工程，鼓励全民创业，增加农民收入的战略决策。按照《迁安"122"富民工程规划》，到"十一五"末，建成特色种植专业村 100 个左右，养殖、农产品加工专业村 200 个左右，工业品、小商品生产及运输、商贸、旅游等专业村 200 个左右，全市 80% 农民充分致富创业，农村经济总收入 50% 由主导产业创造，农民人均纯收入达到 12000 元，形成"一村一品"特色经济发展格局。

根据迁安市"122"富民工程的有关统计资料，按照课题组确定的专业村评判标准，截至 2007 年底，迁安市共有各类专业村 297 个，占全市村庄数量的 55.6%，占河北省一村一品专业村数量的 7.4%。其中，迁安镇、夏官营镇、杨各庄镇、赵店子镇、野鸡坨镇、杨店子镇、蔡园镇、大五里乡、马兰庄镇等 9 个乡镇，其专业村比重高于迁安市平均水平，在全市"122"富民工程中走在前列。

按照主导产业的结构属性（如表 3—2 所示），2007 年迁安市从事第一、第二、第三产业生产的专业村数分别为 92 个、59 个和 146 个，占全市专业村的比重分别为 31.0%、19.8% 和 49.2%。专业村比重超过 70% 的共有 5 个乡镇，分别是马兰庄镇、夏官营镇、大五里乡、杨店子镇和迁安镇。各乡镇专业村发展的主导产业类型与其资源禀赋、传统产业基础等密切相关。例如，迁安镇是市政府所在地，具有优越的交通区位条件，受迁安市城市化进程的影响最为显著，因此，该镇 85.3% 的专业村从事商贸流通业或者劳务输出活动；马兰庄镇蕴藏丰富的铁矿资源，是首钢迁钢公司在迁安市的主要铁矿石来源基地，故该镇 94.1% 的专业村从事铁矿开采业；杨店子镇紧邻首钢迁钢公司，因而该镇 71.4% 的专业村以为首钢迁钢公司提供运输服务为主。

表 3—2　　2007 年迁安市各乡镇专业村三次产业分布情况

乡镇名称	专业村数量（个）				专业村比重（%）
	总计	第一产业	第二产业	第三产业	
迁 安 镇	75	7	4	64	76.5
扣 庄 乡	3	2		1	11.1
夏官营镇	23	10	8	5	82.1

续表

乡镇名称	专业村数量（个）				专业村比重（%）
	总计	第一产业	第二产业	第三产业	
彭店子乡	6	2		4	33.3
杨各庄镇	23	21	1	1	62.2
建昌营镇	14	8	1	5	28.0
赵店子镇	10	5	1	4	66.7
野鸡坨镇	14	2	3	9	66.7
大崔庄镇	8	4	1	3	38.1
闫家店乡	6	3	2	1	35.3
五重安乡	6	2	1	3	20.7
杨店子镇	28	4	4	20	77.8
蔡 园 镇	18		10	8	69.2
大五里乡	13	7	0	6	81.3
马兰庄镇	17	1	16	0	100.0
沙河驿镇	9		6	3	47.4
木厂口镇	9	1		8	47.4
太平庄乡	6	4	1	1	37.5
上 庄 乡	9	9		0	37.5
总计	297	92	59	146	55.6

资料来源：迁安市农牧局各乡镇"122"工程统计表。

　　具体到各乡镇，不同类型的专业村在各乡镇的数量不尽相同。如表3—3所示，由于迁安镇、木厂口镇和杨店子镇紧邻市区或者大型钢铁企业，这3个镇的劳务输出型专业村所占比重较高；野鸡坨镇、赵店子镇、杨店子镇和沙河驿镇拥有较为便利的交通区位条件，其商贸流通型专业村所占比重较高；蔡园镇和马兰庄镇的铁矿石储量丰富，因而工矿开采型专业村所占比重最高；扣庄乡、杨各庄镇、大崔庄乡、大五里乡、太平庄乡、上庄乡等乡镇拥有丰富的农业资源，特色农业产业化型专业村所占比重较高。

表 3—3　　　　　　　2007 年迁安市各乡镇专业村的类型

乡镇名称	特色农业产业化型		工矿开采型		工业品加工型		商贸流通型		生态观光旅游型		劳务输出型	
	数量(个)	比重(%)	数量(个)	比重(%)	数量(个)	比重(%)	数量(个)	比重(%)	数量(个)	比重(%)	数量(个)	比重(%)
迁安镇	7	9.3	1	1.3	3	4.0	20	26.7	1	1.3	43	57.3
扣庄乡	2	66.7									1	33.3
夏官营镇	10	43.5	2	8.7	6	26.1	4	17.4			1	4.3
彭店子乡	2	33.3					2	33.3			2	33.3
杨各庄镇	21	91.3			1	4.3	1	4.3				
建昌营镇	8	57.1			1	7.1	5	35.7				
赵店子镇	5	50.0			1	10.0	4	40.0				
野鸡坨镇	4	28.6			1	7.1	7	50.0			2	14.3
大崔庄镇	4	50.0	1	12.5			2	25.0	1	12.5		
闫家店乡	3	50.0			2	33.3	1	16.7				
五重安乡	2	33.3			1	16.7	2	33.3	1	16.7		
杨店子镇	4	14.3	4	14.3			9	32.1			11	39.3
蔡园镇			10	55.6			3	16.7	1	5.6	4	22.2
大五里乡	7	53.8					2	15.4	1	7.7	3	23.1
马兰庄镇	1	5.9	16	94.1								
沙河驿镇			3	33.3	3	33.3	3	33.3				
木厂口镇	1	11.1					3	33.3			5	55.6
太平庄乡	4	66.7	1	16.7			1	16.7				
上庄乡	9	100.0										
总计	94	31.6	38	12.8	19	6.4	69	23.2	5	1.7	72	24.2

资料来源：根据迁安市农牧局各乡镇"122"工程统计表汇总计算。

　　不同类型专业村的发展情况也具有较大差异。从人口规模看，商贸流通型和工业品加工型专业村要远高于生态观光旅游型专业村；从人均耕地看，特色农业产业化型专业村最高，达到 3.33 亩，远高于其他类型的专业村；从劳均总收入看，工矿开采型和工业品加工型专业村分别高达 21.8 万元和 19.5 万元，而特色农业产业化型和生态观光旅游型专业村则分别只有 5.5 万元和 5.4 万元，二者相差十分悬殊；从村均总收入看，最高的工业品加工型专业村是最低的生态观光旅游型专业村的 6.24 倍，是特色农业产业化型专业村的 4.36 倍；从农民人均纯收入看，最高的工矿开采型专业村比最低的特色农业产业化型专业村高 33.3%（见表 3—4）。

表 3—4　　　　2007 年迁安市不同类型专业村基本情况

专业村类型	专业村数（个）	人口规模（人/村）	人均耕地（亩）	劳均总收入（万元）	村均总收入（万元）	人均纯收入（元）
特色农业产业化型	94	1001	3.33	5.5	3180	5420.1
工矿开采型	38	1035	0.61	21.8	11864	7227.2
工业品加工型	19	1312	1.17	19.5	13855	5930.9
商贸流通型	69	1368	0.86	9.7	6778	6088.2
生态观光旅游型	5	688	0.77	5.4	2220	6315.0
劳务输出型	72	1138	0.99	8.2	5084	5600.3
总计	297	1138	1.57	10.1	6255	5902.4

注：人均纯收入为各专业村人均纯收入的算术平均值。

资料来源：根据迁安市农牧局各乡镇"122"工程统计表汇总计算。

专业村的发展与乡镇经济发展水平密切相关。一方面，乡镇经济发展水平的提高，将有利于推动专业村的发育；另一方面，专业村的形成和发展，又将进一步推动乡镇经济的发展和农民收入的提高。从图 3—2 和图 3—3 中可以清楚地看出，迁安市各乡镇专业村的比重与其人均生产总值和农民人均纯收入之间呈现出较好的正相关性。计算结果表明，各乡镇 2007 年专业村比重与 2006 年人均生产总值之间的相关系数为 0.621，与 2006 年人均生产总值自然对数之间的相关系数为 0.650，与 2006 年人均财政收入之间的相关系数为 0.583，与 2007 年农民人均纯收入之间的相关系数为 0.476。这说明，专业村发展比较好的乡镇，其人均生产总值、人均财政收入和农民人均纯收入水平也较高。因此，可以认为，发展专业村是推动乡镇经济发展，增加乡镇财政收入，提高农民收入的重要途径。

图 3—2　迁安市专业村比重与人均生产总值关系

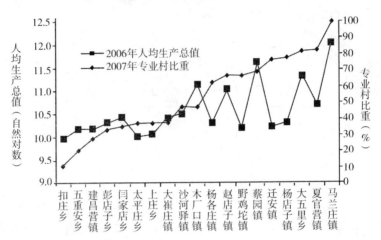

图 3—3　2007 年迁安市专业村比重与农民人均纯收入关系

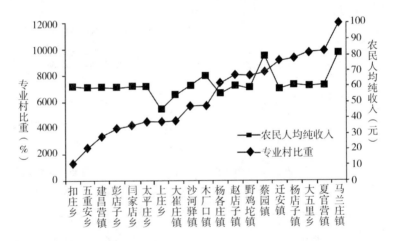

（二）专业村的形成机理

迁安市的专业村数量多，类型丰富，按照其形成原因和机理的不同，大体可分为以下六种类型：

1. 资源优势主导型

一些村庄凭借丰富的自然资源、矿产资源和人文资源，充分挖掘资源优势并将其培育成专业村的产业基础。例如，大五里乡张家峪村利用 8000 亩的山场面积和 1100 亩的耕地面积，大力发展板栗、核桃、山杏等干鲜果树种植，建起一座 500 亩的现代农业园区，发展有机蔬菜、有机杂粮，并与唐山市东伟公司合作发展订单农业，逐步成为特色种植专业村；大崔庄镇白羊峪村利用丰富的山场资源和白羊河、长城等得天独厚的旅游资源，采取鼓励有条件的农户优先发展农家餐，优化景区软硬件设施，发展农业科技观光游等措施，将白羊峪村打造成一个远近闻名的旅游专业村。全村从事与旅游相关产业的有 150 户以上，年增收 200 多万元。目前，白羊峪旅游景区已被河北省确定为 19 个乡村游示范点之一，被唐山市评为最具魅力景区。

2. 区位优势主导型

一些村庄凭借优越的交通区位条件，发展成为以商贸、餐饮、运输等为主的专业村。如野鸡坨村是野鸡坨镇的镇政府所在地，处于京沈高速公路、102 国道、平青公路、野兴公路的交汇点。2007 年，该村共有 150 人从事运输生产，年纯收入 500 万元；从事商贸 40 户 120 人，年纯收入 400 万元；从事餐饮 60 户 180 人，年纯收入 480 万元；从事汽车修理 30 户 90 人，年纯收入 400 万元。目前，该村已发展成为商贸流通型专业村。

3. 传统工艺驱动型

一些村庄具有从事食品加工或者轻工业品加工的传统工艺基础，最初只是自给自足，随着市场经济的发展，农户开始改良技术，延长加工链条，逐渐开拓市场，最终发展成为农产品加工或工业品加工的专业村。杨各庄镇徐流口村有加工豆片的传统，从 20 世纪 70 年代至今，农户秉承传统加工工艺，凭借诚信和质量，逐步把豆制品加工产业做大做强。2006 年，该村豆片加工专业户发展到 80 多户，年加工豆片达 150 多万斤，总收入 100 多万元。目前，该村拥有两家绿色食品加工龙头企业，产品已进入大型超市。

4. 主导产业带动型

一些村庄在农业产业结构调整过程中，结合政府提倡发展的产业类型，甄选适合的主导产业，最终发展成为专业村。太平庄乡郭家营村自 2000 年起充分利用农业产业结构调整和迁安市奶牛业发展的大环境，把奶牛养殖确定为本村主导产业，村干部带头购进 3 头奶牛开始试养，积极探索解决奶牛品种不纯等难题，并将经验向村民传授。除此之外，还定期聘请唐山市奶牛专家和市畜牧中心技术人员给养殖户授课培训，指导饲料配比、疫病防治、牛奶保鲜等技术，有效推动了奶牛养殖业的健康发展。2006 年，该村家家户户养殖奶牛，户均14 头，日产牛奶 2.5 吨，养奶牛户人均年收入 6200 元，占当年农民人均纯收入的 85%，占全村农业收入的 95%。

5. 大型企业拉动型

一些村庄依托本村或临近的大型企业，为其提供产业配套服务，由此形成了一定数量的商贸流通专业村。赵店子镇的三港湾村和木厂口镇的木厂口村，均是依托周边钢铁产业的发展，结合自身优势，大力发展运输业、汽车修理、配件等相关配套服务产业。2006 年，三港湾村 898 户农户中有 330 多户从事运输业，现有各种车辆 325 台，户均年收入 10 万元左右；木厂口村拥有运输车辆 189 台，年运输收入达 3000 多万元，人均收入超过万元。

6. 机遇驱动型

该类村庄多数从小生意做起，抢占市场竞争中的"无人区"，抓住机遇，逐步占领市场。建昌营镇的郑庄子村从无人问津的收购鞋底、缰绳和废旧轮胎做起，逐渐发展成为一个新兴的废旧轮胎综合利用产业。废旧轮胎经过翻新、钢丝切块、制钢砂、套胎之后，能够完全利用并生产出 10 多种产品。该村人口不到 1000 人，外来务工者就达 1500 人，形成了工业品加工型专业村。沙河驿镇的唐庄子村从买卖钢筋头做起，从庭院经营、街道和国道两侧经营到建立专业市场，从一户到多户，拓展经营品种、延伸辐射地区，最终发展成为钢筋加工营销专业村。2006 年，全村 50% 的农户从事钢筋加工营销产业，钢筋业收入占农民人均纯收入的 70%，村内还建有一个占地 40 亩的钢材市场，共有 80 个经营户入驻，40 多辆钢筋运输车，13 家修理、拔丝企业。

四　不同类型专业村的发展思路

前已述及，迁安市共有六种不同类型的专业村，由于发展特点不同，各类专业村发展思路存在一定的差异，分别述之。

（一）特色农业产业化型专业村

特色农业产业化型专业村包括种植、养殖及农产品加工为主的专业村，分布范围涉及迁安市 19 个乡镇，这些村庄具有如下经济特征：第一，经济发展滞后，农民人均纯收入偏低。该类专业村从事主导产业生产的人均生产性收入和农民人均纯收入均低于从事非农生产的专业村；第二，农业产业化水平较高。该类专业村围绕肉鸡、肉（奶）牛、生猪、甘薯、蔬菜、农产品加工等六大产业，大力推进农业产业化经营。2007 年，农业产业化率达到 65%，有 80% 的专业村成立了农民合作经济组织，基本形成"市场连龙头、龙头连基地、基地连农户"的农业产业化经营格局。

该类专业村存在的主要问题包括：第一，农业的设施化、无公害化和标准化生产相对迟缓。与乐亭县果蔬种植型专业村相比，迁安市该类专业村的设施化生产面积偏小，标准化生产程度偏低。第二，农业品牌建设相对滞后。迁安市的农业生产具有一定的特色和优势，但是只有少数专业村对农产品进行了品质论证和品牌注册，如扣庄乡的"乐丫"牌农产品。虽然一些专业村针对本村的特色农产品进行了品牌注册，但是品牌建设的规范程度不高，品牌的宣传不够深入。品牌建设的滞后在一定程度上制约了农产品市场竞争力的提升。第三，与大型农业龙头企业缺乏合作。农产品加工企业在连接市场和农户、产品和销售中发挥着关键作用，该类专业村缺少与区外农产品精深加工企业的合作，导致农产品附加值偏低，不利于农业生产效益的提高。第四，农户的科技意识不强。一些农户缺乏科技创新与科技致富的理念，在种植养殖新品种的引进、饲料搭配、科技投入等方面存在一定的思想包袱，不利于农产品质量和农户收入的提高。第五，养殖污染问题。养殖户的沼气池建设进展缓慢，普及率偏低，一些养殖户和养殖小区缺少对养殖区域的日常清洁和定期消毒，对居住环境有一定的污染。

目前，以传统农业为主的村庄在我国县域经济中仍占据较大的比重，迁安市特色农业产业化型专业村面临的问题在全国范围内具有普遍性。为了应对这些问题，促进农业型专业村的科学发展，需要做好以下六方面工作：第一，大力发展现代农业，培育特色产品。要大力发展以"高效、精品、绿色、设施化"为特色的现代农业生产，促进农产品由原料型向商品型转化，提高农产品精深加工程度，增加产品附加值。养殖户要扩大养殖规模，积极发展养殖小区，根据市场信息积极引进改良畜禽品种，要采取先进适用技术改良养殖加工工艺，发展高质量和高附加值产品，进一步提高农业产业化发展水平。第二，重视农产品加工企业的作用。积极培育和扶持有条件的乡镇或专业村建立规模大、产业链条长、市场竞争力强、符合循环经济要求的农产品精深加工龙头企业，或者形成"公司＋基地＋农户"的产销一体化经营组织。同时，加强农户与本地区及其他地区的大中型农产品加工企业，特别是龙头企业，建立合同型的农产品购销关系，积极发展订单生产，加强协作和配合，形成有效的利益联结机制。第三，推动品牌农业发展。组织龙头企业和合作经济组织联合种植户共同进行品质认证和商标注册，严格按照质量要求规范生产，努力培育出一些国家级和省级明星产品，同时加大媒体宣传，提升知名度。第四，提高农业生产组织化程度。分领域、多层次加快农民经济合作组织和行业协会建设，充分发挥其在原料采购、产品生产、商品出售以及引导农民参与市场竞争等方面提供信息和技术支持的重要作用。高标准规划建设农产品商贸基地，重点围绕果蔬、畜禽和花卉等农产品，探索产销直挂、连锁经营等销售方式，联合物流公司发展农产品物流运输。第五，加强农业科技培训。组织种养殖户定期到农业发达地区学习先进技术和管理经验，注重本地种植养殖能人的技术推广，加强与邻近地区的农业生产信息合作交流，聘请国家和省市级农业科研技术人员下乡指导农业生产。第六，加强农业生产基础设施建设。加大土地整理、中低产田改造和农田水利等农业生产基础设施的建设与维护，引进和改造粮食加工、果蔬预处理、冷冻保鲜加工、果蔬汁果酒加工等设备，不断改善农业生产条件，提高农业综合生产能力。

（二）工矿开采型专业村

工矿开采型专业村主要分布在马兰庄镇和蔡园镇，沙河驿镇、杨店子镇和太平庄乡也有一定的分布。该类专业村的经济发展具有以下特征：第一，经济发展高度依赖资源。该类村庄多因蕴藏丰富的矿产资源，大力发展采掘业而形成，因此，具有高度的资源指向性。第二，经济发展水平领先，农民收入处于较高水平。该类专业村的人均生产总值和农民人均纯收入均高于其他类型的专业村，但农民收入增速远远落后于村域经济总量和财政收入的增速，说明现有的增长方式在促进农民增收方面的作用十分有限。第三，产品较为单一，采掘业居于主导地位，矿产资源挖掘后直接出售。

随着矿石开采量的逐年增大，矿产资源正面临枯竭的危险，土地、生态环境等问题也随之产生。当前，工矿开采专业村主要面临以下问题：第一，生产方式粗放，矿产资源有效利用率较低，造成严重的资源浪费现象。第二，生态环境问题日益突出。矿山大面积开采后形成的凹陷区、尾矿砂和废旧矿山，导致矿区的生态环境遭到严重破坏，水体、大气均受到污染，地质灾害和安全生产的隐患问题严重，直接影响到村民的身心健康和生命财产安全。第三，土地、电力等资源供应紧张。矿坑、剥岩废料占用了有限的土地资源，使得一些有利于产业转型的项目因土地资源紧张而被迫搁置，电力供应不足造成的拉闸限电大大降低了企业的生产效率。

针对上述问题，迁安市政府已经采取了一些应对措施，如规范矿产资源的开发秩序，加大矿山企业的整合力度，积极探索尾矿砂的综合治理，实施"百矿批绿"工程改善矿区的生态环境，采取异地集中联建的方式促使环境较差的村庄进行整体搬迁等。这些举措在规范资源开发秩序、发展循环经济和改善生态环境等方面为我国资源型城市提供了有益的经验。

为实现资源型乡镇或村庄的科学发展，今后还需要注意以下三个方面：第一，加大矿区的生态环境治理。对工矿开采产生的凹陷区和尾矿砂山，要按照循环经济的模式加以利用。对于凹陷区，通过物料填充和生态恢复的方式，植树造林，用以发展农业、林业、畜牧和旅游产业，使废弃的土地资源得以再利用。对于尾矿砂，对其进行再次选取提炼，获取冶金等产业发展的有用成分，剩余的砂石可以用作建材和铺路之用。第二，合理引导农户发展与矿山采掘业相关的生产活动。大力引导农户发展与矿山采掘相关的运输、劳务输出、商贸等生产活动，在增加农民收入的同时为村庄的产业转型打下基础。第三，加强资源整合和企业节能减排工作。积极探索通过股份制等途径整合矿产和土地资源，规范矿产资源的开发和管理，督促企业改良工艺以达到节能减排的目的，完善产业发展的技术标准和环保标准，提高能源、土地、水资源的利用效率。

（三）工业品加工型专业村

工业品加工型专业村主要分布在夏官营镇、闫家店乡、沙河驿镇等乡镇，既包括从事钢铁铸造等重工业的村庄，也包括从事宣纸、钢筋、废旧轮胎等传统轻工业生产的村庄，以钢铁铸造为主的村庄主要依托村内外的铁矿资源进行粗加工或者简单精加工，以提高铁矿资源的产品附加值；以特色轻工业生产为主的专业村，多数属于"能人带动"型，基本家家户户都从事该类产品生产，一些村庄还成立了加工销售协会，统一组织原料购进、加工和销售等生产环节。

该类专业村主要面临以下问题：第一，产业链条短。受技术水平的制约，不论是钢铁铸造还是特色轻工业生产，均存在产业链条短，精加工程度偏低，产业层次较低等问题，不利于提高产业的市场竞争能力。第二，品牌建设滞后。品牌对于企业竞争力的提升有着至关重要的作用，而以钢筋加工为代表的特色轻工业型专业村在品牌建设上相对较为滞后。第三，环境问题突出。与工矿开采型专业村相比，该类村庄的环境问题主要集中在生产过程中的"三废"排放以及钢铁铸造企业较高的能耗。

迁安市为推动工业品加工型专业村实现可持续发展，在促进产业结构升级、延伸产业链、提高资源集约节约利用等方面采取了一些措施，并取得了显著成效。就全国范围来说，为促进技术水平低、能耗高、污染高的重工业和特色轻工业加工专业村实现科学发展，需要从以下四个方面着手：第一，积极推动产业转型。引导钢铁等重工业延伸产业链条，提高生产技术，实施精深加工，发展其他配套产业；采用新技术改造传统轻工业，提高产品的附加值。第二，打造工业品牌经济。针对传统轻工业型专业村，应按照"一村一品"要求，结合自身轻工业发展现状和基础，培育特色工业产品，鼓励龙头企业申请商标注册和品牌认证，在条件好的村庄可以尝试发展工业品加工示范基地建设。第三，进一步提高工业生产的组织化程度。加快工业经济合作组织和行业协会建设，强化其在原料采购、生产和销售等环节的信息和技术服务功能，规划功能较为完善的工业品贸易市场，积极扶持工业品物流企业发展。第四，大力发展循环经济，推行清洁生产。针对钢铁加工等重工业型专业村，要在生产环节和废弃物处理环节提高资源利用效率，加大资源循环利用程度。在生产环节，加强对铁矿石等原材料、水、电等资源消耗的管理，提高资源利用效率。在废弃物处理环节，加大污染全程监控和 24 小时监控，促使企业合理延长生产链条，降低废弃物的最终处理量。同时，要大力回收和循环利用废弃资源，形成钢渣和含铁尘泥闭路利用、煤气闭路利用、工业用水闭路利用、余热蒸汽闭路利用等闭合生产流程，推动循环经济发展。针对特色轻工业型专业村，要推行清洁生产，加大节能减排力度，强化污染综合整治。

（四）生态观光旅游型专业村

生态观光旅游型专业村主要分布在北部山区，拥有灵山旅游区、黄台湖风景区、白羊峪长城旅游区、红峪口长城溶洞风景区、贯头山酒文化博物馆等丰富的旅游资源。其中，白羊峪长城位于大崔庄镇白羊峪村，拥有独一无二的大理石长城，是迁安市的精品旅游线路。2006 年，该村的旅游纯收入达到 205 万元，农民人均纯收入的一半左右来自旅游业。

生态观光旅游型村庄主要存在以下问题：第一，旅游品牌建设较为缓慢，宣传力度不够。迁安市的白羊峪长城旅游、农家乐旅游等项目主要面向京津冀地区，其品牌创建、推介和宣传力度还需要进一步加强。第二，旅游基础设施建设滞后，服务水平有待提高。目前，各旅游景点的住宿、餐饮、交通、服务水平等软硬条件都亟待改善。完善的基础设施和高水平的服务将会为天然旅游资源锦上添花，提高旅游业的收益。第三，旅游产品有待丰富。主要表现在各旅游景点之间相对独立，缺乏与周边县市旅游景点的合作等方面。

就全国范围而言，为促进生态观光旅游型专业村的发展，应采取以下措施：第一，加强旅游品牌建设，加大宣传力度。充分利用广播、电视等各种媒体，广泛宣传白羊峪长城旅游、绿色生态旅游等资源，打造精品旅游线路，开拓京津冀地区及其他国内外市场。第二，加强基础设施建设，提高服务水平。高标准规划该类村庄的交通、餐饮、住宿和娱乐休闲场所等基础设施建设，与省市级旅游专业学校合作强化对工作人员和服务人员的专业培训，提高服务管理水平。第三，丰富旅游产品。结合当地的自然资源条件，不断丰富旅游产品，如以原始森林和原始地貌为核心的农家生态旅游，以"农家乐"为核心的民俗旅游，以爱国主义教育为核心的红色旅游，等等。

（五）商贸物流型专业村

商贸流通型专业村充分利用良好的交通区位条件、密集的人口和传统的集贸中心等优势，大力发展餐饮、商品批发零售、物流、运输、机电修理等第三产业，一些村庄还培育了农产品或其他产品的交易中心，以此作为村域经济的增长点。例如，野鸡坨镇的野鸡坨村凭借其优越的地理位置，加快物流中心和物流基地建设，使农民收入水平大幅度提高。

商贸流通型村庄存在的主要问题是：第一，传统商业经营方式占主导，与农业生产和农民生活相关的知名品牌专卖店、连锁店、超市和便利店等发展较为缓慢。第二，商贸中心或商贸市场设施建设需要进一步提高标准。第三，对从事商贸经营活动的农户，缺乏营销、保险、法律等专业知识培训。第四，商贸协会和运输经纪人队伍的建设和培养相对滞后。

目前，以商贸流通业为主的专业村正处于蓬勃发展的阶段，迁安市商贸流通型专业村面临的问题在全国范围内具有普遍性。为了应对这些问题，促进该类专业村发展，需要从以下三个方面努力：第一，加强与商贸物流龙头企业的协作。商贸流通个体户可以通过申请专卖店、连锁店等经营方式，加大与市域内外商贸流通龙头企业的合作，有条件的村庄可以培育物流企业。第二，大力发展专业协会，完善商贸物流基地建设。成立商贸物流行业协会，以运输为主的村庄可以成立运输协会或运输经纪人，充分发挥其在信息和技术服务方面的重要作用。有条件的村庄可以规划建设高标准的商贸市场和物流基地，完善商户入驻标准，加强管理机构建设。第三，加强对农户的教育培训。定期聘请专家对农户进行营销、管理、法律、金融、保险等专业知识培训，提高农户的经营能力和维权能力。

（六）劳务输出型专业村

劳务输出型专业村充分利用自身的剩余劳动力优势，向曹妃甸工业区、市域内工矿企业、道路建设、旅游服务等项目输出劳动力，提高了农民的非农产业收入。

当前，劳务输出型专业村主要存在以下问题：第一，劳务市场和中介组织发展缓慢，管理不够规范。第二，劳动素质和技能有待提高。多数务工农民的工种主要集中在建筑、采掘、冶炼、简单机械加工等技术含量较低的职业，一些务工农民甚至没有进行专门的课程培训，因此，针对传统务工农民的技能培训工作还有待进一步加强，培训课程也有待逐步完善。

与中西部地区劳务输出型专业村不同的是，迁安市劳务输出的流向地主要集中在市域范围内。但是，迁安市该类专业村面临的问题在全国仍具有一定普遍性。为促进该类专业村的发展，需要注意以下四点：第一，加大劳动力技能和素质培训。实施针对农村劳动力的免费培训工程，根据市场需求开设从业技能的培训课程，在此基础上，还要进行劳动就业法律、保险、金融等方面的知识讲座，提高务工人员的个人技能和综合素质。第二，完善就业中介组织建设，规范就业市场。鼓励建立就业中介组织，为用人方和求职者提供准确需求信息，建立相应的规章制度规范就业市场，避免虚假用人信息。第三，打造劳务输出品牌。扩大劳务输出规模，强化劳务输出的品牌建设，打造"厨师村"、"建筑村"等劳务输出品牌村。第四，维护务工人员的合法权益。指导外出务工人员学习了解有关政策，维护自身的合法权益，同时，要做好务工人员各项社会保障的落实和接续工作。

五 专业村发展的对策措施

专业村在促进农民增收、增加农民就业、集约节约利用土地等方面，对村域经济发展都具有十分重要的作用。在当前统筹城乡发展的背景下，政府应采取积极有效的政策措施，推动专业村的持续健康发展。

第一，完善投入机制，保障资金支持。要进一步完善"政府引导，农民筹资，社会参与"的多元化融资机制，支持金融机构设立和扩大专业村发展的信贷项目，广泛吸纳社会资本。同时，设立专项资金，加大对"一村一品"专业村的道路、水网、电网和生产基础设施建设的投入，并通过奖励、补助、税收优惠等手段，鼓励村庄发展"一村一品"特色产业。

第二，完善规划机制，明确发展方向。积极开展专业村的发展规划编制工作，明确发展目标、方向和重点任务，有效推进发展规划的实施，并建立规划动态调整机制，根据环境变化及时调整专业村的发展目标。

第三，完善学习机制，促进经验交流。要构建专业村经济发展信息平台，不仅将全国其他地区专业村发展的经验纳入信息库中，以供当地村庄学习借鉴，还可以向全国其他地区展示当地专业村发展的经验教训，使之成为外界了解当地的重要窗口，由此提升专业村的形象。

第四，完善组织体系建设，强化生产服务。鼓励和引导专业村加快培育适应"一村一品"专业化、区域化和规模化发展要求的农村经济合作组织体系，积极培育行业协会、专业大户、农村经纪人、中介服务组织等主体；制定规章制度，规范农村合作经济组织，以使其更好地为专业村提供产前原料购进、生产过程指导和产后产品销售的服务工作。

第五，完善科技支撑机制，增强发展动力。构筑以区域主导产业和特色产品的开发升级为重点的专业村科技支撑机制，加大科研投入力度；以农业生产为主的专业村要加强优良品种和农业科技推广网络的建设，开展农业科技专项服务，加大种养殖业优质品种推广、无公害生产、农产品加工技术、产品保鲜等方面的研究和开发；以工业生产为主的专业村要加大科技研发力度，延伸产业链条，培育和发展高技术含量的工业产品。

第六，完善市场服务机制，提高产品竞争力。建立健全专业村主要产品的流通营销体系，培育发展专业性的农副产品和工业品物流配送中心，建立能够与国内外市场接轨的标准化区域性农产品批发市场，大力发展特色产品的连锁经营；建立完善市场信息服务网络，整合信息资源，建立、完善并及时发布产前、产中、产后的市场信息和行业信息数据库，提高产品竞争能力。

第七，完善人才培训机制，提供智力支撑。结合专业村的主导产业或市场需求，免费开展"农业科技入户"工程、"阳光培训"工程和"农村实用人才培训"工程，以实用技术、农业生产知识、法律、保险、金融知识等为重点，积极开展职业技能、自主创业、自身权益维护等方面的培训，培养新型农民，全面提高农村劳动力的综合素质，为"一村一品"专业村的发展提供智力保障。

第四章

野鸡坨镇的经济发展

　　野鸡坨镇地处迁安市南部，北临迁安镇和赵店子镇，南与滦县交界，是迁安市的南大门。镇政府所在地为野鸡坨村。野鸡坨村历史悠久，原名金鸡村，相传唐王东征时路过此地，在沙陀上惊飞几只野鸡，不禁脱口而出："金鸡不飞，野鸡飞"，故改今名。野鸡坨镇文物古迹丰富，瓜村旧石器时代遗址是河北省重点文物保护单位，发掘出的恐龙化石、古针、古锥极其珍贵，把冀东人类文明史推进到遥远的四万年前。小山东庄商周墓群出土的铜簋为稀世珍品，为唐山市重点文物保护单位。武各庄革命烈士纪念碑、大杨官营抗日死难群众纪念碑是迁安市爱国主义教育基地。滦河从镇北至东逶迤而过，龙山、岚山分列东西，名山丽水间流传着一个个美丽的传说，历史上有名的"蚂蚁知泉"、"老马识途"等典故就发生在此。

一　野鸡坨镇基本概况

（一）行政区划

　　野鸡坨镇的行政区划经历了多次变动：1953 年建野鸡坨乡，1958 年属旭日公社，1961 年建野鸡坨公社，1984 年复置乡，1992 年改设野鸡坨镇。现辖 21 个行政村，包括大杨官营、张都庄、宋庄、新军营、李家峪、丁庄子、卜官营、爪村、大山东庄、小山东庄、山港、武各庄、岚山高各庄、东周庄、西周庄、安山口、朱庄子、野鸡坨、邵家营、仓库营、小杨官营，总面积为 73 平方公里，占迁安市总面积的 6.04%，在 19 个乡镇中居第五位。

（二）自然地理情况

野鸡坨镇属于丘陵地形，2006 年耕地面积为 52023 亩，其中水田 400 亩，水浇地 31015 亩，人均占有耕地 0.84 亩，土地资源基本上都加以利用。从气候条件看，野鸡坨镇属暖温带、半湿润季风性气候。极高气温达到 36.7℃，极低气温为零下 15.4℃，全年平均气温 11.5℃。多年平均降水量为 711.9 毫米，日最大降水量达到 42.8 毫米，雨热同期。全年日照 2292.5 小时，无霜期 198 天。野鸡坨镇北靠滦河，西沙河从境内流过，地下有滦河古道，地下水资源丰富，水资源年可利用总量达 9.84×10^6 立方米。境内矿产资源丰富，已探明的矿藏有 20 多种，以铁矿石、石灰石、白云石最为丰富，其中铁矿石储量达 800 万吨，白云石储量达 500 万吨。

（三）历史回顾

野鸡坨镇是伴随着我国经济体制和社会结构的重大变革而迅速发展起来的。从新中国成立到改革开放之前，由于受传统体制的制约，总体来看，野鸡坨镇经济发展缓慢，镇域经济结构始终以种养业为主，仅有少量企业也一直停留在手工作坊、小店小厂的初级阶段，单一的农业经济结构特征明显。农业产业结构长期处于"农业以种植业为主、种植业以粮食生产为主"的"以粮为纲"的状况。这一时期，与迁安市其他乡镇相比，野鸡坨镇的农业发展水平还是较高的，这与其相对充足的水资源密切相关。野鸡坨镇地表水常年可利用量约为 3.55×10^6 立方米，地下水可采量为 8.19×10^6 立方米，水资源可利用总量为 9.84×10^6 立方米，这三项指标在迁安 19 个乡镇中均排名靠前。按 2007 年总人口计算，野鸡坨镇人均水资源量为 263 立方米，比河北省平均水平（173.1 立方米）高 51.9%，但仍属于极度缺水地区。[①]

从改革开放到 2000 年，野鸡坨镇利用当地农业、林业等农产品资源发展一些小型农产品加工业，主要包括食品、饲料、木材加工及家具生产、编织工业等。同时，充分发挥"产业链"效应，将农业生产纳入产供销一条龙、农工贸一体化的产业化轨道上来，由此改变了农业的弱质特征，使农民收入逐步提高。这一时期，除了农产品加工业外，野鸡坨镇还发展了一些为当地服务的建材工业。从 1995 年到 2000 年，野鸡坨镇的企业个数从 325 个增加到 457 个，其中工业企业从 32 家增加到 46 家，批发零售餐饮业从 290 家增加到 386 家。这些企业全部属于私营企业。总体来看，这一时期野鸡坨镇工业发展还比较缓慢，第二产业比重在三次产业中最低。这种状况直到 2000 年才得到改变，这时野鸡坨镇第二产业增加值比重已达到 34%，首次超过第一产业比重。

2000 年之后，野鸡坨镇依托当地的交通区位优势，加快工业和物流业发展步伐，使镇域经济获得了迅速发展。野鸡坨镇交通便利，区位条件优越，十分有利于商品、货物的集散和加工生产。近年来，镇政府已规划建设了工业园区和占地 3000 亩的现代化物流园区，引进了一大批工业和物流项目。2007 年，野鸡坨镇新开工的项目达 23 个，其中 9 个项目被列为迁安市重点项目，包括龙泰 50 万吨精密冷轧薄板、红军工贸扩建、民祥工贸公司扩建、兴冶保温材料厂、佳润石油树脂、蓝山水泥、龙泰进出口矿石加工基地二期项目、博远物流、芳胜物流等。通过这些重大项目的带动，将使野鸡坨镇进入一个快速发展时期。

二 人口与劳动就业

（一）人口

1. 人口规模

---

① 按照我国水利部的标准，人均水资源量小于 500 立方米为极度缺水地区，因此，野鸡坨镇仍属于极度缺水地区。参见魏后凯《中国区域经济发展的水资源保障能力研究》，载《中州学刊》2005 年第 2 期。

人是生产者和消费者的统一，人口则是生产力和消费力的统一。人口规模对经济发展的作用，主要体现在两个方面：一是通过为经济增长提供必要的劳动力发生作用。人口是劳动力的源泉，一定数量的人口构成经济增长的动力，刺激经济的发展。但是，大量低素质的人口将成为经济发展的沉重负担。二是通过消费促进经济发展。一定数量人口的衣食住行能够增加有效需求，从而促进经济增长。

一个地区的人口规模，一般由人口总量和人口自然增长率反映出来。2007 年末，野鸡坨镇总人口为 3.64 万人，占迁安市总人口的 5.2%，在 19 个乡镇中居第五位。在年末总人口中，男女性别比例为 51.7∶48.3；农业人口占 96.8%，非农业人口仅有 1165 人，只占 3.2%。从人口增长来看，野鸡坨镇近年人口自然增长率为 3.05‰，远低于 2007 年全国 5.17‰和河北省 6.55‰的平均水平。与 1995 年相比，2007 年野鸡坨镇总人口增加了 2641 人，年均增速为 6.2‰，平均每年净增加 220 人，呈现出低速稳定增长的格局。

究其原因，一是野鸡坨镇的计划生育工作卓有成效。镇政府认真贯彻落实党中央、国务院一系列指示精神，努力实现计划生育工作思路和方法的两个转变，认真宣传贯彻《人口与计划生育法》，严格控制人口增长，提高人口素质，特别是提高广大育龄妇女的生殖健康检查、咨询服务水平，促进优生优育，计划生育工作各项指标完成情况良好，计划生育率、统计求实率、已婚育龄妇女节育措施及时率始终保持在 98%、100%、99% 以上，较好地稳定了妇女低生育水平。二是随着经济的发展，人们的生育观念发生了转变，生育模式已由早育、多育向少生优育转变。我们在实地调查中发现，许多第一胎生育女孩的农民家庭都主动放弃了二胎生育指标。

2. 人口素质

改革开放以来，随着各级政府对教育的投入逐年增加，野鸡坨镇基础教育和成人教育稳步发展，高等教育普及程度不断提高，人口文化素质大幅提升。2007 年，野鸡坨镇总人口受教育的情况是：大专以上文化程度为 6531 人，占总人口的 17.5%；高中文化程度为 8028 人，占总人口的 21.6%；初中文化程度为 14288 人，占总人口的 38.4%；小学文化程度为 8365 人，占总人口的 22.5%。与 1995 年相比，人口受教育程度明显提高，大专以上文化程度的比重提高了 12.9 个百分点，小学文化程度的人口所占比重下降较快，下降 6.5 个百分点，初中文化程度人口比重下降 4.7 个百分点（见图 4—1）。

文盲人口也是反映一个地区人口素质和基础教育普及程度的重要指标。随着社会经济的发展，野鸡坨镇的文盲人口数量逐年下降，到 2000 年，彻底扫除文盲（见图 4—2）。其原因在于，一是基础教育的快速发展和扫盲工作的不断深入；二是文盲人口的自然淘汰。

3. 人口流动

2006 年，野鸡坨镇迁入人口为 130 人，其中 24 人为省外迁入；迁出人口为 228 人，其中迁出省外为 96 人。总体上看，流出的多，流入的少。为了更全面掌握野鸡坨镇人口流动情况，课题组对野鸡坨镇流动人口开展了随机抽样调查，抽取了 7 个村，调查结果显示：①在流动人口中男性多，女性少。②青壮年劳动适龄人口是流动人口的主体。在流出人口中，16—45 岁青壮年劳动适龄人口占外出人口的比重较高。③人口流动以迁安市内流动为主。在流动人口中，流入野鸡坨镇的省外人口大多来自安徽、山东两地，省内人口多以邻近野鸡坨镇的滦县、卢龙、迁西等地为主；流出本镇到本市其他乡镇人口所占比重较高，而流出本市人口则相对较少，在省内则主要集中在唐山市和曹妃甸地区，迁出省外的人口多集中于北京、天津等大城市，迁移距离较短。

（二）劳动就业

1995 年以来，野鸡坨镇人口就业结构的重心一直在第二产业，且所占比重在逐年上升，到 2007 年，第二产业就业人口达到 6101 人，占总就业人口的 57.9%；从事第三产业的人口为 3421 人，所占比重为 32.4%；而从事第一产业的人口为 1022 人，所占比重仅为 9.7%（见图 4—3）。与 1995 年相比，第一产业就业比重下降 11.9

图 4—1　野鸡坨镇 1995 年和 2007 年人口文化程度

（a）1995年人口文化程度

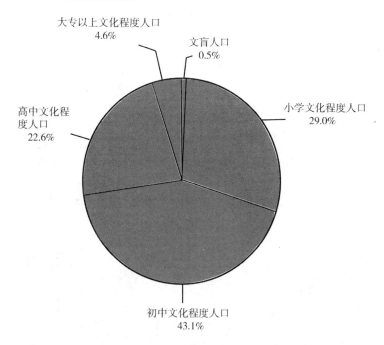

（b)2007年人口文化程度

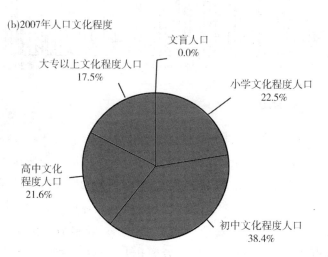

个百分点，第二产业就业比重增加 10.5 个百分点，而第三产业仅提高 0.6 个百分点。这说明，随着改革开放的不断深入以及工业化和城

图 4—2　野鸡坨镇文盲人口数量（1995—2007 年）

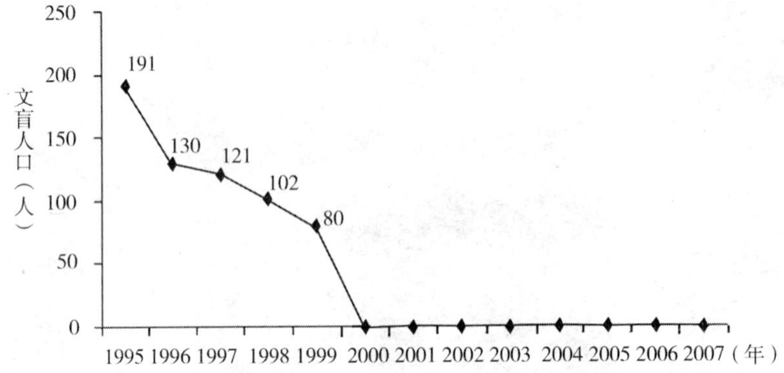

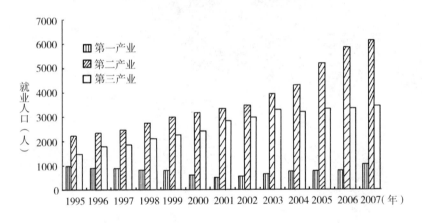

图 4—3　野鸡坨镇三次产业就业人口数量（1995—2007 年）

资料来源：调查数据表。

镇化进程的加快，野鸡坨镇劳动力转移加快，大量农村剩余劳动力转移到非农产业，劳动力资源配置日趋合理。与此同时，一些新兴产业不断涌现，各产业内部结构逐步改善，就业人口的职业选择呈现出多样化趋势。特别是，第一产业由传统种植业占主体向农、林、牧、渔多业并举的格局转变，种植业"一头沉"的就业格局得到改变。在第三产业内部，一些新兴行业不断发展壮大，经济活动人口由集中在批发零售、交通运输、餐饮服务等传统行业，逐步向物流等新兴行业延伸。

从外出就业情况来看，2007 年，野鸡坨镇在外就业共有 361 人，主要流向北京、唐山等地，以从事建筑行业为主。总的讲，全镇人口就业方向以本地就业为主。1995—2007 年间，全镇外出就业人口以年均 8.8% 的速度下降，外出就业规模呈不断缩小态势（见图 4—4）。相反，这期间外来就业人口数量则呈现不断增长的趋势，由 141 人增加到 561 人。目前，全镇外来就业人口已经超过了外出就业人口，而且这种"缺口"还将会进一步扩大。外来就业人口绝大部分集中在第二、第三产业，2007 年分别占 85% 和 15%。

课题组通过召开座谈会、个别访问、电话调查等方式就"外出就业的情况"进行了调研，结果表明，外出就业人员减少主要得益于当地就业机会的增多，很多剩余劳动力都能在家乡找到满意的工作，已经不再远赴他乡。镇党委书记郭桂军介绍说，外出务工人数的减少，是近年来野鸡坨镇工业和商贸快速发展带来的结果。自 2004 年以来，为加快农村剩余劳动力转移的步伐，解决富余劳动力的就业问题，野鸡坨镇倾力招商引资。具体口号是："只要项目定了板，一切手续我们办；只要项目开了工，环境管理不放松；只要项目投了产，全程服务有人管"；"人人都是招商者，处处都是投资环境"。在这种情况下，客商八方而来，大成彩钢、双成汽修、海鑫灯饰、龙泰工贸、舫瑞机械制造、晒阳新能源等一个个项目纷纷落户，昔日的冷清地一跃成为客商投资的热土。目前，全镇共有大小企业 117 家，项目总投资 65 亿元，投资 1000 万元以上的项目达 35 个，为剩余劳动力提供了广阔的就业空间。由于在本地企业工作的收入和在外地务工基本持平，所以大部分打工者选择了在本地就业。从外出务工人员反馈的情况来看，选择本地就业的最大优势就是可以照顾家人，在农忙季节做到打工、务农两不误。

从就业培训机构的情况来看，目前野鸡坨镇有一个劳动服务站，由市劳动人事社会保障局（简称劳人社保局）管理。劳人社保局还设有专门的就业培训中心。另外，在丁庄子村还有一个成人教育学院。从培训内容上看，以提高职业技能为主要内容。专业的设置力求

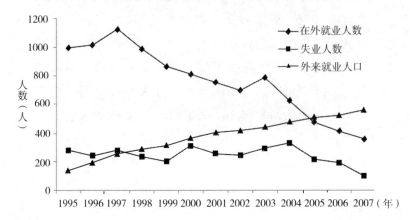

图4—4 野鸡坨镇在外就业、外来就业和失业情况

资料来源：调查数据表。

与劳动力市场需求结合，突出实效性与实用性，以提高劳动力就业能力。从培训形式上看，主要采取课堂教学与实际操作结合，全日制、半日制教学与业余、弹性时间教学结合，力求培训质量与时间的协调共进。这样能较好培养出适应经济发展需要的本地农民工，加快本地农民就地转移，促进镇域特色经济做大做强。

三 经济发展现状与特征

当前，野鸡坨镇的经济发展具有以下四个特征：

1. 经济总量规模偏小

2007年，野鸡坨镇实现生产总值11.32亿元，占迁安市生产总值的2.8%，在19个乡镇中位居12位，仅高于大崔庄、扣庄、彭店子、上庄、闫家店、大五里、太平庄7个乡镇，其经济总量规模相对较小。与排名第一、第二的马兰庄镇、迁安镇相比，仅分别相当于其经济总量的22.9%和23.2%。其中，第一产业实现增加值1.09亿元，第二产业实现增加值为6.22亿元，第三产业实现增加值为4.01亿元，分别占迁安市三次产业增加值的5.7%、2.4%和3.1%。由此可见，野鸡坨镇经济总量规模偏小，主要是第二、第三产业发展严重滞后。经济总量在一定程度上决定地方财政收入。2007年，野鸡坨镇完成地方财政收入 4388 万元，仅占迁安市地方财政收入 23.9 亿元的 1.8%。

2. 经济增长较为平稳

近年来，野鸡坨镇经济实现了持续快速发展。2007 年，野鸡坨镇实现生产总值比上年增长 17.3%，高于同期河北省的平均增长速度。从 1995 年到 2007 年，全镇生产总值保持年均 15.3% 的速度递增，但还远低于同期迁安市 27.8% 的平均增长速度，这与迁安市工业迅猛扩张，从而使得其经济总量以超常速度增长有关。

图 4—5　1995—2007 年野鸡坨镇生产总值增长（当年价格）

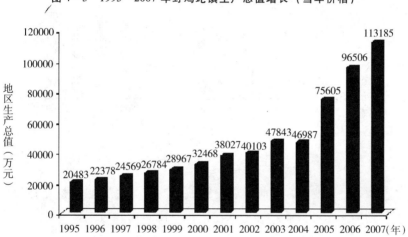

资料来源：调查数据表。

3. 产业结构不断优化

野鸡坨镇是传统的农业大镇，工业基础薄弱，第三产业发展相对滞后。近年来，镇政府加大了产业结构调整升级的步伐，并取得了较大成效。从 1995 年到 2007 年，野鸡坨镇第一产业增加值比重由 35% 下降到 10%，下降了 25 个百分点；第二产业增加值比重由 17% 增加到 55%，提高了 38 个百分点；而第三产业增加值比重则由 48% 下降到 35%，下降了 13 个百分点。这期间，野鸡坨镇第三产业比重所以呈下降趋势，主要是过去第二产业发展很不充分，第三产业呈"虚假"繁荣状态，导致第三产业比重有些"虚"高。随着近年来一些大中型工业项目的相继投资建设，必然推动野鸡坨镇工业经济的快速发展，其增加值比重也将迅速提升。在这种情况下，第三产业增加值比重一定时期内出现下降趋势也是很自然的。野鸡坨镇三次产业结构的演变趋势如图4—6所示。

图4—6　1995—2007年野鸡坨镇三次产业比重变化

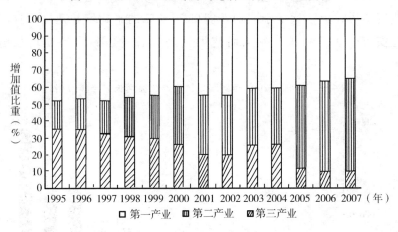

资料来源：调查数据表。

从第一产业看，目前野鸡坨镇已经改变了过去"种植业独撑天下"的局面，种植业产值比重在逐步下降，而林牧业产业比重在不断提升。到2007年，在全镇农林牧渔业产值中，农业、林业、牧业分别占32.1%、2.1%、65.8%，牧业产值是农业的2倍多，农业多种经营和特色农业蓬勃发展。特别是，近年来野鸡坨镇党委注重发挥传统特色产业优势，在全镇积极倡导和扶持兴办各类专业合作经济组织，大力推进核桃种植加工、现代化生猪屠宰销售和山林果品种植等特色经济发展。目前，以朱庄子村为中心的京东核桃种植合作组织，已发展到周边的代庄、安山口等村，参加的农户达400余户，产品远销俄罗斯、日本等国际市场，仅朱庄子村年收入就达1300万元，户均增收近5万元；小杨官营村投资200万元兴建的现代化生猪屠宰场和以此为依托形成的销售运输网，已发展经营户260多户，年营业收入达400万元，人均增收3000元，肉食品远销京、津、唐；龙山林果特色经济也初具规模。同时，镇政府积极扶持养殖大户创办奶牛养殖场，全镇已有奶牛养殖户 650 户，奶牛存栏数达到 3000 多头，蓬勃发展的奶牛养殖业还带动了蛋鸡、獭兔、狐狸、鹿等特色养殖业的发展。

从第二产业看，野鸡坨镇重化工业近年来快速扩张，工业发展规模和层次不断提高。野鸡坨镇的工业过去相对落后，最初只是一些手工作坊和小店小厂，后来逐步发展了一些具有地方特色的轻工业和建材工业。自 2000 年以来，野鸡坨镇充分利用优越的交通区位条件，大胆进行招商引资，积极发展钢铁、建材、食品等工业，使镇域工业经济获得了飞速发展。2000 年野鸡坨镇第二产业比重达到 34%，已经超过了第一产业；到 2005 年该比重又提高到49%，超过第三产业 10 个百分点。2007 年，野鸡坨镇又投资建设了一批工业重点项目，如 50 万吨精密冷轧薄板项目、燕山钢铁公司 250 万吨轧材项目、迁安市佳润石油树脂项目、迁安蓝山水泥有限公司 100 万吨水泥项目、兴冶保温材料厂项目等。随着这些项目的相继投产，野鸡坨镇工业经济增长速度将会进一步加快，偏重型的结构特点将更加凸显。

从第三产业看，虽然近年来野鸡坨镇新兴产业不断崛起，但至今传统产业仍占很大比重，服务业发展严重滞后。长期以来，野鸡坨镇第三产业一直集中在餐饮、商贸、运输等传统行业，并且具有"量小、单一"的特点。近年来，野鸡坨镇利用良好的交通区位优势，积极发展以铁矿石、铁精粉、煤炭为主的现代物流业，现已形成龙泰工贸、双成汽修 4S 店、建设物流、芳胜物流、晨阳物流等一批骨干企业。可以预见，今后物流产业将会成为野鸡坨镇的重要支柱产业之一，并由此引领全镇服务业的调整升级。

4. 非公有制经济比重迅速上升

改革开放前，野鸡坨镇经济所有制结构和全国形势一样，基本上是纯而又纯的公有制经济。改革开放以后，通过鼓励和支持个体、私营等非公有制经济发展，野鸡坨镇公有制经济和非公有制经济之间的关系得以调整和改进。公有制经济在野鸡坨镇国民经济中的比重急剧下降，非公有制经济比重迅速上升。至 2000 年，野鸡坨镇所有企业全部转变为私营企业，国有和集体企业全部改制。从图 4—7 中可以看出，2007 年，野鸡坨镇企业的所有制结构较为单一，668 家企业全部是私营企业，联营、外商及港澳台投资企业还没发展起来。

图 4—7　野鸡坨镇企业所有制结构变动情况（1995—2007 年）

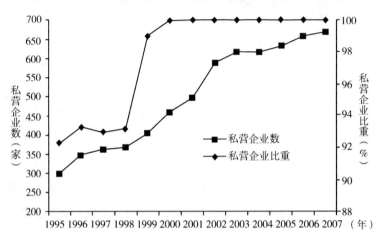

资料来源：调查数据表。

四　居民收入水平及其来源

1995—2007 年间，野鸡坨镇居民收入显著提高。1995 年，野鸡坨镇居民家庭平均收入为 3800 元，到 2007 年增至 20150 元，年均增速达 14.9%（见图 4—8）。野鸡坨镇居民家庭平均收入的增长可划分为三个阶段：第一阶段是 1995—2000 年，其间年均增速为 10.98%，在这一时期，居民家庭平均收入增长较为缓慢，居民收入和生活水平较低。第二阶段是 2001—2004 年，年均增速为 15.8%，高于河北省平均增速，这期间居民收入明显增加，生活水平不断提高。第三阶段是 2005—2007 年，年均增速高达 32.7%，这期间居民收入大幅增加，生活水平也随之大幅提高，生活质量有较大改善。目前，野鸡坨镇农民家庭人均纯收入要远高于河北省和全国平均水平。

2007 年，野鸡坨镇农民人均纯收入为 7065 元，比迁安市平均水平高
0.8%，比河北省平均水平高 64.6%，比全国平均水平高 70.6%。

图 4—8　野鸡坨镇居民家庭平均收入情况（1995—2007 年）

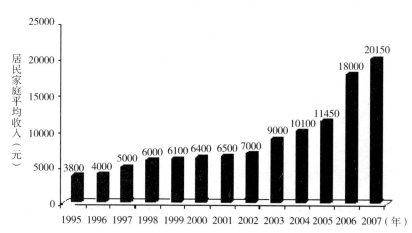

从居民家庭收入的来源看，2007 年，野鸡坨镇居民家庭收入主
要来源于工资收入和家庭经营收入，二者分别占总收入的 34.7% 和
64.5%，而来自集体的收入只占 0.3%，来自政府的补贴和救济占
0.5%（见表 4—1）。从变动趋势看，1995—2007 年间，工资收入所
占比重由 47.4% 下降到 34.7%，而家庭经营收入所占比重则由
52.6% 提升到 64.5%。这期间，工资收入和家庭经营收入平均增长
速度分别为 12% 和 16.9%，其较快增长是推动居民家庭收入增长的
主要因素。

表 4—1　　　　　　　野鸡坨镇居民家庭平均收入来源

单位:%

年度	工资收入	家庭经营收入	来自集体的收入	来自政府的补贴和救济
1995	47.4	52.6		
1996	47.5	52.5		
1997	40.0	60.0		
1998	35.0	65.0		

年度	工资收入	家庭经营收入	来自集体的收入	来自政府的补贴和救济
1999	36.1	63.9		
2000	35.9	64.1		
2001	36.9	63.1		
2002	37.1	62.9		
2003	44.4	55.6		
2004	40.6	59.4		
2005	37.6	61.1	0.4	0.9
2006	36.1	55.6	0.3	0.6
2007	34.7	64.5	0.3	0.5

工资收入增长较快的主要原因有：一是野鸡坨镇经济持续稳定快速增长，企业生产经营稳定，经济效益不断提高，特别是重点行业和优势行业经济效益大幅度提高，推动企业职工收入水平稳步提升；二是各级政府采取的多种增加就业措施见效，就业人数增加，工资性收入增长；三是经济发展活跃度上升，野鸡坨镇居民从事第二职业、兼职和零星劳动增多，其他劳动收入增加；四是2006年机关事业单位职工增加工资。上述因素的共同作用使野鸡坨镇居民的工资收入有较大幅度增长。

家庭经营收入持续快速增长的原因也是多方面的。一是农村经济尤其是各种专业村迅速发展，使得农民收入大幅提高；二是得益于近年来各级政府采取一系列措施支持和鼓励居民自主创业，出台了一系列针对小额担保贷款的优惠政策，并且简化了贷款程序，缩短办理贷款周期，加快贷款发放速度。这些扶持政策效果明显，使个体经营从业人数增多，生产经营活跃，收入大幅度增加。

在经济快速发展、居民生活水平不断提高的同时，也还存在着一些制约居民收入水平整体提高的因素。首先，目前野鸡坨镇支撑经济的骨干企业还不多，服务业发展落后，由此影响到居民可支配收入的提高；其次，各行业之间、部门之间、个人之间收入分配还存在一定差距，低收入和高收入家庭收入具有明显差距；第三，水、电、燃料和肉禽蛋油等食品价格大幅度上涨，使居民生活水平受到一定影响。为此，今后应采取有效措施支持劳动密集型产业发展，实现多渠道就业，稳定增加居民收入。增加居民收入的最好途径是增加就业机会。政府应鼓励和支持创造灵活多样的就业模式，包括小规模企业、微型企业、家庭企业、个体经济、自我就业等，同时创造临时性就业、按小时就业、服务项目就业等，让农村剩余劳动力通过各种类型的劳动就业渠道实现就业，提高居民收入水平。

五　基础设施建设

基础设施作为镇域经济发展的硬件支撑系统，在一定程度上决定了乡镇发展的容量与空间，基础设施水平直接反映了城镇化和现代化的水平，也直接关系到小城镇的经济、社会发展及人民生活水平的提高。基础设施的完善程度是衡量小城镇投资环境和生活环境的重要标准，完善的基础设施可使小城镇吸引更多的投资和居住人口。

经过多年的建设和发展，野鸡坨镇基础设施已得到明显改善，公共服务能力不断提高。目前，野鸡坨镇重点解决了与现有居民生活和服务相关的水、电、路、通信、垃圾处理、环境卫生等设施建设。具体说来，主要集中在以下七个方面：

1. 交通

野鸡坨镇交通便利，102 国道、京沈高速公路、京哈铁路横贯东西，平青大公路、冷大公路、野兴公路纵穿南北。近年来，镇政府积极加快镇内公路建设，累计投资 3900 万元，修水泥路 222380 延长米，铺步道砖 40000 多平方米，安路沿石 60000 多米，全镇 21 个村全部实现了乡村公路与干线公路连接。全镇的野鸡坨、邵家营、安山口、小杨官营、东周庄、西周庄、高各庄、仓库营、宋庄、丁庄子、大山东、朱庄子、新军营、爪村、卜官营等 15 个村道路全部硬化。同时，镇政府还投资 100 万元将主干道全部绿化。

2. 能源

野鸡坨镇拥有较好的电力设施，镇区内建有华北电网 35 千伏、4 万千伏变电站各 1 座，全镇 21 个行政村和其他自然村全部通电，但有时会有停电现象。镇区和各个村庄以液化气为主要能源，辅以煤、沼气、柴等。全镇有沼气池约 4200 余个，沼气池供应率为 40%。每个村都成立了沼气池物业服务组织，负责培训沼气池技术人员和沼气池使用过程中出现的问题。镇里配备吸沼液车两辆，无偿为全镇沼气池吸沼液。目前，全镇沼气池使用率已达到 100%，做饭、烧水、照明十分方便。镇内在东周庄村有一个液化气站，可以送气上门。全镇能源冬天以煤为主，夏天以燃气为主。

3. 通信

中国网通为野鸡坨镇提供固定电话、小灵通、宽带、光纤等语言数据通信业务，中国移动和中国联通分别建有发射塔，通讯方便快捷，固定电话全部普及。全镇约 40% 的家庭安装了有线电视，有线电视普及率较低。镇政府拥有中国网通提供的招商引资网。在全镇 21 个行政村中，只有野鸡坨、邵家营、大杨官营等几个村通了网络，而且网络只通到村，并没有通到各家各户，家庭上网尚不普及。今后应加强网络建设，力争在几年之内实现村村通网络。

4. 给排水

镇域内没有自来水厂，镇区和各村都使用深水井或水塔抽水，基本都以自来水管线送水到各户，镇域无缺水现象。同时，镇内没有污水处理厂。全镇少有洪涝灾害，所以一般都采用自然排水，没有铺设专门的排水管道。今后可以考虑在各村的主要硬化道路两侧设排水暗沟，以利于雨季排水。

5. 环境卫生

全镇共完成绿化造林 22758 亩，其中，退耕还林总面积达 12528 亩，国债资金造林 2350 亩，两荒造林 5830 亩，其中雨季造林 2000 亩，建设优质苗木基地 500 亩。特别是在京沈高速、平青大公路、102 国道和野兴公路"四路"两侧建成四条宽 200 亩、总长 15 公里、总面积 9800 亩的绿色带，栽植速生杨 70 多万株。全镇林木覆盖率达到 50% 左右，是真正的绿色生态大镇。

各村基本上实现了"街道上不留一块乱石，不留一堆粪土，不留一堆柴草，不留一处死角"的目标，21 个村共清理柴草 5200 垛，清理垃圾 6600 多立方米，涂白 60000 多平方米，街道两墙之间"除去树就是路"，农村面貌焕然一新。各村垃圾一般分片由各户或者专人清扫，且每个村庄都设有垃圾箱，基本杜绝了门前堆放垃圾的现象。各个村庄都设有垃圾填埋站，垃圾集中收集之后统一处理，生活垃圾一般不进行分类，直接填埋。今后可以考虑在工业垃圾较多的几个村庄之间建立垃圾分类处理站，分类处理生活垃圾和工业垃圾，以保护环境，避免破坏。

6. 教育文化

除小山东庄和西周庄两个村庄外，野鸡坨镇其他行政村都建有小学，其中有 11 所完全小学、8 所不完全小学。规划将现有的野鸡坨和邵家营两所完全小学撤并为野鸡坨中心完全小学，将张都庄和大杨官营两所完全小学撤并为大杨官营中心完全小学，同时合并丁庄子、李家峪、卜官营、爪村、大山东庄 5 所完全小学，调整为爪村中心完全小学。全镇共有 3 所初中，包括野鸡坨初级中学、东周庄初级中学、丁庄子初级中学，每个学校约有 500—1000 名学生；在赵店子还有一个高级中学。

全镇绝大多数村庄文体设施比较齐备，每个村庄都有图书室，村图书室有图书约 3000 册，镇图书室有图书 4 万多册。镇区有一个文化站，经常组织各种文体活动，如长跑、篮球赛、文艺会演等。建议在小山东庄建设一个图书室；加快岚山高庄文体场所建设的步伐，包括图书室、文体活动室、文体广场等。

7. 医疗设施

野鸡坨镇有综合二级医院 1 座，同时在爪村、东周庄、野鸡坨村设有 3 座卫生院。其中，野鸡坨卫生院有 32 名医护人员，设置床位 20 张。规划建立卫生院的村包括卜官营、丁庄子、李家峪、大山东庄、新军营、宋庄、张都庄、大杨官营、岚山高庄、武各庄、小杨官营、山港、邵家营、仓库营。原设有村卫生室的村庄有张都庄、大杨官营、大山东庄、李家峪、山港、朱庄子、岚山高庄（高各庄）、武各庄、小杨官营、邵家营、仓库营，基本实现小病不出村、大病不出镇。

综上所述，野鸡坨镇基础设施在建设过程中仍存在设施比较薄弱、承载经济发展和居民生活的能力低、规划与建设的整体水平普遍不高等问题。目前，野鸡坨镇基础设施建设面临的最大困难是资金不足。从全国来看，小城镇基础设施建设投融资呈现出多样化的特点，但野鸡坨镇还是以政府部门的投资为主，投资渠道仍然是单一的，各类企业、个人参与投资的很少，在吸引社会资本上缺乏有效的措施，不能调动社会闲散资金投入到小城镇基础设施建设中来。镇政府对基础设施建设资金的投入是很有限的，受财政体制和经济发展水平的制约，镇级财政至今还没有真正建立起来，野鸡坨镇目前不是一级完全财政，预算内收入都要上缴，支出靠迁安市财政下拨。镇政府在小城镇基础设施建设上的投入力度受"吃饭"财政的制约，不仅镇本级财力不足，拿不出资金用于基础设施建设，而且也很少能享受到县以上各级政府部门的直接投资。基础设施建设资金的巨大缺口已经成为制约野鸡坨镇发展的瓶颈。

第五章

野鸡坨镇的教育发展

　　农村教育是乡镇教育发展的基础，乡镇教育发展是镇域科学发展的重要环节。因此，农村教育在促进镇域科学发展过程中的作用举足轻重。温家宝总理在 2003 年 10 月全国农村教育工作会议上指出，"教育是现代文明的基石。提高国民素质，增强综合国力，必须大力发展教育事业。农村教育影响广泛，关系农村经济和社会发展的全局"。大力发展农村教育，提高农村人口的科学文化素质，有利于加速农业和农村现代化进程，有利于从根本上解决"三农"问题，有利于促进农村经济社会协调发展，从而实现镇域的科学发展。

　　迁安市在建设科学发展示范市的过程中，为构建与"钢铁迁安、中等城市"相符合的教育强市，始终以科学发展观统领教育工作全局，建成了以普教、职教、成教、幼教、特教为主体的现代化教育体系，各类教育全部达到全省乃至全国先进行列，形成了各类教育协调发展、齐头并进的良好局面。在迁安市教育工作总体框架下，野鸡坨镇正在逐渐优化镇域中小学校布局，改善办学条件，提高师资力量和教学水平，完善职业教育和成人教育。

一　农村教育的基本概念

　　目前，学术界主要从农村教育的组成和教育内容等方面对农村教育的概念进行界定，具体有以下代表观点：联合国教科文组织提出，农村教育是指农村地区的基础教育、职业教育和成人教育，包括有文凭的全日制正规学习和短期非正规的成人扫盲学习及技能培训。① 陈敬朴认为，农村教育是农村地区对各个年龄段农村人口实施的包括农村学校教育（基础教育、职业教育、高等教育）与社会教育（社区教育等）在内的各级各类教育与各种形式教育的总称。② 孙志河将农村教育定义为"扫盲教育、基础教育、职业和技能教育、成人继续教育所组成的为农村发展服务的综合化教育体系"。③ 张乐天指出，农村教育是与城市教育相对应的概念，城乡二元经济结构导致了城乡二元的教育结构。④ 宗希云则认为，农村教育是以农村人口为教育对象的基础教育、职业教育和成人教育的总称，教育内容包括扫盲教育、文化常识和文化知识普及教育以及生产技术知识教育。⑤

综上所述，我们认为，农村教育主要指以提高农村人口的综合素质为目标，以基础教育、职业教育和成人教育为主体的教育体系，教育内容包括扫盲教育、文化知识、生产技能、思想道德及健康教育等。

二 农村教育的发展历程

农村教育一直是我国教育改革和发展的重点与难点，20 世纪80 年代以来，中央政府颁布了一系列旨在推动农村教育发展的重要政策，伴随着农村教育相关政策的演化，野鸡坨镇的教育发展经历了规模扩张时期、优化精简时期和稳定发展时期三个阶段，具体如下：

---

① 国家教育委员会、中国联合国教科文组织全国委员会编：《当代国际农村教育发展的改革大趋势》（上），教育科学出版社 1993 年版。

② 陈敬朴：《农村教育概念的探讨》，载《教育理论与实践》1999 年第 11 期。

③ 孙志河：《2003 年国际农村教育研讨会综述》，载《职教论坛》2003 年第 5 期。

④ 张乐天：《重新解读农村教育》，载《教育发展研究》2003 年第 11 期。

⑤ 宗希云：《黑龙江省农村教育发展与改革的策略研究》，东北农业大学博士学位论文 2007。

（一）规模扩张时期（2000年以前）

1985年，国务院发布的《中共中央关于教育体制改革的决定》中提出实行九年义务教育的要求，并确定了"地方负责、分级管理"的办学原则，"普九"教育对象指小学、初中适龄儿童和少年，对应农村的中小学基础教育。1994年9月，国家教委在河北省唐山市召开全国农村教育综合改革工作会议，决定加快农村教育综合改革步伐，推动农村教育更好地为当地经济建设和社会发展服务。

为贯彻落实国家"普九"教育政策和推进农村教育综合改革，迁安市各乡镇的农村中小学校开始进入规模扩张时期，农村中小学数量不断增加。其中，2000年以前，野鸡坨镇共有18所小学，除西周庄村和小山东庄村外，其他村庄均有小学分布。由于野鸡坨镇由野鸡坨、丁庄子和东周庄等3个乡合并而成，因此全镇共有3所中学，后来考虑到野鸡坨镇中部村庄的学生入学方便，又在张都庄村设立了一所中学，到2000年之前，全镇共有4所初中。

（二）优化精简时期（2001—2003年）

随着九年义务教育的普及，全国乃至河北省的农村中小学出现了学生数量减少、学校规模缩小、校址分散等现象，导致了教育资源浪费、设备利用率偏低、办学条件和效益偏差等问题。为调整优化全国中小学校布局，合理配置教育资源，2001年，国务院《关于基础教育改革与发展的决定》第13条规定，要因地制宜调整农村义务教育学校布局，按照"小学就近入学、初中相对集中、优化教育资源配置"的原则，合理规划和调整学校布局。2001年4月，河北省政府出台的《关于进一步调整中小学布局的意见》中指出，要以农村小学和建制镇所在地中小学校布局调整为重点，突出中心学校的规模效益和示范辐射作用，逐步形成规模办学的格局。

"十五"以来，迁安市按照"初中学校向中心镇集中、中心完全小学向乡镇政府所在地集中、学校布局向交通便利地带集中"的原则，大力实施学校布局调整，通过对教育资源的重组和优化配置促进农村教育事业的发展。截至 2003 年，全市共撤销农村小学 20 所，校均覆盖人口由原来的 1400 人提高到 3250 人。

按照河北省和迁安市关于调整中小学校布局的有关文件精神，2001—2003 年，野鸡坨镇逐年对全镇的小学学校进行布局调整。撤并主要有两个原因：一是小学生数量逐渐减少，二是小学学校与交通干线距离较近，交通安全存在隐患。2001 年，撤并三所村小，即安山口村小学、新军营村小学和高各庄村小学；2002 年，撤并 2 所村小，即武各庄村小学和朱庄子村小学；2003 年，撤并 3 所村小，即仓库营村小学、宋庄村小学和山港村小学。截至 2003 年底，全镇共撤并了 8 所村小，剩余 10 所小学。在中学学校布局调整方面，2001 年，出于对中学教育资源的整合和生源数量的考虑，野鸡坨镇撤并了张都庄村中学。

（三）稳定发展时期（2004 年至今）

为贯彻国务院《关于进一步加强农村教育工作的决定》，国务院《大力发展职业教育的决定》，中共中央、国务院《关于推进社会主义新农村建设的若干意见》，以及河北省教育厅《关于推进农村中小学标准化建设的实施意见》，2004 年以来，迁安市除继续巩固发展各乡镇的中小学教育之外，特别注重全市农村学前教育、职业教育和成人教育的发展。2005 年，迁安市获得全省"普九"巩固提高先进市称号；2006 年春季，在全省率先全部免除义务教育阶段学生的杂费和课本费；2007 年，全市小学入学率、巩固率继续保持 100%，初中入学率达到 99.3% 以上，巩固率达到 98.7%，学前三年入园（班）率达到 95% 以上，职业教育和成人教育学校完成阳光工程技能型培训 11000 人，职业中专班招生 400 人，电大招生 500 人，培训农村务农劳动力 10 万人次。

2004 年以来，野鸡坨镇的中学、小学学校基本处于稳定发展时期。截至 2007 年，全镇共有 10 所村小，即野鸡坨村小学、邵家营村小学、小杨官营村小学、东周庄村小学、张都庄村小学、李家峪村小学、丁庄子村小学、爪村小学、卜官营小学和大山东村小学，占迁安市小学数量的 7%。共有 3 所中学，即野鸡坨村中学、丁庄子村中学和东周庄村中学，占全市中学数量的 7.3%。2007 年，野鸡坨镇新建中心幼儿园 1 所，现在共有 4 所幼儿园，即东周庄村幼儿园、大杨官营村幼儿园、卜官营村幼儿园和野鸡坨镇中心幼儿园，占全市幼儿园数量的 2.3%。野鸡坨镇还有 1 所成人教育学校，主要为农村转移劳动力提供就业培训。

三 农村教育的发展现状

野鸡坨镇的教育体系主要由学前教育、普九教育和职成教育组成，"十五"以来，全镇的教育事业蓬勃发展，教育投入稳定，校舍和教学设备等基础设施建设不断完善，师资力量不断增强，基础教育、职业教育和成人教育教学效果显著，为全镇的科学发展提供了强有力的智力支持。

（一）教育投入稳定

2005 年，国务院发布的《关于深化农村义务教育经费保障机制改革的通知》中明确指出，要建立农村义务教育经费保障机制，要求将农村义务教育全面纳入公共财政保障范围，建立中央和地方分项目、按比例分担农村义务教育经费保障机制。按照中央部署，河北省从2007 年开始实行农村义务教育经费保障机制改革，实施范围包括：县城、乡镇和农村义务教育阶段的中小学、职业初中、义务教育阶段特殊教育学校以及农垦、林场所属义务教育阶段中小学，改革的主要内容包括：（1）从 2007 年起，全省全部免除农村义务教育阶段学生杂费；（2）从 2007 年起，逐步提高全省农村中小学公用经费保障水平，至 2010 年达到国家确定的基准公用经费标准（小学 300 元，初中 500元）；（3）建立农村义务教育阶段中小学校舍维修改造长效机制；（4）继续对贫困家庭学生免费提供教科书并补助贫困寄宿生生活费；（5）巩固和完善农村中小学教师工资保障机制。迁安市严格落实中央政府、省委省政府的有关规定，进一步完善"以政府投入为主"的农村义务教育经费保障机制，坚持教育转移支付资金全额拨付农村中小学。2004—2007 年，全市财政共计拨付教育转移支付资金 5009 万元，占转移支付资金总额的 36%，超出上级文件规定 20% 的比例。其中，每年1700 多万元的教育转移支付资金全部用于农村中小学陈旧校舍改造和布局调整、教学设备、教学仪器购置等支出，对促进农村教育事业的发展，缩小城乡教育差距起到了重要作用。

从野鸡坨镇的教育资金来源及其使用情况看，如表 5—1 所示，野鸡坨镇的教育资金主要来源于迁安市政府和野鸡坨镇政府的财政拨款，其中，2001—2004 年，野鸡坨镇每年均投入一定款项的教育资金，2005 年之后，迁安市政府每年拨付 53 万元的教育经费转移支付支持该镇的教育发展。2001—2007 年，教育经费使用率每年均为100%，就 2007 年 53 万元的教育经费支出而言，野鸡坨镇为东周庄幼儿园建设共投资 47 万元，另外美化校园投资 2 万元，改善办公条件和购置学生桌凳共花费 4 万元。教育经费的高投入高使用率，为野鸡坨镇的教育事业发展提供了强大的物质保障。

表 5—1　　　　　**野鸡坨镇教育资金来源（2001—2007 年）**

单位：万元

年度	2001	2002	2003	2004	2005	2006	2007
迁安市					53	53	53
野鸡坨镇	69	41	38.8	46			
总费用	69	41	38.8	46	53	53	53

（二）教育基础设施建设不断完善

近年来，迁安市委、市政府高度重视农村中小学的校舍改造和办公条件改善，以"彻底消灭危旧校舍"为目标，投入大量资金，努力改善农村学校的办学条件。目前，野鸡坨镇的教育基础设施不断完善，教学设备和办公条件不断改进，多媒体教育和远程教育正在逐步向全镇农村中小学校推广。

如图 5—1 所示，2001—2007 年，野鸡坨镇中小学教室和办公室数量的变动趋势与农村中小学校的历史沿革有关。2001—2003 年，由于中小学校的布局调整，全镇教室和办公室间数呈现出递减趋势，其中，教室间数由 2001 年的 941 间减少到 2004 年的 857 间，办公室间数由 2001 年的 82 间减少到 2004 年的 75 间。2004 年以后，全镇的中小学校处于稳定发展状态，教室和办公室间数逐年增加，其中，教室间数由 2004 年的 857 间增加到 2007 年的 909 间，办公室间数由 2004 年的 75 间增加到 2007 年的 98 间。"十五"以来，全镇共投资 300 万元翻建教室 150 间，到 2003 年，教室危房改造全部完成。此外，学生的课外活动场所面积由 2003 年的 54210 平方米增加到 2007 年的 64900 平方米，年均递增 4.6%。

图 5—1 2001—2007 年野鸡坨镇教室和办公室数量的变化情况

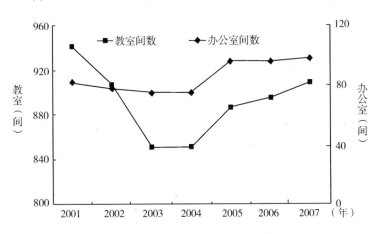

此外，"十五"以来，迁安市政府累计投资 40 万元为全镇 10 所小学和 3 所中学全部配备了微机室，目前全镇 3 所初中已经全部实现网络化，并且开通了远程教育项目。2007 年，野鸡坨镇中学和丁庄子村中学与湖北黄冈中学联合开展教学。多媒体和远程教育的发展，有力推进了全镇农村中小学校的素质教育发展。

（三）师资力量和教师素质不断增强

近年来，迁安市农村中小学教师的人数较为稳定，大专以上学历教师人数逐年增加。为进一步提高中小学教师的整体素质，2002 年以来，迁安市依托教师进修学校，先后进行了 20 多个项目的培训，共有 7800 名中小学校教师系统接受了新课程改革、信息技术教育等岗位培训，培训骨干教师和新教师各为 470 人和 2312 人，683 名校长完成岗位培训，221 名校长完成提高培训，实现了培训学习与学校的建设、管理、发展研究有机结合。

从教职工人数变化情况看，如表 5—2 所示，2001 年以来，野鸡坨镇的教职工人数变动幅度较小，基本维持在 300 人左右。2007 年，全镇共有教职工 311 人，占迁安市教职工总数的 3.5%，且全部属于公办教师。从教职工的组成结构看，2006 年以来，小学教师所占比重高于中学教师。小学教师人数的变动趋势与村小的沿革有关。2001—2003 年是小学撤并的高峰时期，因此，小学教师所占比重逐年下降。2005 年之后，村小的发展处于稳定时期，小学教师的人数有所回升。初中教师的人数在 2004 年达到峰值后，逐年下降，可能与初中生源减少有关系。从教师的性别结构看，2001 年以来，女教师人数所占比重均大于男教师比重，2007 年女教师人数所占比重为 60.8%。

表 5—2   2001—2006 年野鸡坨镇教职工人数变化情况

年度	2001	2002	2003	2004	2005	2006	2007
教职工人数（人）	356	352	324	330	302	288	311
其中：公办教师（人）	356	352	324	330	302	288	311
小学教师所占比重（%）	50.56	46.88	44.14	41.52	47.02	53.47	56.91
初中教师所占比重（%）	49.44	53.12	55.86	58.48	52.98	46.53	43.09
总计（%）	100.0	100.0	100.0	100.0	100.0	100.0	100.0

从教职工学历结构变化情况看，如表 5—3 所示，2001 年以来，教职工的学历结构中，大专及以上学历教师人数一直占绝对优势。2007 年本科和大专学历教师人数所占比重达到 86.2%，高于迁安市平均水平。其中，本科学历教师人数呈现出逐年增长的态势，2001—2007 年年均增长率为 26.6%。大专学历教师人数虽然近年来有下降

趋势，但2001年以来，其所占比重均远高于其他学历的教师，是野鸡坨镇教师的中坚力量。而中专和高中学历教师人数所占比重逐年下降，2007年，中专以下学历教师人数所占比重只有13.8%。

表5—3　　2001—2007年野鸡坨镇教职工学历结构变化情况

年度	2001	2002	2003	2004	2005	2006	2007
本科所占比重	7.58	8.24	16.05	23.03	27.15	30.21	31.19
大专所占比重	50.56	68.47	65.12	67.58	56.29	54.86	54.98
中专所占比重	37.92	20.45	17.90	9.39	16.56	14.93	13.83
高中所占比重	3.93	2.84	0.93				

就教师培训情况而言，2001—2007年，全镇所有教师均持有教师证书，每年都参加河北省或者迁安市组织的各种培训课程，资助教师业余学习和远程教学的人次占教职工人数的比重呈现递增态势，2007年达到93.2%。其中，深造的女教师人数逐年增加，2007年达到124人，占教职工总人数的39.9%，占女教师总人数的65.6%，而接受培训的女教师数量也呈现出不断增加的态势，2007年达到189人，占教职工总人数的60.8%。

最后，就教师的待遇而言，全镇教师的工资属于迁安市财政直接拨款，相对较为稳定。基本工资每月1500—1600元/人，高级教师工资每月2400—2500元/人。

（四）基础教育、职业教育和成人教育教学效果显著

1. 学前教育

迁安市幼儿教育认真贯彻落实《中小学幼儿园安全管理办法》、《幼儿园工作规程》、《幼儿园管理条例》、《幼儿园教育指导纲要（试行）》等各项教育方针，全面提高保教质量，促进了学前教育健康发展。各乡镇利用农村小学布局调整后闲置校舍大力发展学前三年教育，农村幼儿园建设不断加快，提高了学前三年教育普及率。2007

年，全市共有各级各类幼儿园 159 所，入园幼儿 16586 人，入园率 95%，在规范化幼儿园入园人数占入园总人数的 91%。

野鸡坨镇共有 4 所幼儿园，以东周庄幼儿园为例，该幼儿园实行半寄宿制，3 岁以上儿童入园率超过 90%，属于河北省农村一类幼儿园，教室、活动室、午休室、室外游乐场所等配套基础设施较为完善，教学工具和玩具均是利用麦秆、易拉罐等废弃物制作而成，美观环保，入园儿童家长每月只需交纳 75 元的费用维持基本的水、电等基础设施正常运转即可，其他开销均由政府投入解决。

2. 普九教育

首先，看野鸡坨镇享受的义务教育政策。

迁安市从 2006 年起在全省率先实行免费义务教育，免除义务教育阶段学生的杂费（含信息技术教育费）和课本费。免费对象是：义务教育阶段的迁安籍学生，外来务工人员、在迁安登记注册的个体工商户和私营企业主政策内生育的子女，迁安籍在外地就读的义务教育阶段学生。2006 年春秋两季，全市共有 16 万人次享受免费义务教育，全年共免除书费、杂费 2609 万元。其中，外地户籍在迁安就读学生 291 人次，共免除书费、杂费 5.5 万元；迁安户籍在外就读学生 208 人次，免除书费、杂费 3.1 万元。实施免费义务教育，是迁安教育史上前所未有的事件，它的实施对于巩固义务教育成果，提高义务教育质量，减轻学生家长的经济负担，促进城乡教育均衡发展具有重要意义。

此外，野鸡坨镇还享受"两免一补"政策等其他特殊优惠政策。"两免一补"政策是国家对农村义务教育阶段家庭经济困难学生免费提供教科书、免杂费并补助寄宿生生活费的一项政策。其中，中央政府提供免费的教科书，地方财政负责免杂费和补助寄宿生生活费。自 2006 年迁安市在全市范围内实施"两免一补"政策以来，野鸡坨镇 1—9 年级中小学生全部免除课本费和杂费，所需费用全部由市财政负担，2006 年有 84698 名学生，共免收费用 3033.8 万元。除了享受"两免一补"政策外，迁安市还针对家庭经济困难的学生给予一定的生活费资助。2004 年，迁安市建立了总金额 260 万元的"爱心助学基金"，截至 2006 年，全市有 3183 名困难学生得到了爱心基金的资助。

而从生源看，野鸡坨镇中小学校在校学生主要来源于本镇各村入学适龄儿童。如表 5—4 所示，2001—2007 年，该镇中小学在校生人数逐年减少，小学和初中在校生人数年均递减 11.2% 和 12.7%。原因主要在于随着迁安市城镇化进程的推进，乡镇和农村学生在市域内的流动逐渐增加，而该镇距迁安市中心城区较近，只要家长经济实力允许，就会为子女创造更好的学习环境，因此部分家长选择将子女送入市属中小学就读。

表 5—4　　野鸡坨镇小学和初中在校学生状况变化（2001—2007 年）

指标名称		单位	2001	2002	2003	2004	2005	2006	2007（年）
小学	在校学生	人	4469	3716	3033	2536	2123	2131	2195
	辍学	人	0	0	0	0	0	0	0
初中	在校学生	人	2721	2983	2957	2672	2443	1721	1201
	辍学	人	54	59	29	22	19	9	0
	男	人	36	40	21	15	10	6	0

从教学效果看，野鸡坨镇"普九"教育顺利通过验收，教学效果显著。到 2007 年，全镇小学"四率"① 达到 100%，与迁安市小学入学率、巩固率、15 岁完成率基本持平。中学辍学率逐年下降，截至 2007 年，全镇初中入学率、巩固率均达到 100%，分别比迁安市初中入学率和巩固率高出 0.7 和 1.3 个百分点，中小学素质教育得到有力推进。

3. 职业教育和成人教育

1985 年 12 月，河北省通过全国第一个有关职业教育的省级地方

① "四率"指入学率、普及率、巩固率和毕业合格率。

性法规《河北省发展职业技术教育暂行条例》。1985 年以后，河北省遵照《中共中央教育体制改革的决定》精神，大力发展职业技术教育，以职教为突破口探索发展农村教育的新路子。而在 2002 年国家出台的《国务院关于大力推进职业教育改革与发展的决定》以及 2005 年《国务院关于大力发展职业教育的决定》中均提出，职业教育要为建设社会主义新农村服务。

迁安市的职业技术教育以市职教中心为重点。市职教中心是一所集职业高中、职业中专、成人高职、短期培训为一体的综合性职业学校，校园占地 340 亩，根据市场需求开设了钢铁冶炼、数控、汽修、机电、机械、工业仪表与自动化、工业分析与化验、财会、计算机、旅游服务、种植、养殖、音乐、体育、美术、物业管理、广告设计、市场营销等 18 个专业。2006 届毕业生除 200 多名升入高等院校外，其余大多被市内外企业录用，毕业生就业率达到 95% 以上。

2003 年，《国务院关于进一步加强农村教育工作的决定》明确指出，要以农民培训为重点开展农村成人教育工作，以促进农业增效、农民增收。迁安市成人教育按照"重点扶持、以点带面、分类指导、整体推进"的思路，加强对乡镇成人学校分层次、分步骤的建设和指导，认真贯彻河北省《关于组织实施农村劳动力转移培训阳光工程的通知》和唐山市《农村劳动力转移培训阳光工程项目实施意见》，加大农村劳动力转移培训力度。截至 2007 年，迁安市 19 个乡镇已建成河北省示范性乡镇成人学校 8 所，一类院校 11 所，各校加大了实验、示范基地建设，先后引进、试验、示范新品种 132 项。实施了全民免费培训工作，开设了电气焊、维修电工等专业，对 16—60 周岁的农村劳动力实行就近培训。2007 年，各校对 5004 名农村劳动力进行了免费技能培训，利用各种形式短期培训农村劳动力 12 万人次。

野鸡坨镇有 1 所成人教育学校，主要为农村转移劳动力提供就业课程培训，课程主要有电气焊、电工、酒店服务、市场营销等，服务对象是本镇村民。2007 年，共培训 200 多人，属于"阳光培训"，费用全免，教学设备由培训学校自购，培训教师从小学和初中教师中抽取，培训教师先到迁安市参加全市的培训，而后对村民进行"二次培训"。

四　农村教育发展面临的主要问题

由上述分析可以看出，野鸡坨镇的教育事业虽然取得了一定的成绩，但也存在以下五个问题：

（一）教育资源有待整合

野鸡坨镇现有的 10 所小学和 3 所初中，由于该镇中小学生源不断减少，使得教育资源存在一定程度的浪费，农村中小学布局不合理的现象导致城乡教育差距呈现扩大的趋势。在访谈过程中，当地教育部门领导也认识到该问题，准备着手对全镇中小学学校进行整合，预计调整后根据全镇小学学生数量情况，整合为 4 所中心完全小学，西片位于东周庄村，南片位于野鸡坨村，北片位于丁庄子村，东片位于大杨官营村。初中整合为 1 所，拟布局在野鸡坨镇，并实施全封闭式管理。

（二）教育基础设施建设有待改善

虽然野鸡坨镇对全镇中小学校、幼儿园和成人学校的基础设施等进行了翻修、改建和扩建，但与迁安市属中学相比，仍存在一定的差距，农村中小学相关多媒体教学配套设施、网络教学、现代远程教育等资源较为匮乏，学科实验室和课外体育设施有待于进一步优化。

（三）教师素质有待提高

虽然近年来野鸡坨镇教师的素质有所提高，中小学教师的学历合格率也达到国家规定标准，但部分教师是通过函授、进修或自考后取得学历，缺乏正规师范院校的教育经历。特别是随着撤点并校、规模办学的逐步推行，城镇的办学规模逐渐扩大，而农村学校的办学规模越来越小，一些较为优秀的农村教师特别是年轻教师到城镇学校任职。因此，迫切需要制定一系列吸引国民教育系列大专以上高素质人才的优惠政策，提高全镇大专和本科学历教师的比重。

（四）教学学科结构有待完善

我们在调查中发现，野鸡坨镇中小学教师的学科配置不甚合理，偏重与中考、高考相关的语文、数学、英语等科目，缺乏艺术类、体育类等专业的教师，十分不利于农村中小学生知识结构的完整性和综合素质的提高。

（五）职业教育和成人教育有待加强

野鸡坨镇的职业教育和成人教育发展较为缓慢，专业教师数量不足，培训方式不够灵活，师资配备和专业实验实习设备还需要进一步完善，就业实习单位还需要进一步落实，尚不能满足全镇社会主义新农村建设和新型城镇化建设所需的人才支持。

五 促进农村教育发展的若干对策

迁安市在促进农村教育发展方面走在河北省前列，但野鸡坨镇的农村教育在教育资源整合、基础设施建设、教师素质提升、教育信息化普及、学科结构平衡等方面还面临着一些问题，这也是迁安市、河北省乃至全国农村教育发展中面临的共性问题。为此，应该从以下六个方面采取应对措施，以更好地促进农村教育的科学发展。

第一，深入贯彻落实农村义务教育"以县为主"的管理体制，进一步加大农村教育投入。当前，各级政府要认真落实"在国务院领导下，由地方政府负责、分级管理、以县为主"的农村义务教育管理体制，县级政府要统筹安排本地的教育发展规划、教育经费支出、教师和校长人事等方面工作。要明确各级政府保障农村义务教育经费投入的责任，建立农村义务教育专项保障资金，县级政府要将农村义务教育经费投入全额纳入财政预算，中央、省和地市级政府要加大财政转移支付力度，保障农村义务教育经费的充足，实现城乡教育的协调和均衡发展。

第二，调整优化农村中小学布局，完善农村教育基础设施建设。针对目前农村中小学校存在的规模小、学生数量少、校址分散等问题，应该对农村中小学进行布局调整，各地区要根据自身实际情况，按照"统筹规划、相对集中、扩大规模、注重效益"的原则，借鉴迁安市"初中学校向中心镇集中、中心完全小学向乡镇政府所在地集中、学校布局向交通便利地带集中"的做法，有步骤、有计划地撤并农村中小学校，突出中心学校的示范辐射作用。以合理配置农村教育资源，提高教学质量，形成新的办学模式和格局，从而推动农村办学体制改革。此外，布局调整还要与教育基础设施改造结合起来，政府要加大资金投入，翻修改造废弃校舍，另作他用，新建校舍要高标准规划、高质量施工，确保学生安全，努力改善教师的办公条件，营造一个愉悦的教育氛围。

第三，加快农村教师队伍建设，提高农村教职工的综合素质。加强农村教师队伍的编制管理，保证教学编制的基本需求；严格执行教师资格制度，县级教育主管部门要依法履行资格认定、招聘录用、职务评聘、培养培训、调配交流和考核评定等管理职能，加强教师资源的合理分配；注重改善农村教师的生活，按时足额发放教师工资，努力缩小教师工资的区域差别；搞好农村任课教师和校长的教育培训，定期开展培训工作，使其尽快接受新的教育理念和教学方法，满足教学需求。

第四，平衡教学学科结构，完善农村课程改革。目前，一些农村地区的教师学科结构中存在主科教师偏多，体音美等学科类教师偏少的现象，对此，县级政府在招聘农村教师时应尽量平衡教师的学科结构，也可以通过深入挖掘现有教师在体音美方面的特长，完善学生的知识结构，促进学生的全面发展。农村课程改革，可以借鉴美国在普通小学内开设农业技术课程等做法，结合农村实际，在农村初中调整设置适应农村发展需要的技术课程，为农村学生谋生提供一定的农业技术知识积累。

第五，大力发展职业教育和成人教育，深化农村教育改革。农村职业教育要以就业为导向，重点建设地（市）级、县级职业技术学校，实行灵活的教学和学籍管理制度，采取工学交替、半工半读、城乡分段等多种形式，扩大农村地区的招生规模，大力实施"阳光培训"等农村劳动力转移工程，对务工农民进行职业教育和技能培训。农村成人教育要充分发挥农村成人学校、培训机构、村民中心的作用，积极开展农民实用技术教育和培训，促进"农科教"相结合，定期聘请省市级农林学校和科研院所专家开展讲座，完善专业实习实验设备和实习单位，为农民创业、就业创造知识积累。

第六，普及多媒体教学，提升教育信息化水平。与农村各类教育发展规划、中小学布局调整、课程改革相结合，大力实施农村中小学现代远程教育工程，工程资金投入以地方为主，保证农村中小学基本具备计算机教室、卫星教学收视点、联网教学、教学光盘播放设备和成套教学光盘，提高农村中小学生的计算机技能，缩小与城市地区教育信息化水平的发展差距。

附录　野鸡坨镇教育情况调查表

1. 乡镇教育的发展历程

小学沿革：

2000年以前，全镇共有小学18所，西周庄村和小山东庄村没有，2001年撤并3所村小，即安山口村小学、新军营村小学、高各庄村小学，2002年撤并2所村小，即武各庄村小学、朱庄子村小学，2003年撤并3所村小，即仓库营村小学、宋庄村小学、山港村小学。到目前为止，全镇共有10所小学，即野鸡坨村小学、邵家营村小学、小杨官营村小学、东周庄子村小学、张都庄村小学、李家峪村小学、丁庄子村小学、爪村小学、卜官营小学、大（小）山东庄村小学。撤并原因：与交通干线距离较近，交通安全存在隐患。

中学沿革：

以前野鸡坨镇由 3 个乡镇（乡政府所在地为野鸡坨村乡、丁庄子乡和东周庄乡）合并而成，因此现在仍有 3 个初中。

其他学校：

2007 年新建中心幼儿园 1 所，现在共有 4 所幼儿园，即东周庄村、大杨官营村、卜官营村、镇中心幼儿园。

本镇还有 1 所成人教育学校，主要为农村转移劳动力提供就业培训，课程主要有电气焊、电工、酒店服务、商场营销等，服务对象是本镇村民，2007 年培训了 200 多人，属于"阳光培训"，全免费，自己购置教学设备，培训老师从小学、初中抽取，先到迁安市进行培训，然后进行"二级培训"。

2. 学校数量和布局

年度	2001	2002	2003	2004	2005	2006	2007
幼儿园或托儿所（所）	15	13	10	10	10	10	10
小学（所）	15	13	10	10	10	10	10
初中（所）	3	3	3	3	3	3	3
高中（所）							
职业学校（所）							
教室的间数（间）	941	907	851	851	887	895	909
办公室间数（间）	82	78	75	75	96	96	98
教师宿舍的间数（间）	105	96	93	96	81	85	91
学校的危房间数（间）	40	15	0	0	0	0	0
活动场所面积（平方米）	66369	58450	54210	54210	62944	62944	64900
课外活动的次数（次/周）	4	4	4	4	5	5	5

3. 教师基本情况

单位：人、人次

年度	2001	2002	2003	2004	2005	2006	2007
教师工资							
教职工人数	356	352	324	330	302	288	311
其中：公办教师	356	352	324	330	302	288	311
民办教师							
小学教师人数	180	165	143	137	142	154	177
初中教师人数	176	187	181	193	160	134	134
高中教师人数							
职业技术学院教师人数							
学历：本科	27	29	52	76	82	87	97
大专	178	241	211	223	170	158	171
中专	135	72	58	31	50	43	43
高中	14	10	3				
初中							
小学							
女教师人数	214	225	200	204	194	182	189
有教师证的教师	356	352	324	330	302	288	311
参加培训的教师	356	352	324	330	302	288	311
校长和管理人员接受培训的人数	18	16	9	5	6	4	4
资助教师业余学习和远程学习的人次	246	262	281	270	245	230	290
深造的女教师人数	129	103	118	98	101	72	124
接受培训的女教师	210	225	200	204	194	182	189
受奖励的女教师	18	16	19	13	15	20	20

4. 在校学生基本情况

指标名称		单位	2001 （年）	2002 （年）	2003 （年）	2004 （年）	2005 （年）	2006 （年）	2007 （年）
小学	在校学生	人	4469	3716	3033	2536	2123	2131	2195
	辍学	人	0	0	0	0	0	0	0
	男	人	0	0	0	0	0	0	0
初中	在校学生	人	2721	2983	2957	2672	2443	1721	1201
	辍学	人	54	59	29	22	19	9	0
	男	人	36	40	21	15	10	6	0

5. 教师工资是否稳定，属于哪些级别政府拨款？各自所占比重多少？

教师工资稳定，全部由迁安市政府拨款。

6. 各级政府的教育资金投入

单位：万元

年度	2001	2002	2003	2004	2005	2006	2007
国家	0	0	0	0	0	0	0
河北省	0	0	0	0	0	0	0
唐山市	0	0	0	0	0	0	0
迁安市	0	0	0	0	53	53	53
野鸡坨镇	69	41	38.8	46	0	0	0
共计	69	41	38.8	46	53	53	53

7. 教育经费使用情况

单位：万元

年度	2001	2002	2003	2004	2005	2006	2007
总费用	69	41	38.8	46	53	53	53

2007 年，如何花费？

东周庄幼儿园建设投资 47 万元，美化校园投资 2 万元，改善办公条件 2 万元，购置学生桌凳 2 万元。

8. "两免一补"落实情况

"两免一补"是对农村义务教育阶段家庭经济困难学生免费提供教科书、免杂费并补助寄宿生生活费的一项政策。自 2006 年实施以来，全镇中小学生全部免除课本费和杂费，并对家庭经济困难的学生给予一定的生活费资助。

9. 教育资源的整合和布局调整

针对乡村小学生数量减少情况和全镇小学的整合情况，调整后的乡镇小学位于哪个地方？

调整后全镇根据学生数量情况，整合为 4 所中心完全小学，西片位于东周庄，南片位于野鸡坨，北片位于丁庄子，东片位于大杨官营。

10. 远程教育发展情况，有没有开通？和哪家学校联合教学？怎么收费？

有 3 所学校开通远程教育，属于河北省远程教育项目，其他学校已开通远程教育，与湖北黄冈中学联合教学，收费 1900 元。

第六章

野鸡坨镇社会和治安情况

社会事业直接关乎人民福利、社会公平和弱势群体保护等各个方面，发展社会事业是构建社会主义和谐社会、全面建设小康社会的一项重要工作。长期以来，我国存在着重经济发展、轻社会发展的客观现实，形成了"一条腿长、一条腿短"的不协调现象。乡镇作为城市化最低层次的载体和连接城乡的基础纽带，也是社会事业发展最薄弱的环节。因此，探索在乡镇加快社会事业发展的有效途径，是构建和谐社会微观基础、实现以城带乡发展目标、加快社会主义新农村建设、提高大多数人民群众福祉的客观需要。依托快速发展的经济，迁安市与野鸡坨镇在加快乡镇社会事业发展方面作出了很多努力，本章从社会发展、社会保险、社会救助、基层组织和民间社团建设、社会治安等五个方面对近年野鸡坨镇在社会事业发展方面的主要成绩、做法与经验做详细介绍。

一　社会发展

近年来野鸡坨镇经济的快速发展有力推动了社会公共事业的全面发展和不断完善，医疗卫生、教育等各项事业都取得了长足的进步，社会公益事业、环保事业等也得到不断改进和加强。

首先，着力推进精神文明建设，努力打造文明乡镇。通过成立专门组织、全党参与在全镇范围内贯彻学习科学发展观教育，密切联系镇村实际，有针对性地开展入村宣讲活动，并实行领导包片、村干部包村的形式，将科学发展观理论切实宣传到基层的每位党员干部。以科学发展观为指导，在全镇范围内开展每人献一计活动，促进全镇项目建设、城镇建设、新农村建设等各项工作的开展。另外，还努力抓好新闻宣传工作。2007 年以来，重新建立和完善了镇村两级宣传、信息组织，实行奖励政策。全年共向上级党组织、政府及有关部门和各级报社反馈工作信息 200 余篇，印发社会主义新农村建设、农村社会养老保险、"122" 富民工程、项目建设、计划生育等宣传资料 4 万多张（份）。

其次，卫生基础设施有较大提高，合作医疗制度不断完善。2007 年野鸡坨镇实施了卫生院改革，通过扩大规模，实现由原来的防保型医院向综合型医院转变。新增验血、生化常规、心电图、放射、B 超等多套先进医疗器械，新增主治医生护士 7 人，各主要科室设置齐全。为提高合作医疗报销水平，出院即报制度得到全面贯彻，报销比例由原来的 40% 提高到 60%，起报点由原来的 400 元下调到 100 元。这极大地方便了当地群众看病就诊，使农民得到了更多实惠。

第三，以点带面，推动文体工作发展。野鸡坨镇张都庄的书法、爪村的篮球、丁庄子的乒乓球、卜官营的评剧等有着浓厚的文化底蕴，镇政府以爪村为典型，建成了占地 3000 平方米的文化广场，群众可以到广场去打球、跳绳、跳舞，极大地丰富了当地群众的业余文化生活；推动各村先后组建了小评剧团、秧歌队、书法协会、乒乓球队、篮球队等，在各村之间巡回演出；广泛开展"三下乡"活动，并与迁安市文体局合作，到各村免费放映电影和举办文艺演出。2007年，野鸡坨镇荣获迁安市第三届青年歌手大赛优秀组织奖、"钢城之夜"群众文化展演活动二等奖。

第四，人口与计划生育工作得到稳步推进。按照人口与环境协调发展的要求，严格控制人口增长，并加强广大育龄妇女的生殖健康检查、咨询服务水平，促进优生优育，着力提高人口素质。近年，野鸡坨镇计划生育率、统计求实率、已婚育龄妇女节育措施及时率始终保持在98%、100%、99%以上。

二 社会保险

社会保险是以劳动者为保障对象，以劳动者的年老、疾病、伤残、失业、死亡等特殊事件为保障内容的一种社会保障政策，强调受保障者权利与义务相结合，采取的是受益者与雇用单位等共同供款和强制实施的方式。它解决的是劳动者未来的（如年老）以及不确定的（如工伤、失业、疾病等）风险，以维护社会安定。社会保险项目一般包括养老保险、工伤保险、失业保险、医疗保险，有些地区还建立有生育保险。

迁安市按照"政府推动、试点引路、强力推进、规范提高"的发展思路，建立起以城镇基本养老保险、失地农民养老保险和农村社会养老保险为依托的全民养老保险制度，以及以城镇职工基本医疗保险、城镇居民医疗保险和新型农村合作医疗为依托的全民医疗保险制度，基本实现了全市农（居）民养老、医疗保险制度全覆盖。在迁安市社会保险工作的整体框架下，野鸡坨镇正不断扩大养老、医疗、失业、工伤等各险种的覆盖面，近期以农村社会养老保险和医疗保险为重点，提高基金支撑能力，加强基础管理，提升社会保险的管理服务水平。

（一）养老保险

1. 农村社会养老保险

（1）基本情况

随着农村市场经济的发展，土地作为农民的基本社会保障功能和作用逐渐减弱，靠土地养老逐渐弱化。同时，农村家庭结构逐渐变成两个年轻人养四位老人和一个孩子，形成"4—2—1"模式，农村家庭结构小型化使家庭养老方式受到冲击，"养儿防老"的功能逐步丧失。而随着人口老龄化的到来，子女赡养老人的负担越来越重，有的甚至不堪重负。因此，农民逐渐重视养老问题并期待新型农村社会养老保险办法的出台。2006 年，中共中央、国务院出台的《关于推进社会主义新农村建设的意见》中提出："探索建立与农村社会经济发展水平相适应，与其他保障相配套的农村社会养老保险制度。"迁安市在综合考虑其经济社会发展水平的同时，提出了"公共财政向农村倾斜，社会保障向农村覆盖"的目标，决定 2007 年在河北省率先实行农村社会养老保险制度。

野鸡坨镇是一个以农业人口为主的镇，2007 年，全镇农业人口为 35237 人，非农业人口 1165 人，分别占总人口的 96.8% 和 3.2%。农村社会养老保障制度的建立和完善在整个社会保障体系中占据了特别重要的地位。它使农村居民免除了后顾之忧，为他们步入老年后提供了基本生活保障，从经济和道德伦理上减轻了农村人口在养老方面的双重压力，为社会主义新农村实现"生产发展、生活富裕、乡风文明"提供了必要的支撑。

野鸡坨镇于 2007 年 6 月 1 日正式开始实施新型农村社会养老保险制度，以保障农村劳动者和城镇居民年老时的基本生活为目标，坚持"低标准启动、广泛覆盖、社会互济、自我保障"的原则，将农民和城镇居民全部纳入养老保障范围。这项制度的建立，与原有的城镇基本养老保险、失地农民养老保障等制度相互衔接，取得了良好的社会效果。2007 年，野鸡坨镇共有 10178 人参加了农村社会养老保险，占应参保人数的 68%，缴费金额达 285.81 万元。符合领取条件的人数为 4795 人，占应领取人数的 98%。

（2）实施方案与细则

保障实施范围和对象：农村社会养老保险的参保对象是具有本地户籍，年满 18 周岁且未参加城镇基本养老保险或失地农民养老保障的农民和城镇居民。已参加城镇基本养老保险、失地农民养老保障、应征服兵役人员和在校学生视同参保。外地人员户口迁入的，可以按迁入时的缴费标准补缴或者延迟领取年龄继续缴费满 15 年以后再享受养老保险待遇。此外，具有本地户籍的男年满 60 周岁、女年满 55 周岁的农民和城镇居民可以享受老年农（居）民社会养老保险补贴，个人不缴费。外地迁入人员须在当地居住 10 年以上方可享受老年农

（居）民社会养老保险补贴，但国家政策性安置人员除外。野鸡坨镇2007 年补贴标准为每人每月 60 元。已领取机关、企事业单位离退休（职）金、失地农民养老保障、工伤职工伤残津贴和已享受农村五保户待遇的人员，不再享受老年农（居）民社会养老保险补贴。

保障资金来源：农村社会养老保险资金由个人缴费和迁安市财政补助两部分组成，实行社会统筹和个人账户相结合，体现"社会互济"和"自我保障"的原则。野鸡坨镇劳动保障事务站在每年 11 月10 日前将村（居）委会上缴的农村社会养老保险费缴至迁安市社保中心，市财政局每年编制老年农（居）民社会养老保险补贴预算并及时拨付，以保证养老保险补贴按时发放。

缴费标准：参保人员个人缴费部分由村（居）委会代收代缴。参保人员以 2005 年河北省在岗职工平均工资的 30% 为缴费基数，2007—2009 年缴费基数为每月 368 元。缴费比例为 28%，月缴费总额为 103 元，其中，个人缴费占 40%，为每月 41 元，财政补助占60%，为每月 62 元。完全丧失劳动能力的残疾人参加农村社会养老保险，个人不缴费，由迁安市财政全额补助。

养老保险待遇：能够享受农村社会养老保险待遇的参保人主要包括：一是达到法定领取年龄，即男年满 60 周岁、女年满 55 周岁；二是缴费年限满 15 年以上，对新型农村社会养老保险实施后 15 年以内达到领取年龄的人员必须从 2007 年 6 月起参加农村社会养老保险并连续缴费；符合享受待遇条件的参保人员从达到法定领取年龄的下月起，按月领取养老金，直至死亡。

农村社会养老保险待遇由两部分组成：基础性养老金，标准为老年农（居）民社会养老保险补贴，2007 年为每月 60 元；个人账户养老金，标准为个人账户储存额除以 120。对"计划生育独生子女户"和农村"双女户"家庭，参保的夫妻双方在领取养老保险金时各增加 10% 的基础性养老金。参加农村社会养老保险人员在领取养老保险金或缴费期间死亡的，一次性发给 500 元的丧葬补助费。农村社会养老保险待遇可根据迁安市农村经济发展状况和生活水平适时调整。

个人账户管理：农村社会养老保险基金实行收支两条线管理，财政专户存储，专款专用，任何单位和个人不得挪用、截留和侵占。迁安市社保中心按照参保人员的身份证号码，为其设立终身不变的养老保险个人账户。个人账户按缴费总额的 80% 建立，其中个人缴费和财政补助各占缴费总额的 40%。2007—2009 年每月计入个人账户总额为 82 元，其中个人缴纳 41 元，财政补助 41 元。

（3）组织落实

农村社会养老保险工作的落实由迁安市统一组织。为确保顺利实施，迁安市委、市政府成立了以市委书记任组长、市长任常务副组长的农村社会养老保险制度建设领导小组，野鸡坨与其他各乡镇都成立了以乡镇党委书记和乡镇长任组长的领导小组，市四大班子领导分包乡镇，同时抽调 20 名科级干部每人分包一个乡镇，534 名抽调干部每人分包一个行政村。各乡镇、城区街道办事处与市长还签订了目标责任状，将此项工作纳入年度考核目标。

2. 失地农民养老保险

随着城市化、工业化的加快推进，失地农民越来越多，失地农民的养老问题也越来越突出。2004 年 7 月，野鸡坨镇率先实施失地农民养老保障制度，野鸡坨镇失地农民从此摆脱了"种田无地、就业无岗、低保无份"的历史。

（1）实施方案与细则

保障实施范围和对象：参保的主要对象为已经被征用过土地且现人均土地面积在 0.5 亩以下的行政村中年满 16 周岁以上的农民。对于人均耕地面积在 0.5—0.7 亩的村，村集体经济实力较强、农民有意愿要求的，也可参加失地农民养老保障，但不享受迁安市财政的一次性补贴优惠。

保障基金来源：失地农民养老保障基金按照个人、集体、政府三方共同负担的原则筹集。失地农民养老保障费以个人缴费为主，个人和集体缴费不足以支付失地农民养老保障待遇时，由镇政府财力作长期保障。有条件的村集体经济组织可为参保人员缴纳一定比例的养老保障费。对 2004 年后的新征地，村集体应拿出不少于 50% 的土地补偿费为失地农民缴纳养老保障费。失地农民养老保障风险基金按以下两条渠道筹集：商业经营性用地，每征用 1 亩土地从土地出让金中提取 5% 作为失地农民养老保障风险基金；工业用地，每征用 1 亩土地从级差地租中提取 10% 作为失地农民养老保障风险基金。由迁安市国土资源局和财政局在规定时间将失地农民养老保障费划入专户。保障基金由迁安市统筹，纳入财政专户管理，专款专用。

缴费标准和享受待遇标准：失地农民按自愿原则参保并缴纳养老保障费。2004 年缴费标准分五档，男 60 周岁以下、女 55 周岁以下人员缴费标准为一档 4.32 万元，二档 3.3 万元，三档 2.4 万元，四档 1.62 万元，五档 0.96 万元，超过此年龄人员缴费标准依次递减。参加养老保障的失地农民，男年满 60 周岁、女年满 55 周岁开始领取养老金。享受待遇标准和缴费档次相对应，其中一档 300 元/月，二档 250 元/月，三档 200 元/月，四档 150 元/月，五档 100 元/月。随着经济发展水平的提高，失地农民养老保障水平也在不断提高。从 2007 年 6 月起，在缴费标准没有改变的情况下，确定失地农民养老金每月每档增加 60 元。调整待遇后，失地农民月领取养老金的标准为一档 360 元、二档 310 元、三档 260 元、四档 210 元、五档 160 元。

鼓励措施：为鼓励失地农民参保，出台了多项鼓励性措施。具体如下：

①迁安市财政对每位参保的失地农民给予一次性补贴，2004 年补贴标准为缴费档次的 15%，即一档 6000 元、二档 5000 元、三档 3500 元、四档 2500 元、五档 1500 元。2005 年以后参保的，补贴标准调整为缴费档次的 10%，即一档 4000 元，二档 3500 元，三档 2500 元，四档 1500 元，五档 1000 元。政府补贴部分不记入个人账户。

②为鼓励年轻的失地农民参保，规定：参保人员缴费当年未达到男年满 60 周岁、女年满 55 周岁的，达到领取年龄时，按缴费时的领取标准每年再增加 2.5% 的养老金。

③为向年老的失地农民倾斜，规定：对男年满 60 周岁、女年满 55 周岁以上的人员，缴费标准按年龄依次递减。如男年满 70 周岁、

女年满65周岁的失地农民每人一次缴费7500元，就可按月领取300元养老金。

④对缴费后发生意外事故或自然死亡，个人账户尚未领取或未领完的，将个人账户剩余部分的本金和利息退还给法定继承人。

个人账户管理：参保人员个人缴纳的养老保障费实行个人账户管理。有条件的村集体经济组织视其经济能力可为参保人员缴纳部分养老保障费，资金来源为土地补偿费用和集体经济收入等。集体经济组织为参保人员缴纳的养老保障费视为个人缴费，与个人缴费一并记入个人账户。养老保障待遇先从个人账户中支付，个人账户不足支付时，再由养老保障风险基金支付。

（2）组织实施

失地农民养老保险制度从设计到组织实施主要由迁安市政府落实。2003年11月，迁安市委、市政府就组成专门调查组，奔赴各乡镇、村对失地农民的有关情况开展了专项调查，为制定失地农民养老保障政策提供依据，最终出台了《迁安市失地农民养老保障试行办法》等文件。为保证政策的落实，在优惠政策引导的基础上，迁安市政府还广泛利用多种媒体加强宣传，使政策的好处真正做到家喻户晓。迁安市劳动保障部门还与各乡镇密切配合，对失地村两委成员、党员代表以及村民代表开展了失地农民养老保障等方面的政策业务培训，并印发《失地养老保障提纲》和《2004年失地农民个人缴费与支出年限对照表》等材料。另外，为确保操作规范，迁安市政府要求各乡镇在运作过程中坚持"四严格"标准，即严格划定参保范围、严格运行程序、严格基金收缴和严格基金监管。

（二）医疗保险

当前，迁安市已建立起了以城镇职工基本医疗保险、城镇居民医疗保障和农村新型合作医疗三条医疗保障线为依托的全民医疗保障体系，野鸡坨镇区社会全部在医疗保障制度覆盖之下，2002年1月开始实行城镇职工基本医疗保险制度，2003年开始实施新型农村合作医疗制度，2005年开始实施城镇居民医疗保障制度。目前，全镇人人都享有医疗保障。

1. 城镇职工基本医疗保险

城镇职工医疗保障政策主要包括国家公务员医疗补助办法、大额补充医疗保险办法、灵活就业人员医疗保险办法、慢性病报销办法、困难企业和改制企业职工医疗保险办法、省部级以上劳模医疗保险办法等。为不断提高保障水平，减轻参保职工的经济负担，迁安市目前已开展 14 种门诊慢性病医保，乙类药品自负比例由 20% 降低为 5%，封顶线由 22800 元提高到 27500 元。此外，迁安市还从企业改制配套资金中拿出部分资金为改制企业退休人员建立个人账户、住院基本医疗保险和大额补充医疗保险，使这些人享受的待遇从改制后的"住院医疗费用报销 80%，每人每年封顶 2 万元，门诊医疗费自负"提高到与城镇职工相等的水平。

2. 城镇居民医疗保险情况

城镇居民医疗保障制度控制和减少了城镇居民因病致贫和因病返贫现象的发生，发挥了医疗保险互助共济功能。2005 年 7 月，城镇居民医疗保险制度在迁安正式开始实施。按照规定，野鸡坨镇的城镇居民按普通城镇居民、城镇低保人员、残疾人员和中小学生及学龄前儿童四类分别确定参加保险的标准，从而解决了没有固定工作、没有稳定收入来源的城镇居民、弱势群体、中小学生和学龄前儿童的医疗保障问题。

保障实施范围和对象：全镇范围内未参加城镇职工基本医疗保险的城镇居民（非农业户口），不管年龄大小，不论健康与否，均可参加城镇居民医疗保障。

资金来源与管理：城镇居民医疗保障费由个人和迁安市财政共同筹集，实行预缴费制，即每年 12 月一次性缴纳下一年度费用，管理实行收支两条线分离，筹集的医疗保险基金全部纳入财政专户，专户储存，专款专用。

缴费标准：城镇居民缴费以个人为主、财政补助为辅。具体缴费标准是：每人每年 200 元，其中个人缴纳 140 元，市财政补助 60 元；中小学生及学龄前儿童每人每年 100 元，其中个人缴费 60 元，市财政补助 40 元。但是，对弱势群体有一定照顾。城镇低保人员以财政补助为主，个人缴费为辅，虽然每人每年缴费仍是 200 元，但个人只缴纳 60 元，迁安市财政补助 140 元。一级或重度残疾人员每人每年 200 元，由市残疾人保障金全额补助，个人不缴费，通过救助参保。

保障待遇标准：城镇居民参加医疗保险并足额缴费后，即可享受相关待遇。其中，医疗保障费用分门诊医疗费用和住院医疗费用两部分。门诊医疗实行定额管理，每年按筹资额 10% 的标准，即每人每年 20 元，划入个人账户，用于参保人员持 IC 卡在定点医院和定点药店门诊刷卡就医购药。住院医疗费用实行分段累进报销办法，每次报销起付线为 500 元，全年医疗保障基金报销总额封顶线为 3 万元，具体报销比例为：500—2000 元甲类目录报销 40%，2000—5000 元甲类目录报销 50%，5000—10000 元甲类目录报销 60%，10000 元以上甲类目录报销 70%，报销总额不超过 3 万元。

3. 农村新型合作医疗

（1）基本情况

野鸡坨镇的新型农村合作医疗工作随着 2003 年河北省新型农村合作医疗试点工作在迁安市开始而启动。2003 年，野鸡坨全镇参加新型农村合作医疗的人数达 31983 人，到 2007 年升至 36000 人，参合的农户数达到 10000 户（见表 6—1）。经过几年的运行，基金运行及补偿方案经过了多次调整、完善，在缓解因病致贫、因病返贫现象方面发挥了越来越重要的作用。

表 6—1　　　　　　　　新型农村合作医疗参加人数

单位：人

年份	2003	2004	2005	2006	2007
参合人数	31983	32796	32897	33156	36000

（2）实施方案与细则

筹资机制：2006 年以前，参加新型农村合作医疗（参合）的农民每人每年筹资35元，其中中央及各级地方财政补助20元，农民自筹15元。另外，贫困户、五保户、孤寡老人、烈属、二等乙级以下残军人、带病复员军人、残疾人参加合作医疗，分别由民政局、残疾人联合会全额资助。2006年国家政策调整后，中央和地方财政补贴各增加10元，每人每年筹资额增加到55元。

补偿标准：镇新型农村合作医疗基金由迁安市统筹统管，分家庭账户基金与大病统筹基金。家庭账户基金主要用于门诊补偿，每人每年报销10元，家庭内部通用，不用结转下年使用；大病统筹基金用于住院补偿，按医院级次分不同的起付点、补偿比和封顶线。从2003年开始实施到2007年，补偿方案经过了多次调整，总的调整方向是：逐步降低起付点、提高补偿比和封顶线、扩大补偿范围，尤其是提高卫生院的补偿水平，让在基层医疗单位住院的农民得到更多实惠，以引导农民科学合理就医。2007年，镇卫生院的起付点为100元，报销比例达到60%，县级医院的起付点为500元，市级及以上医院的起付点为2000元，县级及以上医院的报销比为40%，各级医院报销封顶线统一提高到15000元。门诊慢性病补偿增至14种，补偿比达到50%。一次性卫生材料最高可报金额也由原来的1500元上调到5000元，并将住院分娩纳入补偿范围。

基金管理与监督：新型农村合作医疗基金实行收、管、存分离的封闭式管理。农民缴费部分由镇政府统一组织收缴，迁安市合作医疗管理中心负责管理，基金直接存入指定国有商业银行存储专户，市财政部门对基金进行监管。基金建有内部和外部监管体系。在迁安市外住院报销实行两级审核、一级复核的工作程序，由镇办事处进行初审，迁安市管理中心进行再审，在此基础上建立一级复核，对二级审核进行监督，以多重把关。在迁安市内住院，由计算机进行自动审核。同时，为完善监督机制，还实行市、镇、村和定点医疗机构四级公示制度，接受群众监督。最后，在每个实施年度末，由迁安市上级审计机构对迁安市医疗基金使用情况进行全面审计。

（3）组织落实

首先，建立健全组织机构。成立以迁安市市长为组长的新型农村合作医疗领导小组，组建医疗管理中心，镇设立了合作医疗办事处，并设专职工作人员。形成以市管理中心为中枢，镇办事处为网底，市、镇、村定点医疗机构为载体的合作医疗管理及服务网络。

其次，补偿方法创新方便了农民报销。门诊补偿由农民在村卫生室就医购药直接报销，在其他医疗机构就医到当地办事处随时报销，在迁安市内住院报销实行"出院即报"，在迁安市外住院报销到当地合作医疗办事处申报，15 个工作日内也可领到补偿金。迁安市还与唐山工人医院、开滦医院、妇幼保健院建立联系，使之成为迁安市新型农村合作医疗定点医院，也实现了"出院即报"。参合农民在迁安市范围内住院可自主选择医院；需到外地诊断治疗的，只规定医院级别，不指定具体医院。另外，从 2004 年 6 月起，镇办事处、定点医院与迁安市管理中心实现联网运行，计算机管理提高了运行效率，进一步方便农民报销。

第三，规范服务行为，降低农民医药费用。为控制医药费用的不合理增长，保证农民从新型农村合作医疗中真正得到实惠，迁安市采取了一系列措施：一是公开合作医疗用药目录，严格控制合作医疗目录外用药，迁安市管理中心与各定点医院签订协议，明确规定参合农民住院时目录用药必须达到 95%；二是给农民以选择权，大型医疗检查必须征求农民同意，实现事中控制；三是严格控制大处方、开贵药和大型设备检查，规定单处方金额必须控制在 150 元以内，大型设备检查阳性率必须达到 65% 以上。

（三）其他社会保险

1. 失业保险

1986 年，国务院颁布了《国营企业职工待业保险暂行规定》，明确规定对国有企业职工实行职工待业保险制度，野鸡坨镇从那时开始建立实施失业保险制度，当时建立失业保险制度的主要目的之一是配合国有企业改革和劳动制度改革。当前，失业保险的工作目标是以非公有制经济为重点，扩大失业保险覆盖面，实现与城镇居民最低生活保障标准的衔接。失业保险缴费基数为单位工资总额，缴费比例为单位 2%、个人 1%。

2. 工伤保险

野鸡坨镇从 1996 年开始实施工伤保险制度。根据规定，缴费基数为单位工资总额，缴费比例按行业不同分别为 0.5%、1% 和 2%，工伤保险费征缴率达到 100%。工伤职工除报销医疗费外，还能够享受一次性伤残补助金、工亡补助金、丧葬费和抚恤金待遇。当前，迁安市工伤保险实施的目标是进一步推进高风险行业从业人员参加工伤保险，以建筑等为重点行业，以农民工为重点人群，不断扩大参保人数。同时，完善工伤调查取证办法和参保人员信息采集，为工伤职工建立健康档案，严格按工作程序、政策落实工伤保险待遇。

（四）社会保险实施的主要特点

首先，体现了社会保障的性质和扶弱济困的原则。以农村社会养老保险为例，其资金的筹措以迁安市财政为主，个人缴费为辅。根据民政部制定的《县级农村社会养老保险基本方案（试行）》，农村社会养老保险的资金筹集坚持以个人交纳为主，集体补助为辅，国家给予政策扶持的原则。个人交纳要占一定比例，集体补助主要从乡镇企业利润和集体积累中支付，国家的政策扶持主要是通过对乡镇企业支付的集体补助予以税前列支体现。然而，当前我国许多地区的农村乡镇企业发展落后，集体积累也有所弱化，"集体补助"部分难以兑现，以至于农村养老保险基金主要由个人缴纳，集体补助微乎其微，这种以个人储蓄为主的完全积累模式与商业性养老保险相近。野鸡坨镇的农村社会养老保险，得益于迁安市较强的经济实力，资金筹措上实现以市财政为主，个人缴费为辅，其中财政补助占到 60%，对于丧失劳动能力的残疾人还由财政全额补助，养老保险待遇也逐年提高，这些符合社会保险制度设计的本质要求。从城镇居民医疗保险情况看，虽然城镇居民以个人缴费为主，财政补助为辅，但城镇低保人员仍以财政补助为主，个人缴费为辅，一级或重度残疾人员个人不缴费，而由迁安市残疾人保障金全额补助。因此，保险不但覆盖了有收入保障的农民，而且照顾到了低收入人群和贫困农民，体现了济弱扶困的社会公平原则。

其次，各类社会保险实现了有效衔接。在医疗保险方面，野鸡坨镇现已建立了多层次医疗保障制度，逐步将各类人员纳入医保范围，实现全社会人人享有医疗保障。多层次的城镇职工基本医疗保障、农村新型合作医疗保障的实施，解决了城镇职工及农民的基本医疗保险。城镇居民医疗保障的实施填补了那些没有工作、没有土地、没有稳定收入来源的非农业户口的城镇居民以及中小学生缺乏医疗保障的制度真空，特别是下岗职工、城镇低保人员和城镇无业人员等弱势群体看病难的问题得到初步解决，实现了医疗保障制度覆盖全社会的目标。在养老保险方面，失地农民养老保险、农村社会养老保险、城镇基本养老保险、企业职工基本养老保险等有效衔接，将农民和城镇居民全部纳入养老保障范围。根据现有政策，失地农民在各类企业就业，企业须为其办理城镇职工基本养老保险。建立城镇职工基本养老保险个人账户的失地农民与企业解除劳动关系后自谋职业的，可以按个体工商户办法参加城镇职工基本养老保险，续接基本养老保险关系。农村社会养老保险则覆盖了那些没有参加失地农民养老保险或城镇基本养老保险的农民或城镇居民。

三 社会救助

野鸡坨镇目前已基本形成了以救灾救济、低保、五保、敬老为基础，以住房、医疗、就学等专项救助为辅助，以其他救济救助和社会帮扶为补充的全方位立体式社会救助体系。

（一）城乡低保

根据国家政策规定，将那些生活困难，在最低生活保障线以下的城乡居民列为低保对象。民政部门按照"三级审核，三榜公布"程序，及时将符合条件的城乡困难群众纳入保障范围，通过发放最低生活保障金以使他们的生活得到保障。2007 年，野鸡坨镇共有低保户260 户，718 人领取最低生活保障金，另外全镇还有特困户30 户。目前，已将所有符合条件的城乡困难群众纳入保障范围，同时实现动态管理下的应保尽保，按照"特困重保、超标退保、阳光施保"的原则，采取定期抽查和不定期回访的形式，对城乡低保家庭收入及人员变化情况进行动态监督，做到"人员有进有出，补助水平有升有降"。目前，城镇低保标准已由原来的每人每月170元提高到每人每月200元，农村低保标准由原来的每人每年1200元提高到每人每年1400元，特困户补助保障标准为每户每年600元。结合"阳光培训"活动，野鸡坨镇对有劳动能力的城乡低保对象进行技术培训，帮助其就业或再就业，并协调有关单位落实城乡低保对象的助学、就医、住房、水暖电减免等优惠政策。

（二）五保、敬老

野鸡坨镇正进一步完善农村五保供养制度，确保五保供养率达到100%，把那些真正是鳏寡孤独、老弱病残、无人照看的人都列入五保对象，确保他们的吃、穿、住、医有所保障。2006年，野鸡坨镇对全镇21个村的孤寡老人，进行了摸底调查，把那些符合五保供养条件的纳入五保对象。到目前为止，全镇共有五保户157户，补助标准为每户每年3040元，全年共发放分散五保供养金47.7万元。同时，野鸡坨镇不断加大对敬老院的支持力度，2006年投资12万元建立了镇敬老院并达到省级标准。2007年镇政府财政拨款1.6万元，为镇敬老院安装了健身器材，以丰富老人们的生活，为住院老人创造一个环境优美，服务周到的场所，让他们可以安享幸福晚年。

（三）残疾人救助

自实施农村最低生活保障和五保供养制度以来，特困残疾人的生活保障成为两保的工作重点。通过调查摸底，野鸡坨镇将家庭生活困难又无劳动能力的残疾人按政策规定全部纳入最低生活保障或五保供养，对特困家庭给予临时救济。目前，全镇共有150名残疾人享受生活低保，有50名残疾人享受五保待遇。2003—2006年，共为残疾人发放救济款以及米面、衣物等实物累计超过3.2万元，帮助残疾人解决生产生活中的实际困难。

（四）救灾防灾

野鸡坨镇已建立了以紧急救助为核心的救灾工作体制，全面提高了灾害紧急救助能力，当前正努力建立和完善以救灾工作分级负责制度为基础，社会动员机制为补充，应急措施相配套的灾害救助体系，进一步提高灾害救助的快速反应能力。根据《唐山市民政局灾民救助应急预案》和《迁安市救灾应急预案》，迁安市制定出台了《迁安市灾民救助应急预案》。目前，已全面实行救灾值班制度，通过加强与水利、农业、气象等部门的信息沟通，及时掌握自然灾害情况，认真做好查灾报灾工作，确保每一户受灾群众有饭吃、有衣穿，并与有关厂商签订食品、饮用水和粮食等救灾物资的紧急购买和使用协议，还购置帐篷、衣物等防灾救灾物资。2006 年，野鸡坨镇共发放临时救济款 3.5 万元，大米 350 袋，棉被 80 床，棉衣 80 身，棉鞋 25 双，涉及 360 户。2007 年，获得国家灾害救助款总额达 4.2 万元。

（五）专项救助和社会帮扶

针对城乡低保家庭子女"就学难"问题，迁安市按困难程度给予一次性资助，对城乡低保对象家庭中的全日制在校学生发放 10—100 元不等的助学金。同时，深入开展领导干部与贫困户"一助一"结对子扶贫济困活动，一些贫困户经帮扶后得以脱贫。在医疗救助方面，按照《城乡困难群众医疗救助暂行办法》，对城乡患病困难家庭予以救助，进一步解决城乡困难群众"医疗难"问题。随着《暂行办法》的修改完善，救助范围得到进一步扩大，增加了特殊慢性病门诊药费救助，取消了五保对象、低保对象、重点优抚对象救助起付线等内容。

四 基层组织和民间社团情况

（一）基层组织现状与建设情况

目前，野鸡坨有农村两委干部 109 人（其中支委 88 人），村委

63 人。镇党委辖 21 个农村党支部，共有党员 1235 人，其中农村党员 1068 人。2006 年以来，迁安市委组织部统一安排开展基层组织建设单项竞赛活动，野鸡坨镇着力加强镇党委和农村党员干部队伍建设，主要做了以下四个方面工作：

1. 严格保证换届选举工作

2007 年 3 月和 5 月，野鸡坨镇完成了村委会和党支部换届选举工作。全镇 21 个村，全部选举产生了新一届党支部和村委会，共选出两委干部 109 名，其中连选连任的两委干部 79 人，占当选总人数的 83.5%，在当选的 63 名村委成员中，交叉任职的 45 人，占当选总人数的 71.5%。野鸡坨镇的两委干部交叉任职率、连选连任率和村委成员中的党员比重均高于迁安市平均水平。为严格保证两委换届完成质量，在换届工作中，镇政府和镇党委一方面加强宣传、发动和组织工作；另一方面坚决杜绝农村宗族、派性干扰村务和选举工作，另外还引导村委班子成员在换届过程中，按照"求大同，存小异"的原则参加竞选。

2. 农村民主管理建设

按照村民委员会自治管理办法执行相应的规章程序，野鸡坨镇不断加强农村基层民主政治建设，进一步深化落实民主管理、民主监督体制。一是通过培训，进行经常性教育。2007 年，先后举办了两次两委干部培训班和两次廉政教育集体谈话。二是建立健全农村干部管理制度，明确干部职责，规范干部行为。野鸡坨镇制定了《农村干部规范化管理办法》，建立了包括教育培训、财务管理与审计、民主评议、考勤值班、目标管理考核考察、诫勉谈话、待岗学习、责任辞职等一系列管理制度和措施。按照"一制三化"工作机制，加强农村两委班子建设，举办两委干部培训班，教育两委干部找准位置，不断提高政策理论学习能力。

3. 党员队伍建设

为提高党员素质，加强党员管理，全镇野鸡坨党委开展了"一区三户"活动和农村党日活动，同时不断创新载体，以开展农村无职党员设岗定责活动和推进党员服务承诺制为平台，为农村党员发挥模范作用提供舞台。在开展农村无职党员设岗定责活动中，各村普遍设立了党建工作岗、发展经济岗、科技示范岗、参政议政岗、民主监督岗、扶贫帮困岗、文明新风岗、村容管理岗和维护稳定岗等9个党员责任岗，支部按每名党员的能力和专长推荐岗位，党员自主自愿选岗，以此调动党员支持支部工作、服务群众的积极性，增强党员的荣誉感和责任感。在推进党员服务承诺制活动中，结合本镇农村党员工作生活的实际，探索建立保持共产党员先进性的长效机制，对党员承诺制的具体内容做了统一规定：要求党员干部在任何时候、任何工作中都要做到"四清"、"四带头"。"四清"即自己清、子女清、亲属清和身边清；"四带头"即自己带头、子女带头、亲属带头和身边带头。

4. 努力创建优秀党委

野鸡坨镇进一步巩固和完善党委中心组学习制度和议事规则，重大事情集体讨论通过，对党委形成的决议，严格督导落实。党委定期召开班子民主生活会，经常交流思想，交换意见。进一步完善机关管理制度，积极推进机关正规化管理。贯彻落实"一岗双责"制度，实行班子成员包村，负责抓好所包村的基层组织建设，深入开展"双转双促"活动，镇领导班子成员带头转变领导方式和工作作风，经常深入到村解决群众生产生活中的实际问题，保持了社会稳定。

（二）专业组织队伍建设

2002年以来，迁安市本着有利于经济发展和农业产业结构调整等原则，制定了《农村专业经济协会总体发展规划》，之后又出台了《迁安市民间组织能力建设百分考评办法》。各相关部门对专业组织、协会建设也都给予高度重视。市科协重点推动农技协会组织建设，通过健全组织、完善网络，充分发挥科协组织在科技培训、科技咨询、科普宣传、科技服务等活动中的作用。农牧局按照"产业带—产业园区—核心龙头企业"的思路，着重建设农业龙头企业和基地，到2007年，全市建有农民合作经济组织87个，带动农户11万户。在此背景下，野鸡坨镇也大力推进专业组织建设，以推动特色经济发展为目标，推广"支部加协会"工作模式，打造专业协会，先后帮助组建小杨官营村生猪屠宰贩运协会、宋庄村蛋鸡养殖贩运协会、朱庄子村核桃加工贩运协会、武各庄村废品收购产业协会、邵家营村貉子养殖协会、野鸡坨村奶牛养殖协会等。2007 年仅 8、9 两月，就组建了农民专业合作组织 2 家、专业经济协会 11 家。在民间组织管理方面，野鸡坨镇坚持培育发展与监督管理并重，重点培育行业协会、农村专业经济协会、社区民间组织、公益性民间组织和科教文卫类民间组织等，现已逐步实现政社分开、产权明晰、职能明确的目标，逐步建成办事高效、运转协调、行为规范、管理和服务相结合的民间组织管理体系。

五　社会治安

野鸡坨镇多方面举措并举，全力抓好社会治安与稳定工作。

（一）面临的主要治安问题

野鸡坨镇交通便利，是进出迁安市的门户，往来的流动人口较多，由此引发的社会治安问题也较多，主要是打架斗殴等。但需要注意的是，由外来务工人员引起的问题并不多，造成治安问题的主要是路过、逗留的外来人员。每年刑事案件在 10—20 起之间，最多能达到 30—40 起，以侵犯财产罪为主。此外，近年来，随着招商引资的进一步展开和大项目的不断进入，野鸡坨镇面临着占地多、矛盾多的复杂局面。

（二）公安系统运行状况

1. 组织机构与业务职能

目前，野鸡坨镇派出所有民警 8 人，包括所长、副所长、指导员、2 名干警、1 名公勤和 2 名协警。从来源上看，有 3 人是转业干部，1 人是地方干部调入，所长、指导员和 2 名协警都是警校毕业分配的。在目前岗位上工作时间最长的是 1 名干警，已经干了 13 年，最短的则是所长，新到任。

野鸡坨镇社会治安体系的基层组织是农村治安保卫委员会。每个村治保委员会成员在 3 个以上，设专职治保主任 1 名，由财政支付补贴。目前，野鸡坨镇各村治保委员会每个月到镇上学习 1 次，并汇报村内治安情况。1952 年，中华人民共和国公安部颁发《治安保卫委员会组织暂行条例》，全国各地乡、村普遍建立治安保卫委员会，协助公安机关维持社会治安，监督受管制分子，预防犯罪活动。作为维护农村治安的一支重要群众力量，治保委员会在维护农村社会秩序，宣传组织群众落实各项安全防范措施，协助调解处理民事纠纷及打击违法犯罪等方面发挥了重要作用，是防范和发现治安问题、打击违法犯罪的第一防线。

另外，野鸡坨镇派出所下还设有民爆服务队、护路队和巡防队。为减轻爆炸物品的使用风险和公安机关的管理压力，民爆服务队对爆破物品使用和爆破作业进行法定监管，并为使用爆炸物品单位或个人提供爆炸物品配送和爆破作业有偿服务。护路队是 1998 年在河北省综合治理委员会发起下成立，主要职责是看护养路。巡防队是 2002 年在河北省政法委的发起下建立，截至 2007 年底共有 15 人，都是社会招聘。

2. 面临的主要困难

野鸡坨镇社会治安管理面临的主要问题是警力、人员不足和经费紧缺。在警力方面，按 3.7 万总人口计算，全镇警力配置的比例只有不足万分之二，而全国民警占总人口的比例在万分之十左右，发达国家这一比例更是普遍在万分之三十以上。由此可见，警力不足问题非常突出。在现有的 8 名民警中，公勤属于行政编制，2 名协警虽由迁安市统一分配，但只是参照事业编制。在经费方面，除了迁安市财政事业拨款，派出所还有一部分自筹经费收入。在自筹经费中，罚没返还占 10%，镇财政拨款与户籍办理提留占 40%，民爆服务收费占 50%。2007 年，派出所的可支配收入有 30 多万元，其中 10 万元用于巡防，5 万多元用于伙食补贴，其余 15 万元用于燃油、车保养、水暖电和电话等支出。从收入来源结构中可以看出，民爆服务队的服务收入实际上已成为镇派出所日常运转所需经费的重要补充。但是，2008年3月随着民爆服务队转成企业，民爆监管职能收到唐山市，这部分收入已经没有了。巡防队人员工资每月300—400元，乡镇财政给了一些，从民爆服务队收入中得到一些补贴，但经费还是难以保证，所以护路队和巡防队两队合一，唐山市综合治理委员会为护路队提供一部分运转费用。2008年，随着新劳动法开始实施，按照正规手续用工，将加大现有经费维持的难度，护路队和巡防队被迫解散。当前，一方面要从实际需求出发，遵循"提高素质、优化结构"的原则，增加警力配置；另一方面，要加大经费支持，特别是保障巡防队运转的资金需求，以主要维持夜间巡逻和进村巡逻。

（三）信访工作开展情况

为杜绝越级上访和集体上访的发生，野鸡坨镇在信访工作方面加大力度，全力落实信访稳定责任制。具体采取了以下四项措施：

一是成立信访稳定领导小组。由镇党委书记任组长，党政班子其他成员为组员，每周召开信访稳定工作调度会，遇到特殊情况随时召开。杜绝侥幸心理，围绕可能发生的信访事件开展预想活动，尽可能细致周全地考虑防范措施，切实做好信访稳定工作。

二是落实"领导包案"和"村干部包案"责任制。由各村和镇党委签订信访稳定工作责任状，明确责任，制定奖惩措施，对出现越级上访的村，按照情节轻重对责任人予以严肃处理。

三是排查信访隐患，化解矛盾纠纷。对每一个信访隐患问题，限定时间予以解决；对过去未化解和一时难以化解的疑难信访案件，采取积极的稳控措施，对重点案件、重点人员，死看死守，确保不出现越级上访。成立工作调查组，对重点案件进行集中治理，对彻底解决的案件与上访人签订"双向承诺责任书"，并在查结后，进行回访，以避免再访案件的发生。

四是落实值班制度。例如，在党的"十七大"召开期间，由镇党委书记、镇长分别带队，班子成员分两班轮流值班，保证 24 小时有领导带班，做到上情下达，下情上报。同时，所有包片领导、包村干部、村干部确保 24 小时随时能够联系上。

第七章

野鸡坨镇政府职能变化

　　乡镇政府是我国最基层的政权组织，构成社会的基础，是农村经济建设和社会发展的组织者。乡镇政府的职能运转能否适应农村经济和社会发展新形势的需要，关系到我国政治稳定、社会发展和经济繁荣。经过 1998 年以前的几轮乡镇机构改革与调整，我国乡镇政府职能发生了显著变化，实行了行政管理职能与生产经营职能分离，理顺了政企关系、上下级政府之间的关系等职能关系，进行了机构精简、人员分流和管理体制创新方面的探索。但总体上看，乡镇政府职能的转变进程并没有取得实质性的进展，"全能型政府"、"行政指令型政府"的特征依然存在。近年来，农村税费改革、社会主义新农村建设以及科学发展观全面实践的开展，对我国乡镇政府职能转变提出了更高的要求。如何清晰界定乡镇政府职责范围，实现事权与财权对等，提高乡镇政府的独立性和自主性，进一步转变经济职能，强化社会管理和公共服务职能，实现向"有限政府"和"服务型政府"转变，是现阶段我国乡镇政府职能转变面临的主要问题和挑战。

　　本章中，我们考察了涉及野鸡坨镇政府职能转变的组织机构与镇政府部门职能、财政管理、经济职能转变以及公共产品供给等四个方面，调查分析了野鸡坨镇政府职能转变的现状及存在问题，并提出相关政策建议。

一　组织机构与部门职能

（一）干部队伍情况

2007 年，野鸡坨镇党委、政府共有 86 名工作人员，包括在编政府部门工作人员 21 人，在编事业单位人员 34 人，编制外事业单位人员 31 人。其中，党及社会团体 21 人，财经部门 8 人，文教卫生部门 22 人，政法部门 16 人，科技部门 19 人。1998 年 10 月，党的十五届三中全会强调指出，"乡镇政府要切实转变职能，精简机构，裁减冗员，目前先要坚决把不在编人员精简下来，做到依法行政，规范管理"。自 1992 年并乡建镇以来，野鸡坨镇进行了三次机构改革的尝试，第一次是在 1999 年 12 月，所有机关的临时工作人员下放，第二次是在 2002 年进行事业单位合并和干部精简，第三次是在 2007 年又进行了一次干部精简，副镇长由原来的三名减为两名，镇党委副书记由原来的两名减为一名。

从改革的效果看，"八五"末，野鸡坨镇共有政府工作人员 66 名，"九五"末增加到 88 名，"十五"末下降到 79 人，到"十一五"初又回升至 85 人。从人员的部门分布看，财经部门人员精简幅度最大，高达 50%，且减员后一直维持在 8—9 人的规模；文教卫生岗位较不稳定，人员流动性大，2002 年有 19 人，次年降为 6 人，2007 年达到 22 人，发生这种情况主要有两个原因：一是由于近年来野鸡坨镇中小学撤并引起的教师岗位变化，二是由于 2006 年和 2007 年镇卫生院扩大规模，增加了人员编制；政法岗位属于"条条"管理，人员编制稳定在 16 人的规模；科技部门的人员分布稳中有升，体现了新农村建设中日益增加的科技服务需求；党及社会团体冗员较多，且流动性大，1995—2002 年间人员规模一直扩张，从 1995 年的 20 人增加到 2002 年的 29 人，2003 年短暂调整为 18 人，次年又增加到 27 人。

由此可见，野鸡坨镇政府的机构精简只是简单的部门合并，实际工作人员并没有减少，人员精简的力度仍有待加强。出现这种情况主要有三方面的原因：一是干部素质不高，制约了镇政府的职能转变。长期以来，野鸡坨镇政府处于"人多，会干事的人少；虚设的多，实务的少；开会的时候多，干事的时候少"的局面。镇政府日常事务千头万绪，可谓"上面千条线，下面一根针"。同时，由于镇域基础设施相对落后，难以引进人才，镇政府只能在人员膨胀的情况下维持低效率运转，缺乏精简人员的动力。二是"条块分割"严重，镇政府职能受限，用人制度亟待创新。迁安市政府在野鸡坨镇的派出机构，其人、财、物权都在上级部门，镇政府责任大、权力小，无权过问这些"条条"部门，无法行使统一行政管理，更谈不上人事任免，从而成为机构精简的一大体制障碍。三是"政事不分"，全能型政府的格局没有彻底改变。一方面，野鸡坨镇的事业部门尚未市场化、社会化，"政事合一"，增加了政府的行政成本；另一方面，事业单位把主要精力放在行政性事务工作中，为农民和企业服务的职能却大打折扣，弱化了服务功能。

图 7—1　野鸡坨镇政府编制（1995—2007 年）

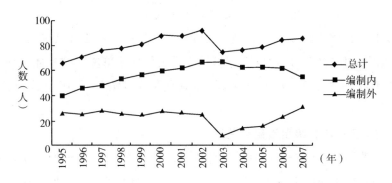

（二）与县政府及有关上级部门的关系

我国法律规定，乡镇政府除了执行本级人民代表大会的决议以外还要执行上级政府的决定和命令。对上级负责，乡镇政府就要灵活地执行上级下达的决定和命令，积极完成上级下达的各项任务。但是，这种县乡关系的职权界定是不明晰的，只规定了乡镇政府的执行职能，而我国目前的行政管理体制并没有具体规定乡镇政府具体的职责

图 7—2　野鸡坨镇政府及事业单位人员分布

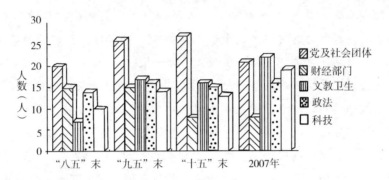

范围、内容和各级政府之间的事权分配以及具体的职责权限。由于财权、人事任免、政绩考核掌握在县级政府手中，容易造成县级政府将事权不断下移，使乡镇政府负担过重，缺乏自主权。由于本身在迁安市属于相对落后地位，财政收入有限，从而导致野鸡坨镇对市财政转移支付有较大依赖性。为了获得上级资金支持，野鸡坨镇政府将很大精力放在执行上级命令、应付检查和考核、接待等工作上，体现出较强的执行力，而相对缺乏独立性。由于成绩突出，在市委各类工作考核中，野鸡坨镇多次被评为迁安市的"农业农村工作先进单位"、"稳定工作实绩突出单位"、"城镇建设工作标兵单位"、"文体活动先进单位"、"开放工作先进单位"、"诚信平安乡镇"，等等。

（三）与村级自治组织关系

改革开放以来，我国逐步形成了"乡政村治"的局面。乡镇政府是农村工作的组织者、推动者、领导者和实践者，"乡政"和"村治"的有机结合共同构成基层政权的政治运行，共同维护农村社会的稳定，促进农村社会经济的发展。乡镇政府与村民委员会的关系问题，是农村基层政治体制和管理体制中的重大问题，也是推进村民自治的关键问题。1988 年颁布的《村民委员会组织法（试行）》规定，"乡、民族乡、镇的人民政府对村民委员会的工作给予指导、支持和帮助。村民委员会应当协助乡、民族乡、镇的人民政府开展工作。"1998 年修订后的《村民委员会组织法》除重申了上述规定外，进一步明确，乡镇政府"不得干预依法属于村民自治范围内的事项"，从而确定了乡镇政府与村民委员会的关系是指导与被指导的关系，同时也明确了乡镇政府在实施指导以及村民委员会在接受指导过程中必须遵循的原则，即乡镇政府不得干预依法属于村民自治范围内的事项，村民委员会应当协助乡镇政府开展工作。

野鸡坨镇在推进农村基层组织建设方面，主要做了以下工作：

一是指导村民委员会切实加强领导班子建设。深入开展农村党的建设"三级联创"活动，加强以村党组织为核心的村级组织配套建设，充分发挥基层党组织的领导核心作用；广泛开展农村党员"设岗定责、依岗承诺"等活动，健全农村党员联系和服务群众的工作体系。

二是加大农村干部教育培训力度。野鸡坨镇以支部书记论坛为载体，以"一制三化"、"依法治村"和"文明生态村建设"为主要内容，每年开展两次廉政教育集体谈话；每年举办两次两委干部培训活动，通过培训着力增强农村干部发展经济、服务农民、建设新农村的能力，帮助农村干部掌握正确的工作方法；经常组织村干部到南方、北京、大连等地参观学习，解放思想，开阔视野，认真总结推广各地选派县、乡年轻干部和高等院校毕业生到乡村任职的经验做法；继续加大从优秀村干部中考录乡镇公务员、选任乡镇干部的工作力度；大力实施"一村一名大学生"素质教育工程，现有 33 名农村干部正在攻读大专学位或已取得大专学历。此外，结合农村党员的工作生活环境实际，野鸡坨镇探索建立具有本镇特色的保持共产党员先进性的长效机制，即要求党员干部在任何工作中都要做到"四清"、"四带头"。"四清"、"四带头"制度在农村各项工作中发挥了巨大的作用。

三是加强农村干部管理。野鸡坨镇通过制定《农村干部管理办法》，建立了包括教育培训、财务管理与审计、民主评议、考勤值班、目标管理考核考察、诫勉谈话、待岗学习、责任辞职等一系列管理制度和措施。该办法明确了干部职责，对农村干部规范管理、严格考核，实行严格的考勤制度，搞好农村干部的经常性考核，对每名农村干部的出勤和工作情况每季进行汇总一次，使镇党委对农村干部的工作情况有了真实全面的掌握。

四是稳定农村基层干部队伍。不断完善农村基层干部激励保障机制，落实并逐步健全村干部报酬待遇和相应的社会保障制度。为解决村干部工资待遇落实难的问题，野鸡坨镇对农村采取"多予少取"的方针，主要采取以下措施，即镇政府能承担的不向农村伸手；每年年底对特别困难的村从财政给予适当补贴；对农村干部的奖金，全部由财政以现金形式发放。近几年来，在项目建设和文明生态村创建工作中，野鸡坨镇累计奖励村干部资金55万元，调动了村干部干事的积极性。农村干部工资由全镇统筹，统一由镇农经站集中以现金方式发放；各村因农业税取消而造成村干部工资缺额的部分，由镇政府拨付填补，保证村干部按年度兑现工资，解除了农村干部的后顾之忧。

可见，野鸡坨镇仍使用传统管理型政府"偏重管制"的管理方法和思维方式，习惯于对村干部下达任务，发布各种行政指令，体现出我国乡镇政府职能转变过程中存在的路径依赖，即政府行为的历史惯性（计划体制下的行政指令性管理模式和强制性行政手段），[①] 服务意识有待进一步加强。

二 镇政府财政管理

从20世纪80年代我国乡镇财政建立至今，我国乡镇财政体制主要经历了1994年的分税制、2004年的农村税费改革和2006年至今的"乡财县管"[②] 三个阶段的改革。分税制改革将财权上移，乡镇的工商、税务、技术监督、公、检、法、司等重要经济管理和执法部门被先后上划或垂直管理，县乡两级财政收入明显下降。由于"条块分割"的行政管理体制改革滞后，改革偏离了增强中央的宏观调控能力，调动地方发展经济积极性的初衷，乡镇一级的财权在缩小，事

---

① 覃美英、程启智：《转变乡镇政府职能是新农村建设的必然选择》，载《理论探索》2007年第5期。

② 乡财县管的主要内容是，县级财政局在预算编制、账户统设、集中收付、采购统办和票据统管等方面，对乡镇财政进行管理和监督，乡镇政府在市财政局指导下编制本级预算、决算草案和本级预算的调整方案，组织本级预算的执行。

权却不断扩张。事权和财权的不对等，迫使乡镇政府转变成"盈利型的经纪人"，进行乱收费、乱集资、乱摊派、罚款甚至是借债来弥补大量的收支缺口。[①] 农村税费改革在减轻农民负担的同时也给基层财政收入带来减收因素，削弱了乡镇政府提供农村公共物品的能力，同时，乡镇财政的主要任务只剩下政府人员工资支出，其预算编制、执行和监督方面的职能形同虚设。乡镇作为一级财政应该具备的条件和应该拥有的职能总体而言不复存在，作为一级财政的作用，基本上已名存实亡。[②] 这就对建立可持续的公共服务财政支持体制以及深化乡镇财政体制改革提出了更高要求。为了缓解乡镇财政困难，加强乡镇财政管理，经过多方面理论论证和试点，"乡财县管"体制开始在全国铺开。2006 年 7 月，财政部出台《关于进一步推进乡财县管工作的通知》，引导各省因地制宜，进行乡镇财政管理方式创新的探索。

我们主要考察了野鸡坨镇的财政体制和财政收支状况。

（一）镇财政体制

目前，野鸡坨镇财政实行河北省的"统收统支加激励"的"乡财县管"体制。其基本内容包括收支统管、核定收支、超收奖励、节支留用。具体做法是：（1）收支统管。县级政府作为县乡财政主体，对适用范围内的乡镇财政收支实行统一管理，乡镇作为县财政的预算单位，主要负责收入征收和乡镇财务管理；乡镇财政收入由国税、地税、财政部门负责按属地原则组织征收，集中上缴县金库，不再设立乡镇金库；乡镇开支由县财政统一审核，统一拨付。（2）核定收支。县财政对乡镇收支进行分户核算；乡镇机关事业单位职工、离退休人员的个人经费支出，由县财政根据标准核定，直接拨付，在适用范围内实行统一政策；乡镇机关和公益事业单位运转经费支出，

---

① 吴泽省、孟庆琦：《"后税费时代"乡镇政府职能转变分析》，载《商丘师范学院学报》第 22 卷第 3 期，2006 年 6 月。

② 贾康、阎坤：《完善省以下财政体制改革的中长期思考》，载《管理世界》2005 年第 8 期。

由县财政按规定标准核定，包干使用；乡镇计划生育、公共卫生、乡村道路、补助村级支出和社会保障性支出，由县财政根据政策规定统一核定；农业生产、农田水利等经济社会发展支出，根据有关政策，由县财政视财力情况统筹安排，列入财政预算，努力实现各乡镇间大致均等的社会服务水平。（3）超收奖励。县财政根据乡镇经济发展实际，核定乡镇收入计划，对于年度内组织收入超过核定计划的乡镇，按超收额的一定比例给予奖励，用于增加公用经费或事业发展支出。县财政在保证乡镇公用经费基本支出的基础上，还可以对公用经费实行"分档动态管理"办法，即对乡镇按其组织的财政收入进行分档，不同档次适用不同的公用经费标准，每年根据上一年组织收入情况重新确定档次，"进档提高标准"，"退档降低标准"，适度调动乡镇发展经济、组织收入的积极性。（4）节支留用。对乡镇核定支出后，乡镇通过压减人员、厉行节约节省下来的支出留给乡镇自主支配使用。[1]

为调动乡镇发展经济的积极性，迁安市从 2008 年开始实行乡镇财政的"超收返成"制度，即各乡镇在完成上一年市政府下达的财政指标基础上，超额完成的部分可依据超收的数量按一定比例提取。2007 年以前超收的部分，100 万元以内的，全部返回乡镇；超过100—200 万元的部分，返回 50%；超过 300 万元以上的部分，返回30%。

"超收返成"制度给野鸡坨镇财政带来了一定压力。野鸡坨镇正处于由传统农业型乡镇向综合型乡镇转型过程中，基础设施尚未完善，正处于招商引资的起步阶段。同时，新项目的建设投产需要一定周期。在目前的一段时期内，镇政府的税收收入增长较不稳定。而每年迁安市给野鸡坨镇的财政指标则按一定比例逐年递增，没有考虑到乡镇经济发展和转型的实际情况。因此，野鸡坨镇政府在完成本年财政指标的难度逐年加大的情况下，很难实现"超收返成"，迁安市的山区乡五重安乡也反映出类似的问题。

---

[1] 摘自《河北省人民政府办公厅转发省财政厅关于深化县乡财政体制改革试点工作指导意见的通知》（冀政办〔2005〕25 号）。

（二）镇财政收入情况

野鸡坨镇的财政收入主要来源于地方税收和上级财政的拨款。在农业税取消以前，农业税是野鸡坨镇财政收入的重要来源。"十五"以来，由于农村特色经济的迅速发展和工业项目建设初见成效，野鸡坨镇财政收入规模有了大幅度提高。2004年，野鸡坨镇大口径财政收入为2139万元，在迁安市列第13位，财政收入占地区生产总值的4.55%；2005年，实现大口径财政收入将近翻一番，达到4199万元，将在全市的排位提了了一名，财政收入占地区生产总值的比重提高到5.55%；2007年，大口径财政收入达到7505.7万元，较2006年增长50.14%，列全市第11位，财政收入占地区生产总值的6.13%。这说明，近年来野鸡坨镇财政收入占地区生产总值的比重不断提高。

表7—1　　　　野鸡坨镇财政收入情况（1995—2007年）

单位：万元

年度	合计	财政预算内收入			财政预算外收入		
		总计	税收	上级财政补贴	总计	各种收费	专项收入
1995	270	99	68	31	171	36	135
1996	335	251	136	115	84	18	66
1997	422	326	183	143	96	41	55
1998	408	308	186	122	100	72	28
1999	513	384	208	176	129	36	93
2000	498	305	222	83	193	64	129
2001	487	300	199	101	187	146	41
2002	685	577	295	282	108	82	26
2003	1089	763	373	390	326	224	102
2004	1190	923	652	271	267	262	5
2005	1695	1250	1024	226	445	322	123
2006	2829	2052	1360	692	777	294	483
2007	4388	2954	2192	762	1434	416	1018

"九五"以来，除个别年份外，全镇财政预算内收入一直保持了较为稳定的增速。"九五"期间年均增速达到25.2%，"十五"期间则提高到32.6%。到2007年，野鸡坨镇实现预算内收入2954万元，较2006年增加44%。税收收入构成预算内收入的主体，且其所占比重在不断提高。1995年，税收收入占预算内收入的69%，2000年提高到73%，2005年则升至82%。此外，税收收入的增速也快于预算内收入。"九五"期间，税收年平均增速高出预算内收入1.5个百分点，"十五"期间，则高出3.2个百分点。

野鸡坨镇预算外收入的增长波动较大，较不稳定。1995年，全镇实现预算外收入171万元，至2000年，缓慢增加到193万元，2003年突破300万元，2005年实现445万元，到2007年迅速增加到1434万元。

（三）镇财政支出情况

从增长速度看，"九五"以来，野鸡坨镇财政支出规模呈现加速扩张趋势。"九五"期间，镇财政支出年均增速达13.0%。2000年，全镇财政支出规模达到498万元，是1995年的1.8倍。"十五"期间，镇财政支出年均增速高达27.8%。到2005年，镇财政支出1695万元，是2000年财政支出规模的3.4倍。"十一五"规划以来，镇财政收入水平的大幅度提升促进了财政支出规模的加速增长。2006年，野鸡坨镇财政支出2829万元，增幅达66.9%。2007年，镇财政支出规模突破4000万元，较2006年增长55.1%。

在镇财政支出结构方面，"十五"以来，行政事业费、基本建设支出、农业支出、教育支出、社会救济支出五项占财政支出总额的50%以上。行政事业费比重除在2005年高达54%以外，基本保持在25%—35%的水平。基本建设支出比重波动较大，2000年达到12.05%，2005年升至15.16%，2007年又下降为6.65%。农业、教育和社会救济三项支出的比重基本维持在10%、1.5%和5%的水平上。

表 7—2　　　　　　　　　　野鸡坨镇财政支出情况

单位：万元，%

年度	总计	行政事业费		基本建设		农业		教育		社会救济	
		数额	比重	数额	比重	数额	比重	数额	比重	数额	比重
1995	270	45	16.67			109	40.37				
1996	335	48	14.33			40	11.94				
1997	422	122	28.91			55	13.03				
1998	408	122	29.90	22	5.39	60	14.71				
1999	513	176	34.31			93	18.13				
2000	498	170	34.14	60	12.05	133	26.71				
2001	487	180	36.96	130	26.69	41	8.42			34	6.98
2002	685	282	41.17	13	1.90	13	1.90			50	7.30
2003	1089	390	35.81			102	9.37	18	1.65	61	5.60
2004	1190	450	37.82	68	5.71	176	14.79	20	1.68	55	4.62
2005	1695	919	54.22	257	15.16	188	11.09	51	3.01	89	5.25
2006	2829	966	34.15	130	4.60	137	4.84	47	1.66	169	5.97
2007	4388	1179	26.87	292	6.65	469	10.69	47	1.07	210	4.79

三　镇政府经济职能转变

"发展是硬道理"，对于在迁安市镇域经济相对落后的野鸡坨镇，发展经济仍然是镇政府的重要职能。近年来，野鸡坨镇政府的经济职能实现了从微观管理向宏观管理的转变，在完成政企分离的基础上，致力于镇域经济的科学规划、农村经济结构调整、招商引资和改善投资环境等关系农村经济发展的重要领域。

（一）完成政企分离

1995 年，野鸡坨镇拥有 2 家国有企业和 23 家集体企业。至 2000

年，野鸡坨镇所有国有企业和集体企业全部改制，实现非国有化，镇政府实现政企分离，从微观经济领域退出。

（二）因地制宜，科学规划

野鸡坨镇以发展生产、提高农民收入为出发点，在分析自身在经济社会发展中存在的问题和比较优势的基础上，经过反复论证，制定了"十五"规划。"十五"期间，镇政府以项目带动作为经济工作的核心，积极改善投资环境，大力开展招商引资。在"十五"末，终于扭转了镇域经济"低水平、低增长"的历史局面，实现了财政收入的历史性突破。

在"十一五"规划制定过程中，野鸡坨镇在总结"十五"发展经验的基础上，进一步突出交通区位优势，着力发展商贸物流业，明确了"大项目建设强镇、新农村惠农、小城市建设提形"的发展主题，并大力实施"工业强镇、商贸富镇、养殖立镇"三大战略，力求通过全面建设小康社会带动镇域经济和社会各方面的发展。

此外，野鸡坨镇还为村庄规划做了大量准备工作。2007 年，结合科学发展观宣讲活动，野鸡坨镇积极引导镇村干部认真分析所在村的地理位置、资源优势、种养殖业特点，根据自身的优势和特点，谋划村庄未来的发展思路。在镇政府的指导下，各村组织召开党员代表大会和村民代表会，认真学习科学发展观，对村庄今后发展思路展开讨论，群策群力、集思广益，各村制定了切实可行的发展规划。与此同时，野鸡坨镇还在全镇范围内开展"每人献一计"活动，收到涉及项目建设、城市规划、新农村建设、农民增收、旅游开发等十几个方面的 300 余条建议。

（三）积极引导农村经济结构调整

经过野鸡坨镇政府十余年的努力，野鸡坨镇改变了过去依赖传统农业的单一型产业结构，二、三产业规模不断扩大。通过引导农民发展特色产业和项目带动，野鸡坨镇的三次产业结构由 1995 年的 35∶17∶48，调整到 2000 年的 26∶34∶40，2005 年又调整为 12∶49∶39，

2007 年进一步调整为 10∶55∶35，产业结构不断优化。

1. 大力发展农村特色产业

野鸡坨镇全力推进迁安市政府倡导的"122"富民工程，坚持"以人为本、抢抓机遇、多措并举、真抓实干"的原则，积极打造特色专业村，扶植发展各类富民产业，推动全民创业，促进农民增收。结合实际，野鸡坨镇理清了农村特色产业的发展思路：

一是坚持发挥优势，进一步巩固传统特色农业。通过发挥示范村、示范户的典型示范作用，扶持引导生产大户扩大规模，增进效益，从而带动传统特色产业规模化发展。近年来，朱庄子村的核桃加工贩运业、小杨官营村的生猪屠宰贩运业、大山东庄、丁庄子和爪村的豆制品加工业、以宋庄为主的蛋鸡养殖业、邵家营、朱庄子村和高各庄村的特色养殖业都取得了长足发展，并且带动了周边村相关产业的发展。

二是坚持龙头企业带动，大力发展奶牛养殖和花卉培育。野鸡坨镇重点扶持奶牛养殖大户建成了几个大型奶牛养殖场，全镇奶牛养殖户达 650 户，奶牛存栏达 3000 头。对亚军花卉基地建设，镇政府在资金和技术上也给予了大力扶持。该基地现已成为迁安市最大的花卉专业培育基地，建立起覆盖京津唐秦的销售网络。

为了促进特色产业发展，野鸡坨镇主要采取以下具体措施：一是对迁安市委推进"122"工程的实施方案，尤其是项目奖励扶植政策进行广泛宣传，组织召开镇村党员干部创业动员大会，使"122"工程深入人心。二是结合每个村的特色产业及发展状况，制定全镇及各村"122"工程的具体目标，镇与村签订目标责任状，落实责任，严格考核，调动了镇村干部的积极性和创造性。三是不断提高农民科技文化素质，增强创业能力。野鸡坨镇通过采取"请进来讲课辅导，送出去教育培养"等多种形式，大规模培训农民。2007 年，共举办各类农民技术培训 13 场次，选送农村青年参加市各类劳动技能培训班 1300 多人次，农民培训覆盖面达 70%。四是促进中介组织发展。2007 年，组建了农民专业合作组织 2 家、专业经济协会 11 家。这一措施有利于实现特色产业资源的合理配置，增强了特色产业抵御风险的能力，提高了特色产业的市场竞争力，极大促进了特色产业的发展。

2. 通过项目带动，培育主导产业，促进剩余劳动力向非农产业转移

野鸡坨镇按照"跳出农业抓农业"的思路，坚持"宜工则工、宜农则农"的原则，立足交通区位优势和迁安市的铁矿石资源和钢铁产业优势，加大招商引资力度，着力发展钢铁深加工和现代物流两大主导产业，依靠项目建设促进农村剩余劳动力就地转移，增加农民工资性收入。野鸡坨镇的项目建设从 2000 年开始起步，到"十五"末，已累计引进项目 69 个，总投资达 10.8 亿元。进入"十一五"后，镇政府逐步加快项目建设的步伐。2007 年以来，野鸡坨镇开工建设的项目达 18 个，累计投资 6.1 亿元（包括一产项目 4 个，计划投资 1600 万元；二产项目 8 个，计划投资 4.61 亿元；三产项目 6 个，计划投资 1.29 万元），投资 500 万元以上的项目达 15 个。其中，龙泰 50 万吨精密冷轧薄板、红军工贸扩建、民祥工贸公司扩建、兴冶保温材料厂、佳润石油树脂、蓝山水泥、龙泰进出口矿石加工基地二期项目、博远物流、芳胜物流等 9 个项目被列为迁安市重点项目。2007 年建成的项目就地转移农村富余劳动力 2670 人。待其他在建项目建成投产后，可再转移劳动力 6000 人，届时全镇 90% 以上的劳动力可以实现就地就业。

3. 加强服务，大力招商引资

进入"十一五"以来，野鸡坨镇坚持"以人为本、诚实守信、高效廉洁"的原则，力图创造文明开放、政通人和、稳定和谐的人文环境，树立起"你发财，我发展"的共促双赢观念和"怎么有利于发展就怎么办；怎么发展好、怎么发展快就怎么办"的创新服务理念，树立"只要项目定了干、一切手续我们办；只要项目投了产、终身服务有人管"的服务意识，营造出"人人都是招商者，处处都是投资环境，人人重视项目、关心项目、引进项目、支持项目"的浓厚氛围。为了更好吸引和服务域外投资者，野鸡坨镇建立起项目建设跟踪服务机制，提供全方位的现场上门服务，帮助协调企业与各部

门的各种关系，帮助企业排忧解难。

4. 着力改善投资硬环境

野鸡坨镇以园区建设为突破口，大力改善投资硬环境。结合区位交通优势，野鸡坨镇将园区布局在交通干线沿线，引导工业、现代服务业项目向园区集中。在野兴公路西侧规划了占地 6000 亩的博远物流园区；在京哈铁路南侧规划了占地 5000 亩的燕山（钢铁）工业园；在平青大公路东侧规划了占地 7000 亩的高科技物流园区；在京沈高速和 102 国道南侧，依托即将建设的京津秦城际高速铁路客运站，规划了占地 2000 亩的镇工业小区和占地 1000 亩的商贸物流小区。各园区和工业小区内基本实现"三通一平"，基础配套设施日趋完善。

四 公共产品供给

近年来，随着经济发展水平的提高和政府财力的增强，野鸡坨镇在农村基础设施、公共卫生、国民教育、社会保障等方面加大投入，不断改善农村公共产品供给状况。

（一）大力加强农村基础设施建设

野鸡坨镇以创建文明生态村为契机，大力改善农村人居环境，农村基础设施不断完善。到 2007 年，野鸡坨镇各村基本上实现"街道上不留一块乱石，不留一堆粪土，不留一堆柴草，不留一处死角"的目标，全镇 21 个村，共清理柴草 5200 垛，清理垃圾 6600 多立方米。同年，野鸡坨镇 60% 的村达到迁安明星村的标准，"两室一书"齐全，图书室、医疗卫生室、文体活动室设施完备。其中，小杨官营、邵家营、丁庄子、仓库营、东周庄、高各庄等 6 个村达到唐山精品村的标准。镇政府主要做了以下几方面工作：

1. 完善村民中心建设

2005—2006 年，野鸡坨镇累计投资 265 万元，对农村"两室"进行规范化建设。先后翻建了张都庄、高各庄、安山口、卜官营、爪村、小山东等 11 个村的"两室",将宋庄村等 4 个村迁入新址。通过两年大规模的翻建、迁建,全镇 21 个村基本实现"村部房屋漂亮,院落整洁,设施齐全"。在加强硬件建设的同时,野鸡坨镇进一步规范"两室"的制度建设,镇政府投资 3 万元,对各村党建看板进行统一更新;投资 15.5 万元,更新配套所有村"两室"的办公桌椅。由于多数村集体经济薄弱,野鸡坨镇采取镇政府先垫付资金的方式启动,再多方争取上级扶持,争取外来援助资金,或由施工方垫付部分费用等多种方法,解决了资金难题。两年中,镇党委共拨给各村"两室"资金达 80 万元,争取上级资金 65 万元,保证了"两室"翻建工程的顺利进行。2006 年,野鸡坨镇投资 30 万元,为 21 个村建设高标准村务公开栏和宣传栏,为各村部配备图书室、活动室、卫生室;投资 230 万元,翻建村民中心 15 个;投资 130 万元,建设成 21 个文化建设广场。2007 年初,野鸡坨镇按照"八个一"标准,对卜官营村"一部三室两栏"进行完善,并建设了文化健身广场、超市和农资连锁店。以该村为示范,全镇完善村民中心建设 15 个。到 2007 年底,野鸡坨镇已建立文化广场 33 个,建文化墙 8000 多平方米,涂白 60000 多平方米,农村面貌焕然一新。

2. 改善农村交通路况

在村级交通方面,"十五"期间,野鸡坨镇累计投资 600 多万元,共修乡村公路 32 公里,修通小山东村经大山东村至平青大公路的高标准村级公路,共修桥涵 33 座,垫土方 87500 立方米,动石方 12500 立方米,修护坡 5600 平方米,修边沟 13500 米,结束了小山东村自古以来出入难的困境。2006 年,镇政府投资 500 余万元,修建村村通公路 30 公里,使全镇各村全部与主干道相连;投资 40 万元,建设了农村高标准客运站。在小城镇交通方面,进入"十一五"以来,镇政府投资 1000 万元完成了镇区路网建设,共修水泥路 3000 延长米,修沥青路 2000 延长米;投资 120 万元在镇区主要干道安装路灯 100 盏。在村内交通方面,2003 年以来,野鸡坨镇累计投资 3900 万元,修村内水泥路 222 公里,硬化率达 100%,铺步道砖 23 万平方米,镶路沿石 25.5 万延长米。

3. 实施各项便民工程

2006 年以来，野鸡坨镇扎实推进"万村千乡市场工程"，改建、新建村级农家店 18 家、镇级农家店 3 家，改善了百姓购物消费环境。此外，野鸡坨镇还启动了广播电视村村通工程，在迁安市政府补助基础上，镇政府每户再补助 50 元，使农户只花 50 元就能接通有线电视。

4. 增加投入，健全制度

野鸡坨镇进一步加大财政支持力度，制定文明生态村补助政策，并由镇财政拨付 200 万元财政资金用于支持文明生态村建设。同时，为巩固文明生态村建设成果，野鸡坨镇还建立了文明生态村建设责任制。把文明生态村建设工资比例提高到村干部工资总额的 50%，对包村干部实行与村干部同步奖惩，对完成任务的奖励 600 元，对未完成任务的惩扣 600 元，并取消评先资格。此外，野鸡坨镇设立了生态村建设奖励专项基金，对生态村建设成绩突出人员，由镇财政予以嘉奖。

（二）着力改善农村公共卫生条件

1. 普及使用沼气池

野鸡坨镇在 2005 年建沼气池 1886 个，到 2007 年，全镇沼气池达 4278 个，方便了村民做饭、烧水、照明。野鸡坨镇还在每个村成立沼气池物业服务组织，集中培训沼气池技术人员，负责沼气池使用过程中出现的问题，镇里还配备有吸沼液车两辆，无偿为全镇沼气池吸沼液。

2. 加强绿化

2005—2007 年三年间，野鸡坨镇完成绿化植树 20 多万株，村村通公路两侧植树 1.4 万株，街道苗木补植 2.4 万株，使每户门前有 2—4 棵树。

3. 探索建立农村街道保洁的长效机制

野鸡坨镇实行"门前三包"，通过适当的奖惩，把街道保洁任务具体到各家各户；推行"村校共建"，动员中小学生向父母及家人宣传不乱扔垃圾，养成良好的卫生习惯；建立"红领巾一条街"、"共青团员一条街"；充分发挥妇女小组长、党员、村干部、村民代表作用，把街道保洁分片责任到人；鼓励有条件的村建立专业保洁队伍，明确专人，配备车辆等专用工具，全天候保洁；设立垃圾填埋场，现在野鸡坨镇已有 10 个由各村管理的填埋场，13 个村实现垃圾定点存放。

4. 不断改善农村医疗卫生条件

近年来，野鸡坨镇的医疗卫生事业有了长足发展，软硬件水平不断提高。从 1995 年的 3 个医疗点、47 名医生，发展到 2007 年的 18 个医疗点、70 名医生、20 张床位。现在平均每个医生负责 500 人的健康，每万人拥有卫生院床位 6.7 个。2006 年，野鸡坨镇投资 200 万元建成镇卫生院门诊楼，各村均设有卫生室，基本做到了小病不出村，大病不出镇。野鸡坨镇大力推广新型农村合作医疗，全镇农民参合率达 100%，有效地解决了因病致贫、因病返贫问题。2007 年，野鸡坨镇镇卫生院实行改革，扩大了发展规模，由原来的防保型医院转变成一所综合型医院。新增验血、生化常规、心电图、放射、B 超等多套先进医疗器械，新增主治医生、护士 7 人，各主要科室设置齐全。同年，开始实行合作医疗出院即报制度，报销比例由原来的 40% 提高到 60%，起报点由原来的 400 元下调到 100 元，极大地方便了群众看病就诊，使农民得到了更多实惠。

（三）积极发展国民教育

一方面，基础教育不断加强。"十五"期间，野鸡坨镇投资 300 万元翻建教室 150 间，完成了危房改造；投资 40 万元，为全镇 11 所完全小学和 3 所中学全部配备了微机室。小学"四率"达到 100%，初中入学率、巩固率均达 100%。2006 年，投资 100 万元用于进一步加强农村校舍危房改造。针对生源减少的情况，在迁安市教育局领导下，进一步整合教育资源，对中小学布局进行调整；另一方面，野鸡坨镇的职业教育不断丰富，投资 800 万元建成电力培训学校 1 所，已于 2006 年末投入使用。

（四）建立健全农村社会保障体系

一是社会保险覆盖率不断提高。迁安市已逐步建立起以城镇基本养老保险、失地农民养老保险、农村社会养老保险为依托的全民养老保险制度以及以城镇职工基本医疗保险、城镇居民医疗保险和新型农村合作医疗为依托的全民医疗保险制度，基本实现了全市农（居）民养老、医疗保险制度全覆盖。野鸡坨镇正以农村社会养老保险和医疗保险为重点，不断扩大养老、医疗、失业、工伤等各险种的覆盖面。2007 年，野鸡坨镇共有 10178 人参加了农村社会养老保险，占应参保人数的 68%，缴费金额为 285.81 万元；有 36000 人参加了新型农村合作医疗，参合的农户达到 10000 户。

二是社会救助体系初步形成。野鸡坨镇已基本形成了以低保、五保、敬老、救灾救济为基础，以残疾人等专项救助和社会帮扶为辅助的立体式社会救助体系。2007 年，野鸡坨镇共有低保户 260 户，718 人领取最低生活保障金，另有特困户 30 户，五保户 157 户，已全部纳入保障范围，实现了应保尽保。此外，野鸡坨镇还向家庭生活困难又无劳动能力的残疾人提供专项救助。目前，全镇有 150 名残疾人享受生活低保，其中有 50 名残疾人享受五保待遇。同年，野鸡坨镇共发放临时救济款 4.5 万元、大米 560 袋、棉被 150 床、棉衣 140 件、棉鞋 80 双，涉及 380 户，为受灾的困难群众提供了基本的生活保障。在敬老方面，2006 年，野鸡坨镇投资 12 万元新建了一所达到省级标准的镇敬老院。

五　推进政府职能转变

综上所述，近年来野鸡坨镇的政府职能转变已经取得了一定成效，但与此同时，也尚存在一些制约政府职能转变的因素。在建设社会主义新农村条件下，推进农村综合配套改革，客观上要求建立新型乡镇政府职能体系，推动乡镇政府向服务型政府转型。一方面，在转变经济职能的同时，强化社会管理和公共服务职能；另一方面，乡镇政府职能的转变和完善，必须伴随一系列机制、体制和制度的变革和完善。因此，乡镇政府职能转变具有综合性。鉴于此，我们认为，当前推进乡镇政府职能转变应做好以下工作：

（一）科学界定乡镇政府职能

温家宝总理在《关于当前农业和农村工作的几个问题》中提出，要适当调整乡镇在经济管理上的职能，切实把工作重点从直接抓招商引资、生产经营、催种催收等具体事务转到对农户和各类经济主体进行示范引导、提供政策服务以及营造发展环境上来。同时，要努力提高社会管理和公共服务水平，按照依法行政的原则，宣传、落实好党和国家的政策、法律，规范自身的行为，保障农民的合法权益，维护农村社会稳定，巩固党在农村的执政基础。这为乡镇政府职能界定确立了方向。因此，需要充分借鉴西方国家在地方政府职能定位方面的有益经验，同时充分考虑乡镇政府的特殊地位以及我国社会经济发展不平衡的国情，进一步探索新时期具有中国特色的乡镇政府职能定位。

在新的历史条件下，要按照建立社会主义市场经济体制的要求，适当减弱乡镇政府所承担的政治职能、经济职能，增强社会管理职能；实现管理职能从传统的直接微观管理转向间接宏观管理和微观规制，决策职能从家长式转向民主式，管理方式从指令性转向指导性，监督职能从被动转向主动，同时不断丰富政府职能内涵，形成覆盖农村经济社会发展的职能体系，从而推动乡镇政府从管理型转向服务型、从全能政府走向有限政府；政府的职能目标也要从追求经济效益转向追求社会效益，进而发展为以生态效益为优先，以社会效益为主，兼顾经济效益的发展模式。①

（二）进一步理顺县乡政府职能关系

在我国，县乡两级政府权责划分不清，使得乡镇政府处于压力

---

① 何得桂、戴慧敏：《乡镇政府职能转变的困境与出路》，载《上饶师范学院学报》2007 年第 27 卷第 1 期。

型体制之下，县乡条块关系不协调一直是普遍现象。近些年来的县乡政府职能关系调整，都是加强县直部门权力，削弱乡镇政府的权力。① 县级政府通过自己所掌握的权力资源，对乡镇政府拥有绝对的领导权和支配权。县级政府任意给乡镇政府下达任务和考核指标，并以任务完成、达标的情况作为乡镇政府政绩考核的依据和标准，并由此决定乡镇政府领导干部的升迁。② 同时，乡镇政权面临着县属职能部门在乡镇派出机构的困束。这些派出机构代表各自部门行使职能，人权、事权、财权属于上级部门，实际控制着乡镇的各种要素资源，掌握着乡镇许多领域的控制权，乡镇政府对它们的管理权名存实亡，大大弱化了乡镇政府对本乡镇的调控和协调能力。③ 在这种压力型体制下，乡镇政府的行政资源受到压缩，缺乏整合行政资源的能力，作为一级政府，乡镇政府的机构设置和法定职权不具备完整性。

因此，必须进一步理顺县乡两级政府的权责关系，改革垂直管理和属地管理相互交叉、职能权限划分不科学的体制，下放乡镇应有的权力，扩大乡镇政府自主权，还原乡镇一级政府的地位。④ 要合理、明确划分乡镇政府与上层级政府职责和权限，按照党的十六大提出"依法规范中央和地方的职能和权限，正确处理中央垂直管理部门和地方政府的关系"的要求，结合现行《地方政府组织法》，加快建立和完善有关乡镇政府职能法律规范，建立相应的权力监督约束机制，改革调整县（市、区）政府主管部门派驻乡镇机构的管理体制，使乡镇政府职能转变做到有法可依、有章可循。

---

① 姬秀娟：《乡镇政府职能转变的困境与对策研究》，载《经济与社会发展》2007年第5卷第5期。

② 杜万忠：《乡镇政府职能转变的制约因素与突破》，载《学习月刊》2008年第4期。

③ 郁辉：《当前乡镇政府职能转变的困境与对策》，载《江西农业学报》2007年第9期。

④ 何得桂、戴慧敏：《乡镇政府职能转变的困境与出路》，载《上饶师范学院学报》2007年第27卷第1期。

（三）创新政府管理体制

乡镇政府要在转变管理理念，建立服务意识和危机意识，提升服务为农、执政为农的意识和能力的同时，从工作内容、机构设置、管理模式和工作方法等方面做好工作。

一是转变工作内容，创新工作方法。政府要把精力和资源更多地用于提供公共服务和公共产品供给上，社会管理和公共服务特别是公共安全、社会稳定、民政、教育、卫生、计划生育等方面的工作要成为乡镇政府的主要工作内容。在乡村关系上，要变直接干预为指导、协调和帮助，乡镇政府要在农民教育培训、科技服务、农产品流通、农民创业融资以及农业和农民的法律保障等多方面提供服务和帮助。[①] 此外，在向农村提供服务的过程中要多采用现代的科学管理方法，改变过去以行政职权为主的管理模式，实现以法律、市场、经济为主要手段的管理模式。在行政管理和公共服务中要积极借鉴现代企业管理技术，采用目标责任制、绩效考核等现代管理方法，重视管理成本，注重管理效率，以尽可能低的公共资源消耗向农村社会提供尽可能多的公共服务，提高政府管理质量。[②]

二是以政事分离为突破口，深化机构改革。将现有的各类事业"站、所"合并成综合性的"农业服务中心"、"文化服务中心"等，使其实现市场化、社会化，其原有的行政职能统一由乡镇政府承担。在此基础上，按照"精简、统一、高效"的原则，重组乡镇政府机构。在机构设置和人员安排上，要突出和偏重公共服务职能的需要，强化政府的信息咨询、综合协调、执法监督等部门的职能。同时，处理好行政机构、派出机构、事业机构三者之间的责、权、利关系。[③]湖北省京山县的做法值得借鉴。该县把乡镇政府原有的"七站八所"

---

① 钟宜：《新农村建设中的乡镇职能定位》，载《重庆行政》2006 第 3 期。

② 朱丽颖：《新农村建设中乡镇政府的功能缺失及对策》，载《东北大学学报》（社会科学版）2007 年第 1 期。

③ 钟宜：《新农村建设中的乡镇职能定位》，载《重庆行政》2006 第 3 期；朱丽颖：《新农村建设中乡镇政府的功能缺失及对策》，载《东北大学学报》（社会科学版）2007 年第 1 期。

转制成自主经营、自负盈亏的企业或中介组织性质的"服务中心"，使之成为农村社会公益事业的服务主体。公益事业服务项目由"百姓签单，政府买单"。政府通过市场化运作，择优选定专业化的服务组织，"花钱买服务，钱随事走，以钱养事不养人"。"服务中心"既承担政府委托的公益性职能，又从事经营服务。这一改革增大了公益事业服务人员的压力，激发了他们参与竞争、优化服务的积极性，提升了乡村公益服务水平；精简了乡镇政府机构，提高了行政效率，降低了行政成本；培育和发展了一批从事社会公益事业的企业和中介组织。[①]

三是按照政社分离的原则，积极培育发展农村社会组织。乡镇政府要为共青团、妇联、老年协会、行业协会、农会、经济合作社等社会经济组织的发展提供良好的环境条件，帮助它们发展，特别要注意支持和帮助各种经济合作组织的发展。通过农村组织发展，将农村社会能量组织化、秩序化，一方面为乡镇政府职能转变提供强有力的社会组织动力；另一方面为承接政府转移出去的社会职能提供组织载体，使目前由政府和农民这种单线型农村社会结构，逐步转变为"政府、社会组织、农民"的多线型的社会结构，从而不断提高社会组织的自我管理、自我服务能力，充分发挥这些组织对市场调节和政府管理的补充作用，让各类经济合作组织成为基层政府社会职能转移的重要渠道和载体，以减轻政府负担。[②]

四是改革乡镇政府的问责体制，建立与之相适应的工作考核机制。乡镇政府的职能转变的工作重心是社会管理和公共服务。乡镇政府工作的考核和评价也应以此为核心目标。要坚决取消一些不切实际、以实现上级利益为主的考核指标，减少不必要的"一票否决"事项，减少与社会管理和公共服务职能无关的达标升级和检查评比活

---

①　彭益民：《建设服务型乡镇政府的思考》，载《湖南社会科学》2006 年第 1 期。

②　侯保疆：《论乡镇政府职能的转变》，载《社会主义研究》2003 年第 4 期；彭益民：《建设服务型乡镇政府的思考》，载《湖南社会科学》2006 年第 1 期。

动，切实为乡镇政府"松绑"。[①] 同时，探索建立一套科学合理的全面反映经济、社会发展状况，体现政府服务质量和服务水平的乡镇政府绩效评价考核体系。

五是改革行政审批制度。大力清理和减少现有行政性审批事项。对确实需要审批而不涉及全局范围事务的审批事项，尽可能下放给基层；对依法保留的审批事项，要改进审批方式，规范程序，简化环节。同时，建立健全行政审批的监督约束机制。只有制定并落实相应的转变措施，乡镇政府职能转变才能取得实效。

（四）深化乡镇财政体制改革及其配套改革

"乡财县管"实质上变相取消了乡级财政，引起乡镇财政权缺失，使得乡镇政府职能转变不具备基本的资金条件。因此，必须坚持事权与财权对等的原则，进一步深化乡镇财政体制改革，为乡镇配置相应的财力，同时，加大转移支付力度，建立科学的农村公共财政制度。

一是要明确规定确需乡镇政府配合完成的工作，上级党委、政府和有关部门必须提供相应的经费和条件，同时尽可能通过法律程序确定各级政府对农村公共物品供给的责任和内容，并建立相应的责、权、利对应的管理制度。特别要明确突出乡镇政府的公共服务的职能范围，形成合理的分工，保证乡镇顺利地提供适合其规模的公共产品和服务。

二是建立可持续的公共服务财政支持体制。通过法律或政策途径硬性规定每年投入农村公共物品的经费比例和增长比例。明确主管部门和主管人员，定期检查专款专用的情况，形成信息反馈的有效机制。

三是完善财政转移支付制度，加大中央和省级政府对运转困难乡镇的财政转移支付力度，保证乡镇政府机关的正常运转。改革由部门分配财政资金的管理办法，实行县级政府一个"漏斗"对乡镇的财

---

① 杜万忠：《乡镇政府职能转变的制约因素与突破》，载《学习月刊》2008 第 4 期。

政经费拨付办法。可全面推行乡镇干部工资由县级财政统一发卡的制度，并将县级财政体制外开支的"尾巴工资"，一并纳入财政工资卡，以减轻乡镇政府的压力，稳定乡镇干部情绪。[①]

（五）其他改革措施

首先，建立民意反馈机制，强化乡镇政府服务为农的主动意识。农民是乡镇政府的服务对象、服务客体。服务客体对服务主体的评价和要求，会直接对乡镇政府带来激励作用。通过增强农民对公共物品的诉求意识和提高诉求能力，可以自发地形成一种有效地从下至上的压力机制，这是乡镇政府职能转变的直接动力。可以通过普及九年义务教育、职业教育，举办各种培训班等来提高农民的自身素质。同时通过向农民提供市场信息，建立市场中介组织，提供技术指导等有效措施来大力发展农村经济，提高农业生产力。随着农民自身素质的提高、农村经济的发展和农民生活水平的提升，农民对乡镇政府的认识就会更加深刻和全面，相应的对乡镇政府的服务也会提出更高要求。[②]

其次，进一步提高乡镇干部素质。一是健全和完善领导干部选拔制度。要坚持结构合理、优势互补的原则配强乡镇党政领导干部，把素质高、本领强、具有群众威信、能为当地群众办实事好事的优秀干部按程序选进党政领导班子；二是提高乡镇工作人员的整体素质。依据乡镇政府职能转变的要求，优化人员结构，通过公开招考的方式，把那些具有法律、经济、管理、农业等方面专业知识和技能的优秀人才吸收到干部队伍中来。当前，特别要采取一定的优惠政策，鼓励大专院校优秀毕业生到乡镇工作，尽快提升乡镇工作人员的素质。同时，市、县政府要加大对乡镇工作人员的培训力度，提高其适应政府职能转变的能力。三是创新乡镇政府干部考核机制和报酬制度。制定

---

① 林修果、郑心瑜：《重新审视乡镇政府职能的定位》，载《党政干部论坛》2007年第5期；朱丽颖：《新农村建设中乡镇政府的功能缺失及对策》，载《东北大学学报》（社会科学版）2007年第1期。

② 朱丽颖：《新农村建设中乡镇政府的功能缺失及对策》，载《东北大学学报》（社会科学版）2007年第1期。

新的干部考核考评标准，把工作业绩的标准放在公共管理和服务职能的实现上。特别地，要把当地群众的意见作为重要参考依据，让受益群众参与乡镇干部业绩考核评定。在人员报酬上，推行以绩效定奖惩、联绩计酬的奖惩机制，破除平均主义的奖惩制度。①

---

① 郁辉：《当前乡镇政府职能转变的困境与对策》，《江西农业学报》2007 年第 9 期。

第八章

野鸡坨镇的镇区建设

镇区是指镇人民政府所在的居委会和与该居委会连成一片的开发区所辖地域范围；没有设置居委会的镇以镇人民政府所在的自然村所辖地域为镇区范围。镇区所辖范围内的面积为镇区面积，包括城镇建成区和建成区连成一片的开发区的面积，其中包括国有土地面积、集体土地面积。镇区承担着全镇管理、服务等职能，是镇域经济发展的核心。镇区是全镇日常生活品、农产品和各种农资物品的集散地，镇区的发展决定着第二、第三产业及非农人口的集聚规模，也决定着各类生产要素的组合优化。镇区发展能够发挥规模经济效应，有利于提高小城镇经济运行效益，故镇区建设是小城镇建设的重中之重。野鸡坨镇于1995年被评为省级试点小城镇之一，在镇区建设方面积累了丰富的经验，同时也存在诸多问题，这些经验与问题在全国小城镇镇区建设中具有一定的代表性。因此，系统研究考察野鸡坨镇的镇区建设，对于探索镇域科学发展之路具有重要借鉴意义。

一　野鸡坨镇镇区概况

野鸡坨镇镇政府所在地为野鸡坨村，镇区面积4.5平方公里，人

口 7194 人。近年来，随着唐山市工业的迅速腾飞，该镇也遇到了前
所未有的发展机遇，镇域经济实现了跨越式发展，镇区作为野鸡坨镇
的龙头也实现了较快发展。

野鸡坨镇的镇区建设起步于 1992 年，当时由野鸡坨乡、东周庄
乡和爪村乡三个乡合并为现在的野鸡坨镇，镇政府所在地设在了野鸡
坨村。合并之初，该镇经济基础薄弱，从机关干部到群众市场经济观
念还比较淡薄，镇区建设较为缓慢。在 2001 年以前，该镇没有一家
乡镇企业。经济发展的落后必然导致镇区建设的落后，镇政府各项开
支大都要靠上级划拨，因而镇区建设资金非常有限，镇区建设处于比
较缓慢的发展阶段。

2002 年是野鸡坨镇镇区建设的分水岭。京沈高速连接线的建
成，为该镇带来了一个极佳的发展机会。迁安市确立了"一河三
区"的城市建设总体思路，野鸡坨镇被确定为迁安市的河南区，城
区规划面积由不足 2.5 平方公里扩大到 6.5 平方公里。此外，野鸡
坨镇开始在京沈高速连接线两侧谋划工业园区建设，由此拉开了镇
区建设迅速推进的序幕。当年，野鸡坨镇进一步修订完善了城镇建
设发展规划，完成了新政府路油路工程和京东果品批发市场骨架路
的建设，坚持新城开发与老城改造相结合，并对旧城拆迁的闲置土
地进行统一规划建设。2003 年，镇政府投资 228 万元，分别修建
了 1 处绿地广场、1 处无害化垃圾填埋场并组建了环卫及物业服务
队；2004 年，镇政府办公楼竣工，完成了政府路延伸工程；2005
年，完成镇卫生院门诊楼工程建设，建设平青大路与野兴路连接工
程；2006 年，城镇基础设施得到全面改善和提高，修建及改造道
路 6327 延长米，镶路沿石 2400 延长米，铺设排水管道 3000 米，
使城镇排水设施更加完备，并对新老城区全部进行绿化；2007 年，
进一步修编了小城镇建设规划，完成拆违拆迁任务 27562.5 平方
米，修建了音乐喷泉广场、派出所办公大楼工程。表 8—1 列出了
2002—2007 年镇区建设的主要工程。

表 8—1　　　　2002—2007 年野鸡坨镇镇区建设主要工程

年度	镇区建设投资项目	投资额（万元）
2002	修订完善野鸡坨镇城镇建设发展规划 新政府路油路工程 旧城拆迁的闲置土地统一规划建设	20 280 120
2003	修建绿地广场 组建环卫及物业服务队 建设无害化垃圾填埋场	100 20 100
2004	镇政府办公楼工程 政府路延伸工程	260 200
2005	镇卫生院门诊楼工程 市场路拓宽工程	200 150
2006	修建及改造道路 6327 米 铺设排水管道 3000 米 新老城区全部进行绿化	350 50 20
2007	编修小城镇建设规划，拆迁 27562.5 平方米 园区新建 35 千伏安、40 千伏安的变电站各一座及完善其他园区基础设施 音乐喷泉广场和派出所办公大楼工程	— 1640 450

资料来源：根据野鸡坨镇政府工作报告（2002—2007）中数据编制。

野鸡坨镇按照以城镇建设推动经济发展的思路，坚持城镇建设高起点，科学规划，合理布局，不断加快小城镇建设步伐。经过近五年的快速发展，镇区面貌已经焕然一新，走在了迁安市、唐山市乃至河北省的前列。近五年来，累计投入资金 7046 万元，建筑面积达到 10 万平方米，修筑道路 5000 米，供水管道 1 万米，排水管道 3000 米，配电容量 3000KMA。

二　镇区发展规划

1. 镇区规模

就镇区人口规模来看，2002 年，我国建制镇镇区平均人口规模为 7909 人。从规模等级看，镇区人口在 4000 人以下的镇有 10944 个，占全国建制镇总数的 53.8%；中等规模的镇（镇区人口 4000—10000 人）有 6039 个，占全部建制镇的 28.4%；镇区人口在 1 万人以上的镇有 3807 个，占全部建制镇总数的 17.9%（见表 8—2）。其中，镇区人口超过 3 万人的镇占全部建制镇的 5%。2007 年，我国共有建制镇 19249 个，镇区总人口 19308.98 万人，平均每个建制镇的镇区人口规模增加到 10031 人。根据我们的实地调查，野鸡坨镇的镇区人口为 7194 人，镇区人口规模在 0.6—0.8 万人的规模等级上，按照过去的标准属于中等偏上水平，而按照目前的标准却属于中等偏下水平。2007 年，野鸡坨镇镇区人口规模比全国平均水平低 28.3%，比东部地区平均水平低 48.2%，比河北省平均水平低 40.1%。由此可见，目前野鸡坨镇镇区人口集聚规模还较低，今后发展的潜力很大。根据经验数据，镇区人口规模一般要达到 3 万人以上才能具有较好的规模效益。

表 8—2　　　　　　2002 年我国建制镇镇区人口规模分布

镇区人口规模（万人）	<0.2	0.2—0.4	0.4—0.6	0.6—0.8	0.8—1.0	1.0—1.2	>1.2
建制镇个数（个）	5495	5449	3278	1730	1031	693	3114
累积百分比（%）	25.81	53.75	69.15	77.28	82.12	84.38	100

资料来源：《中国小城镇发展报告 2005—2006》，中国农业出版社 2006 年版。

从建制镇镇区占地面积来看，2007 年全国建制镇镇区平均占地面积为 428 公顷，其中东部地区为 519 公顷，河北省为 660 公顷，而野鸡坨镇为 450 公顷，比全国平均水平高 5.1%。这说明，目前野鸡坨镇镇区人口规模低于全国平均水平，但占地规模却高于全国平均水平，镇区土地利用效率较低。2007 年，野鸡坨镇镇区人均占用土地高达 0.94 亩，比全国平均水平高 46.9%，比东部地区平均水平高 67.9%，比河北省平均水平高 14.6%，也比东北和西部地区平均水平高 10% 左右。这一点可以从表 8—3 中清楚地看出来。

表8—3　　　　　2007年中国建制镇镇区平均规模和占地面积

指标	全国	东部地区	东北地区	中部地区	西部地区	河北省	野鸡坨镇
镇区平均人口规模（人）	10031	13879	8657	9777	7091	12003	7194
镇区平均占地面积（公顷）	428	519	495	335	400	660	450
镇区人口占全镇总人口的比重（％）	24.9	27.3	28.9	23.2	22.2	31.7	20.7
镇区面积占行政区面积的比重（％）	2.2	4.9	1.8	2.8	1.2	7.1	6.2
镇区人均占用土地（亩）	0.64	0.56	0.86	0.51	0.85	0.82	0.94

　　资料来源：根据《中国统计年鉴》（2008年）、《中国建制镇统计资料》（2008年）以及野鸡坨调查问卷数据计算。

　　野鸡坨镇镇区土地利用效率不高，主要有三个方面的原因：一是人口集聚规模较小。目前野鸡坨镇镇区人口占全镇总人口的比重只有20.7％，分别比全国、东部地区和河北省平均水平低4.2、6.6和11.0个百分点；二是工业园区占到全镇总面积的很大比例，而工业园区内的企业多为占地大、用工少的资本密集型企业，如钢铁企业和物流企业等；三是存在一定程度的土地闲置和浪费现象，内部挖潜尚有较大空间。由于土地内部挖潜比新批建设用地的建设成本更高，在土地存量较为充足，镇政府财力不足的情况下，土地挖潜就缺乏动力。需要指出的是，单纯依靠新批建设用地发展镇域经济的模式将是不可持续的，未来我国的土地政策将愈加严格、新批建设用地难度不断加大，因此，通过土地挖潜和提高土地利用效率来解决建设用地的紧张问题，将是一条重要的有效途径。

　　2. 镇区规划

　　在市场经济逐渐成熟的今天，镇区建设的主体日益多样化，影响因素也日益复杂化，致使政府对镇区建设的掌控也日益困难。因此，要实现镇区的科学发展，就必须制定科学的发展规划，使镇区开发建设纳入科学化、规范化、制度化的轨道上来。

从总体上讲，镇区规划应遵循以下原则：一是突出"以人为本"的理念。镇区规划应该注重全面的人性化设计，充分考虑到镇区居民和周围村民的各方面需求，方便居民生活，突出镇区的服务功能；二是突出地方文化特色。文化是镇区的灵魂，是城镇特色中最核心、最具有生命力的内容。历史脉络、民俗传统、建筑风格、自然景观等都是镇区文化重要的组成要素。镇区规划必须将这些文化要素融入其中，力求做出特色，创出品牌；三是突出生态理念。发展生态园林型小城镇是大势所趋，镇区规划设计必须注重生态景观设计，使生态效益和景观效益协调统一。小城镇较之城市最大的优势是其良好的生态环境，突出小城镇生态建设是中国城镇化的必由之路。只有拥有良好的生态环境，才能吸引更多的居民迁移到镇区中来，国外小城镇发展的经验已经充分证明了这一点。[①]

迁安市城市总体规划提出了"一河三区"城市空间结构，其中，野鸡坨镇位于河南区，其职能定位为客货集散中心与商贸中心，发展"工贸型小城镇"，即依托野鸡坨镇良好的交通区位条件，大力发展现代物流业，立足建设区域性物流中心，扩大镇区建设规模，提升镇区建设质量和档次，由此带动全镇发展。此外，在主要交通线两侧发展集商贸、餐饮、服务、娱乐为一体的经济繁荣带，实现城镇化与迁安城市化的有效对接。

野鸡坨镇镇区规划对推动镇区建设起到了重要作用，但也存在一些问题。

首先，没有形成科学完整的规划体系。一方面，由于镇区经济基础相对薄弱，能够按照现行的规范和程序，组织编制出城镇总体规划已实属不易，而在此基础上编制镇区的规划则显得心有余而力不足；另一方面，各项规划之间的衔接也不够紧密。例如，土地利用规划与镇区发展规划未实现有效衔接，通常是镇区发展规划用地量远远超过土地利用规划中所能提供的用地量。

其次，规划编制的科学性有待提高。没有科学性就不会有严肃

---

① 黄小林：《谈小城镇规划设计的原则及存在的问题》，载《山西建筑》2006 第1 期。

性，规划的编制首先要保证科学性，如果规划不科学，镇区规划就与发展实际相脱节，因此，必须不断对规划进行修改，严肃性必然就得不到保障。规划的编制如果是由当地人员完成，可操作性较强，但视野不够开阔，站位不够高，而由科研机构编写的规划又常常与当地实际脱节，缺乏可操作性，二者难以形成有效的折中。另外，现行体制很难对规划的实施进行有效监督，因此要保证规划的严肃性难度很大。

再次，规划特色不明显。镇区风貌只有与当地的风俗习惯、历史传统、自然景观等文化要素融为一体，方能体现出特色。然而，从野鸡坨镇镇区建设的效果来看，同国内大多数小城镇镇区一样，在突出地方特色方面有所欠缺，难以展现野鸡坨镇的"精神"和文化内涵。之所以出现这种情况，主要有两方面原因：一是镇财力较为薄弱，追求特色必然会提高建设成本，在现行"吃饭财政"的体制下，单靠小城镇自身财力进行基础设施建设，具有相当大的难度；二是镇区规划特色定位不准，作为规划的制定者与执行者切忌追求时尚而丢掉了当地的文化特色。[①]　这种文化特色恰好是小城镇特色的根本所在。

三　镇区土地利用

1. 镇区土地利用现状

近年来，野鸡坨镇的工业发展迅猛，工业项目不断增加，建设用地规模迅速扩张。工业的快速发展导致大量土地转变为建设用地。推进工业化和城镇化必然要占用大量土地，这是普遍的现象，关键是如何集约节约利用土地，提高土地利用率。目前，野鸡坨镇镇区人均用地远高于全国和东部地区的平均水平。在镇区现有 4.5 平方公里土地中，集体土地约 4500 亩，国有土地（主要是工业园区土地）接近2500 亩，国有土地达到镇区总面积的 36%。随着一批大项目的实施，今后国有土地所占比例将会进一步提高。

---

① 赵毅、牟松：《突出特色是旅游规划的灵魂》，载《经济地理》2002 年第 9 期。

2. 镇区土地利用存在问题

当前,野鸡坨镇镇区土地利用主要存在以下几个问题:

(1) 土地后备资源不足。从全国情况来看,通过修改规划使项目建设合法化的现象时有发生,规划实施经常让位于上级决策者的意图,致使城镇建设面积不断超标、不断突破原有规划界限。这种情况虽然在短期内不会对经济发展造成不利影响,但是,随着土地资源的不断减少,工业预留用地将逐渐不能满足工业发展的需要,当遇到更好的项目时将会因为没有土地而错失发展良机。野鸡坨镇经济特别是工业经济取得了飞跃式发展,一批大项目已经或者即将上马,这些项目对经济发展将起到巨大推动作用。大项目、大企业往往要占用大量土地,而原有规划对工业经济规模、产业结构等因素估计不足,造成了建设用地增量有限,土地后备资源不足。特别是,野鸡坨镇位于几条重要交通要道汇集处,非常适宜发展物流产业,而物流又是大量占用土地的产业,未来几年,物流产业占用土地比现有工业园区总规模还要大,镇区土地已经不能满足发展的需要。

(2) 土地利用效率不高。土地利用粗放,耕地占用型的外延扩展现象在全国镇区建设中较为突出。导致这种现象的原因,除了一些体制上的因素外,主要由于新征用的土地成本较低,而旧镇区的改造成本较高,而乡镇级政府的财力有限,缺乏足够的能力与动力;此外,企业偏好于布局在交通区位较好的位置,而老城区未必与交通区位优越的位置重合,导致镇区不断向外蔓延。如前所述,与东部地区的建制镇相比,野鸡坨镇镇区人均用地明显偏高,表明其土地利用效率不高,土地挖潜工作还有很大空间。

(3) 用地结构不尽合理。镇区中的各种土地利用类型(包括工业用地、商住用地、基础设施用地、道路广场绿地等)之间存在一个合理比例范围,只有在这个范围内,镇区才能健康有序发展。野鸡坨镇镇区内各种用地的比例不协调,工业用地在镇区比例过高,土地利用率偏低。新建成区的绿化、道路等基础设施较为完善,但是商用服务设施、日常生活设施滞后,生活不便;老城区生活方便,但绿化、道路等公共基础设施不健全,"散、乱"布局没有得到根本改观。

四　镇区基础设施建设

基础设施是镇区发展的前提条件，也是镇区投资环境的重要组成部分。基础设施的滞后无疑会阻碍镇区的健康发展。随着野鸡坨镇经济的快速发展，政府在基础设施建设上的投资不断加大，镇区建设取得了显著成效。但是，在调查过程中发现，镇区建设尚存在诸多制约因素。

1. 镇区基础设施建设现状

（1）交通基础设施。交通基础设施对一个地区经济发展起到至关重要的作用，是投资环境的重要构成要素。野鸡坨镇近些年经济的快速发展是与其良好的交通区位密不可分的，为促进工业经济的发展，镇政府在交通基础设施方面投入了大量资金，近五年内投入近千万元，先后完成了原有道路的改造和园区支线道路建设等工程。2007 年，镇区范围内铺装道路总长度为 17 公里，其中水泥道路 13 公里，柏油路面 4 公里。未来五年，按照镇政府的规划，还将在镇区范围内铺装道路 3 公里，道路铺装及维护投入预计在 1000 万元以上。

（2）电力及通信设施。野鸡坨镇目前拥有 35 千伏安、40 千伏安的变电站各 1 座，可以满足工业园区的用电需要；镇区范围内居民电力覆盖率达到 100%，但由于各种原因，时有停电现象发生；有线电视接入用户 584 户，普及率达到 79%。信息时代的到来使网络与通信的作用日益凸显。镇政府所在地接入了中国网通提供的招商引资网，村村联通了网络。网络的不断普及提高了政府工作的效率，开阔了人民群众的视野，加快了该镇与外界信息资源的交流与共享。目前，全镇共有个人宽带网用户 58 户，宽带覆盖率为 8%；电话接入用户 696 户，电话普及率达到 94%，基本实现了户户通电话。

（3）科教文卫设施。科教文卫设施的完善是镇区功能提升、品位提高的表现。从发达国家的经验看，小城镇之所以能够起到扩散大城市人口的作用是因为：一方面，小城镇的教育、医疗、文化等设施水平与大城市没有太大差别；另一方面，小城镇拥有优美的自然环境、开敞的空间、良好的治安环境等优势。未来，野鸡坨镇要建成迁安市的河南区，就要吸引大量人口在此居住，从而对其基本公共服务能力提出了更高要求，因此，科教文卫设施建设是镇区建设的重要一环。目前，镇区范围内有绿地广场一座，面积 17.8 亩，为镇区居民休憩、娱乐提供了一个便利的场所。镇区内拥有藏书室 1 个，藏书3600 册，藏书多为农业技术、卫生防疫与科普读物，由于藏书量较少、管理不规范及借阅者自身素质有待提高等问题，图书室还不能为全镇居民服务。镇卫生院紧邻镇政府办公区，医疗水平与设施较好，除能满足本镇居民就医外，还为周边乡镇部分患者服务。

（4）其他基础设施。野鸡坨镇现有垃圾填埋场 1 座，专门为镇区范围内的居民与企业服务，年处理能力 4000 吨，基本可以满足镇区范围内的生活和工业发展需要。镇区范围内自来水供给依靠抽取地下水，自来水供给覆盖率已达 100%；居民主要能源为液化气，辅以煤、沼气、柴等，其中，沼气池供应率为 33%，建沼气池约 245 个；零售批发业不发达，镇区仅有商场 1 座，年交易量为 80 万元，商场规模较小、档次较低，尚不能满足镇区及全镇人民生活的需要，一些大型电器及高档产品需要到迁安市区购买。此外，镇区还拥有农业批发市场 1 个，年交易总额为 200 万元。

2. 镇区基础设施建设存在问题

第一，小城镇建设投融资渠道单一。目前我国实行的财税体制是分税制，镇一级财税体制仍然延用计划经济体制下的税收规则，没有真正成为一级完整的预决算财政单位。地方税收归县级财政所有，小城镇税收超收部分按一定比例分成，但县财政提取比例偏高，镇政府分成比例较低。镇政府除负担维持自身正常运转的各项支出外，还要承担很多落实上级任务所需开销，造成本已捉襟见肘的财政雪上加霜；即便是镇区可以筹集部分建设资金，但是由于缺乏规范管理和法制约束，管理较为混乱。

从全国小城镇建设投融资渠道来看，主要有以下两种方式：一是上级政府投入，即中央和地方政府投资。政府囿于财力限制，对小城镇镇区建设的投资很少，再加上行政垄断，县级政府用于县城的投资尚不足用，更不用谈分一杯羹给其他小城镇镇区建设了。二是信贷资金。中期信贷可以支持镇区的给排水系统、供电设施、通信设施和道路铺设，短期信贷可支持镇区的住宅建设、商业区和工业小区建设。但是，由于金融体制性障碍，用于镇区的贷款非常有限，加之镇区建设投资的公益性，资金回报率相对较低，企业、居民的投资更是微乎其微。[①] 据测算，镇区建设每平方公里的投入（包括基础设施、公用设施、服务设施等）至少需要 2.5 亿元，[②] 在当前的财政体制和经济发展水平下，镇政府在镇区建设上的投入力度还受"吃财政饭"状况的制约，资金短缺不利于镇区的健康发展。

目前，野鸡坨镇镇区建设资金全部是政府投资，投资渠道比较单一。镇政府资金来源主要有两条：一是向迁安市政府申请，由市政府批复一定的建设资金；二是镇政府通过税收返成等方式自筹一部分建设资金，不过数量相当有限。另外，镇政府除负担镇区建设投入外，还要对村集体公共服务设施给予一定补贴，例如，2007 年，镇政府为修建沼气池给农户每家补贴 200 元，村村通广播工程每户补贴 50 元，从而加剧了镇区建设资金的紧张。从其他投资主体情况来看，各类企业、个人参与镇区建设的投资很少，在吸引社会资本上缺乏有效的机制，无法调动社会闲散资金投入到镇区建设中来。

第二，文化、娱乐设施投入不足。镇政府投入大量资金主要用于促进工业园区发展的道路、电力设施、给排水网络等基础设施建设上，而对为广大老百姓生活提供服务的文化、娱乐、休闲设施的投入相对不足。主要原因在于政府要千方百计发展经济，在财力有限的情况下，只能将有限的资金用于工业基础设施建设。

第三，排水和污水处理设施落后。受镇级财力限制，镇政府在排水和污水处理设施方面投资较小，且主要为满足工业园区需要，居民生活区排水设施较为简陋。目前，全镇尚无一家集中污水处理厂，工业园区企业通过自建污水处理设施解决，居民生活污水则未经过处理

---

① 中国人民大学农业与农村发展学院和国家统计局农村社会经济调查总队：《中国小城镇发展报告（2005—2006 年）》，中国农业大学出版社 2006 年版。

② 成涛林、夏永祥：《小城镇建设的资金问题》，载《小城镇建设》2003 年第 6 期。

就排入低洼处或沟渠中，这种情况很容易造成对地面径流和地下水的污染。

第四，环境卫生设施建设滞后。虽然镇区内已设置了环卫队，但仅有 5 人，要负责全镇的卫生清扫工作，工作强度较大。环卫队的主要服务范围在工业园区与镇政府周围，居民区则是以街为市，车辆人流较多，道路尘土飞扬，环卫工作难度很大。居民区生活垃圾主要采取露天堆放、简易处理方式，堆放无序，固体垃圾收集率和无害化处理率还有待提高。另外，镇区内公厕较少，且多为旱厕，卫生条件有待改善。

五 镇区工业园区建设

园区是城镇发展的有效载体。有条件的镇区建设高标准、具有特色的工业园区，将有利于降低企业生产成本，推动相关企业合理集聚，获取集聚规模效益，并为企业发展创造良好的环境，促进镇域经济更好更快发展。依托镇区发展工业园区，同时借助工业园区的壮大推动镇区发展，这是加快镇区建设的一条有效途径。工业园区建设和镇区发展之间具有很高的关联度，二者具有高度的趋同性、紧密的互动性、相互约束性以及和大中城市相接轨的战略协同性。①

目前，野鸡坨镇镇区已与工业园区发展融为一体，工业园区在镇区建设中占有举足轻重的地位。镇党委与政府对园区的发展非常重视，不断加大对园区的投入力度，基础设施日臻完善，工业园区在迁安甚至唐山镇级园区中均处于前列。

园区经济发展势头良好，经济效益显著。截至 2007 年底，累计完成基础设施投资 3000 万元，园区面积达到 2000 亩，已入驻园区的有冀东草业公司、精诚耐火材料厂、海鑫灯饰厂等 11 家企业，总投资累计达 5.75 亿元，实现年产值 15 亿元，利税 1.2 亿元。镇财政收入从 2001 年的 168 万元迅速增加到 2007 年底的 1.2 亿元。六年间，

---

① 冯雅琴：《工业园区建设与小城镇发展统筹互动的思考》，载《资料通讯》2004 年第 1 期。

园区实现了跨越式的发展。2008 年，龙泰公司 50 万吨精密冷轧薄板二期、燕山钢铁公司 250 万吨轧材项目、龙泰公司镀锌、镀锡板项目将启动，一系列大项目的启动、建成投产将为工业园区的发展注入源源不断的动力。高速铁路客运站的启动有望为工业园区发展带来良好的发展契机，园区将在原有的基础上继续向外延伸，面积扩大 1000亩，目标是依托交通优势规划建成面向京津、连接华北的区域性物流中心。

表 8—4　　　　　2007 年野鸡坨全镇和园区工业发展情况

	企业数量（个）	工业增加值（亿元）	工业总产值（亿元）	平均每个企业实现增加值（万元/个）
全镇	71	6.22	—	873
工业园区	20	3.56	15	2100

注：园区工业增加值数据系按照全国 27% 的工业增加值率与工业总产值相乘进行估算。

2007 年，野鸡坨镇共有工业企业 71 家，全镇完成工业增加值 6.22 亿元，平均每个企业完成工业增加值 873 万元。相比较而言，园区完成工业总产值 15 亿元，按全国 27% 的工业增加值率估算，实现工业增加值约为 3.56 亿元，平均每个企业实现工业增加值约为 2100 万元，是全镇平均水平的 2.4 倍（见表 8—4）。目前，园区工业产出占全镇的比重接近 60%。随着一些大项目的相继投产，园区工业的集聚程度还将会进一步提高。这说明，工业园区对镇域经济的带动作用较强，园区引进的工业项目规模较大，有利于提高镇域整体工业经济效益，促进工业结构优化。

六　相关政策建议

野鸡坨镇镇区建设存在着诸多亟待解决的问题，从某种意义上说，这些问题也是全国其他地区小城镇镇区建设必须面对的。当前，全国其他地区一些小城镇已经开始了探索镇区建设改革的实践，其中不少做法还是很有成效的。但必须看到，这些问题的解决是一项复杂的系统工程，非一日之功，需要上级政府和社会各界不断的努力。在此，针对野鸡坨镇镇区建设中存在的问题，结合全国其他地区小城镇体制改革的经验，我们提出了促进镇区建设的一些具体政策措施，以期对指导野鸡坨镇及全国其他地区小城镇镇区建设提供有益借鉴。

1. 加强镇区建设的规划管理

规划管理在镇区建设中具有重要意义。如果编制的规划具有科学性，且能够得到有效贯彻实施，就可以保障镇区建设朝着规范、健康、科学的方向前进，促进镇区经济、社会、生态的可持续发展，在最大限度上突出镇区特色、塑造镇区形象。为此，要着力抓好以下三个方面工作：

第一，规划编制要体现科学发展的理念。镇区规划要体现以人为本的基本理念，按照促进人的全面发展的要求，从产业发展、扩大就业、人居环境、社会保障、公共服务等方面进行编制。要充分考虑资源环境的承载能力，从本地区土地资源、水资源、生态环境等的承载能力出发，处理好当代与后代、本届政府任期目标与增强可持续发展能力的关系，不能以损害后代人的发展为代价。规划要统筹兼顾，协调好各方面的利益关系，尤其是经济与社会发展相协调，工业发展与生态环境建设相协调，镇区建设与周边村庄相协调，等等。

第二，突出规划特色和前瞻性。规划不仅要符合本镇的实际情况，突出本镇特色，还要具有前瞻和战略眼光，要在更广阔的范围内考虑资源配置问题，明确本镇的战略定位和发展方向。因此，要求规划制定者具有战略的眼光和敏锐的洞察力，能够把握区内外、国际国内的机遇与挑战，准确把握本镇的发展方向。

第三，强化规划实施的组织保障。要加强组织决策，全力保障规划实施；科学地进行机构设置，明确职能和任务；完善工作制度，建立各项保障措施，包括成立专门的机构，负责规划监督；建立沟通协调制度、调研督察制度、联络员制度，成立专家顾问组；等等。

2. 促进政府管理向社会公共事务管理转变

中国镇政府管理体制基本上还是20世纪80年代建立的乡政府管

理体制，沿用传统乡政府的职能，即发展地方经济、搞好计划生育、维护农村稳定等。现行镇区管理体制存在着管理僵硬、政府结构松散、组织功能弱化、社会管理缺位、事权与财权不对称、政府官员缺乏责任心等问题，这些问题成为推进镇区发展的瓶颈。以上种种问题归根结底是因为目前的小城镇政府的职能不适应经济和社会发展的需要，还未根本上实现从"管理型政府"到"公共服务型政府"的转变。但是，小城镇政府管理体制受到现行国家的行政体制改革、法律法规完善、人民群众适应程度和地域差异等诸多方面因素的影响，并非小城镇自身可以解决。因此，小城镇管理体制改革的目标就是要使政府管理职能从单纯的经济管理转移到搞好城乡社区服务上来，转移到更多的关注民生问题上来，转移到为民营经济和居民生活创造良好的投资环境和社会环境上来，转移到加快城镇管理人员队伍建设上来，转移到提高城镇建设的决策管理水平和依法行政上来。

3. 加快推进建设用地制度改革

要加快推进土地使用制度改革，积极盘活存量建设用地。加大土地收益在镇区建设资金中的比例，提高对镇区国有存量建设用地出让、租赁收入的返还力度，所得收入用于镇区基础设施建设投资。鼓励集体经济组织将集体土地的收益用于发展第二、第三产业，参与镇区建设。加大镇区建设用地有偿使用力度。对商业、金融、娱乐、服务、旅游等经营性项目用地，特别是沿街的经营性用地，采用公开招标、拍卖方式出让或租赁供地；对房地产开发用地，一律实行招投标、拍卖方式出让供地。完善集体土地使用权流转制度，为镇区建设使用集体土地创造较为宽松的环境。在符合土地利用总体规划的前提下，允许不同经济组织之间按照"等质等量、就近方便"的原则进行土地调整交换；允许农村集体农用地在不改变性质的条件下，以转包、互换、入股、租赁等形式依法流转；允许集体经济组织用镇区规划区内已经依法取得的集体非农建设用地，以入股、联营、租赁的形式兴办企业，进入经营性公益事业和基础设施项目建设。为鼓励农村居民点向镇区集中，对搬迁至镇区的农户，其建房占用集体土地不超过规定标准面积，且原宅基地已复垦的，免征耕地开垦费、农业重点开发建设资金和土地有偿使用费。简化集体土地报批手续，可由省分批次集中办理市、县人民政府的具体供地。

4. 加快镇区户籍制度改革

积极开展小城镇户籍管理制度改革。实行凡在镇区有合法固定的住所、稳定的职业或生活来源、实际居住在镇区的人员，可办理镇区常住户口。落实进镇落户农民土地使用、流转政策。对一户在农村只有一处不超过标准宅基地的进镇落户农民，保留土地承包权，并承担相应的税费义务；对承包地和自留地，可以继续耕种，也可以根据自愿的原则，依法转包他人经营，或一次性折价分年补偿，或折成股份转入集体经济组织，按股分红；对进镇农民原有土地分红及福利待遇等，应实行过渡性政策，保证其利益不受影响。同时，要制定子女入学、社会保障等方面的优惠政策，吸引更多的农民进镇参与镇区建设。此外，要进一步改进工作方法，简化办理落户手续，提高工作效率。[①]

5. 推进小城镇投融资体制改革

在现行的分税制体制下，镇级政府没有独立财权，税收分成比例偏低，这一状况已成为制约镇区发展的重要因素，为此，国内许多地区已经开始了突破镇区建设投融资瓶颈的探索，例如浙江省的小城镇投融资体制改革成效斐然。[②] 推进小城镇投融资体制改革，是破解镇区建设资金瓶颈、加快镇区发展的重要手段。小城镇投融资体制改革主要从三个方面展开：一是充分发挥市场机制在资源配置中的基础性作用，对城镇公益设施和公共资源进行市场化营运，从中获取收益，促使城镇建设投入市场化；二是要广泛聚集民间资金，推进投入社会化；三是广泛吸引域外资金投入镇区各项建设。

主要措施有：第一，盘活城镇土地聚资。采取拍卖、招标和协议的方式，出让土地积累资金，并用行政和经济手段控制城镇建设对土

---

① 江苏省人民政府：《江苏省政府关于推进小城镇建设加快城镇化进程的意见》，南方网（www. southcn. com），2005 年 3 月 11 日。

② 陈剩勇、张丙宣：《强镇扩权：浙江省近年来小城镇政府管理体制改革的实践》，载《浙江学刊》2007 年第 6 期。

地的占用，实行土地有偿使用，最大限度地发挥土地的经济效益，促进城镇建设以地生财，滚动发展。第二，对镇区内部分公益设施实行统一管理，公开拍卖，放开经营，变无形资产为有形资产。第三，实行市政资源有偿使用活资。有条件的地方可以对城镇给排水和排污设施实行合理计价，按受益对象的使用率收取有偿使用费，获得收入可用于城镇基础设施建设。第四，鼓励和引导民间投资进入。依靠社会的力量推动城镇发展，通过制定优惠政策，鼓励民间投入；采取改革审批程序，改革户籍制度，不限身份、不限户籍、不限资金来源、不限建房面积、不限企业性质的政策，积极鼓励全社会广大农民、干部职工和个体私营业主到镇区建房置业、兴办企业，加大对城镇基础设施建设和房地产市场的消费投入；按照"谁受益，谁投资"的原则，发动广大干部群众集资进行市政设施开发建设。① 第五，积极引进外地资金，实现镇区建设投入的外向化。通过改善县内投资环境，参与各类招商引资活动，吸引发达地区的投资参与到镇区建设中来；对于重点工程项目要积极向省、国家申报，争取纳入到国家计划中去；另外，积极申请世界银行和国家信贷资金，投入到城镇基础设施建设。

---

① 刘凯：《关于边远山区建设新型小城镇的思考》，巴中市政府网站（www.cnbz.gov.cn），2008 年 10 月 20 日。

第九章

野鸡坨镇专业村的发展

随着生产力的不断发展，中国农村的社会化分工在不断细化和深化。在社会化分工的大背景和改革开放的大环境中，一个个传统自然村庄正在或已经发展成为具有一定生产规模和专门行业特色的新型经济村庄——专业村。本课题组向野鸡坨镇全部 21 个行政村发放了《中国社会科学院国情调研项目：野鸡坨镇专业村发展专题调查》调查问卷共 21 份，回收有效问卷 21 份。经过实地调查、数据整理和资料分析，本报告选取 11 个专业村作为研究对象，对该镇专业村的类型与分布、发展特点与问题、形成机制、组织载体等进行全面分析，并在此基础上提出了促进该镇专业村发展的若干政策建议。

一　专业村的识别与选取

为了准确地识别与选取研究对象，本课题组做了大量的前期工作，包括预备调查、座谈会、问卷调查、实地调查、文献检索、理论探讨等。

（一）对野鸡坨镇专业村的调查方法

在对野鸡坨镇实地调研之前，本课题组进行了预备调查。主要方法是从迁安市政府、野鸡坨镇政府等官方网站上搜索有关野鸡坨镇专业村或"一村一品"的资料数据。从预备调查中得到的主要信息是野鸡坨镇的专业村发展速度较快、发展水平较高，专业村类型较多、农民专业合作组织较活跃，其形成机理和发展历程等在迁安市乃至河北省都具有典型性和代表性。

在进行问卷调查和实地调查之前，课题组还听取了野鸡坨镇党委和政府领导关于专业村发展的相关介绍，进一步了解到野鸡坨镇的专业村具有"能人经济"效应明显等特点，迁安市政府对专业村的形成和发展给予了大力支持。野鸡坨镇党委和镇政府高度重视和配合此次调研，镇党委书记、副书记、镇长等主要领导出席了座谈会，并对本课题组所提的问题进行了详细解答，为专业村的调研提出了较好的建议。

为了获得更深刻、更翔实的资料，在上述预备调查所获得的基本信息的基础上，本课题组进一步做了问卷调查，量身定做了一个调查表——《中国社会科学院国情调研项目：野鸡坨镇专业村发展专题调查》，参见本章附表9—1。出于对该镇的专业村全面了解的目的，我们采取了普查的方法，2008年3月对该镇21个行政村都发放了调查问卷。由镇党委副书记牵头，组织各村党支部书记、村长、会计到镇政府集中填写相关表格，高效率地完成了任务。本课题组发放调查问卷共21份，回收有效问卷共21份，回收率达到100%。

为了进一步增强感性认识和摸清情况，课题组在镇领导的建议下，选取了若干典型的专业村进行重点调查。我们走访了当地从事专门行业的农户和企业，先后对朱庄子的核桃加工贩运业、小杨官营的生猪屠宰贩运业、野鸡坨村的商贸物流业、宋庄的蛋鸡养殖业、大山东庄的豆片加工业等进行了重点调查。通过与专业户、企业主、雇员等有关人员的深入交谈，以及对加工车间、屠宰场、养鸡场、作坊等的细致观察，我们掌握了较为准确、生动、全面的第一手资料。

此外，2008年4月各个行政村通过镇政府向本课题组转发了电子版的书面材料，主要是对专门行业的一些总结性或补充性资料。这些材料可以使我们的调研更为全面、准确，以资校正个别数据之用。

（二）野鸡坨镇专业村的识别标准

为了准确识别和选取研究对象，在第三章对专业村的本质内涵进行界定的基础上，本章将对专业村的识别标准再做进一步探讨。对于专业村的识别标准可以是多元化的，以便适合于多种类型的专业村，但多元化的识别标准之间要保持协调性。在选用识别标准时，既要考虑到能够反映当地的实际情况，又要尽可能地降低调研者的操作难度。在当前的经验研究中，用于识别专业村的某些指标可能存在一些局限性：第一，在理论层面，这些指标能不能反映专业村本质内涵的问题。例如，种植面积占比这个指标只适用于描述从事种植业等传统的专业村类型，而不适用于描述养殖业、农产品加工、交通运输等新兴的专业村类型；户数占比这个指标也只适用于描述以户为单位的"个体经济"等传统的分散化经营方式，而不能准确地描述存在着雇佣劳动或劳动协作的私营经济、股份合作等新兴的规模化经营方式。第二，在操作层面，获取这些指标数据的难度大小问题。例如，收入占比这个指标在一定程度上反映了专业村的劳动专业化分工的本质内涵，但也可能因为收入涉及个人隐私而影响到实际调查中的数据可获得性和准确性。第三，在研究层面，这些指标的标准设置是否科学的问题。如果标准设置过低，则容易混淆非专业村与专业村的基本区别，以至于丧失了对专业村进一步深入探讨的研究意义；如果标准设置过高，则可能会将发展潜力较大的"专业村雏形"排除在外，以至于错失了对专业村形成机理等重要问题的研究机会。

基于第三章对专业村本质内涵的界定和上述对专业村识别标准的进一步讨论，结合野鸡坨镇的实际情况，本章在识别和选取专业村时所采用的具体标准是：在社会化大分工背景下，在一个村庄内部或相邻几个村庄，大部分村民围绕某种相同或相关的行业，在采购、生产、运输、销售等环节进行必要的分工和协作，形成具有一定经济规模和产业特色的专门行业，其中从业人员占全村劳动力比重超过40%的称之为"专业村"，比重在30%—40%之间、发展潜力较大、并且该专门行业代表了该村今后发展方向的称之为"准专业村"。

（三）野鸡坨镇专业村的选取结果

按照上述专业村和准专业村的本质内涵与识别标准，分别选取武各庄、大杨官营、仓库营、小杨官营、朱庄子、西周庄 6 个专业村，以及爪村、大山东庄、宋庄、野鸡坨、张都庄 5 个准专业村作为研究对象。研究对象的识别标准与选取结果，如表 9—1 所示。根据本章采用的识别标准所得出的结果与迁安市政府和野鸡坨镇政府所认定的"专业村"或"一村一品"专业村是基本一致的。

表 9—1　　野鸡坨镇专业村的识别标准与选取结果（2007 年）

专业村类型	行政村	专门行业	全村劳动力人数（人）	专门行业从业人员数（人）	专门行业从业人员占全村劳动力的比重（%）
准专业村	爪　村	交通运输	3086	952	30.8
	大山东庄	交通运输	840	260	31.0
	宋　庄	蛋鸡养殖	736	230	31.3
	野鸡坨	商贸物流	1259	410	32.6
	张都庄	球团、塑钢加工	1255	466	37.1
专业村	武各庄	废品收购	826	360	43.6
	大杨官营	劳务输出	1564	700	44.8
	仓库营	交通运输	589	400	67.9
	小杨官营	生猪屠宰贩运	650	480	73.8
	朱庄子	核桃加工贩运	754	580	76.9
	西周庄	劳务输出	248	225	90.7

注：1. 专门行业是以产值计算的本村主要行业。

2. 小山东庄村 2007 年选矿业的就业比重达到 40.5%，但从业人员只有 32 人、专门行业的经济规模太小，故未列为本报告的研究对象。

3. 本表与表 3—2 关于野鸡坨镇专业村的个数略有差异。表 3—2 的数据来自迁安市各乡镇关于"122"富民工程摸底情况调查表（2007 年 8 月上报），采用的选择标准较为宽松；而本表的数据来自本课题组的最新调查问卷（2008 年 3 月调查），采用的选择标准更为严格。

资料来源：根据本课题组的调查问卷《中国社会科学院国情调研项目：野鸡坨镇专业村发展专题调查》（2008 年 3 月）整理；再根据各村提供的书面材料（2008 年 4 月）对个别数据进行校正。

二 专业村的类型及分布

为了更方便地对专业村和准专业村的空间分布、发展特点、形成机理等重要方面进行深入研究，并为制定分门别类的支持政策奠定科学基础，有必要对 11 个专业村和准专业村进行类型划分。

（一）专业村和准专业村的类型划分

根据研究的不同需要，可以从不同的角度，根据不同的标准将专业村和准专业村划分为不同的类型。

1. 按三次产业属性划分

按照三次产业属性，可将专业村归为三大类型，即第一产业、第二产业、第三产业，具体划分如表 9—2 所示。这种划分方法比较粗略，但却能清晰地反映专业村在三次产业中的分布情况，有助于判断区域产业结构的演变方向。野鸡坨镇原来是一个以传统农业为主的乡镇，第一产业在镇域经济中占主导地位。但自改革开放以来，野鸡坨镇在不断地调整产业结构和优化产业布局，尤其是进入 21 世纪以来，专业村和准专业村的发展呈现出良好势头，大大地改变了原来的以传统农业为主导的发展格局。从表 9—2 可以看出，专业村和准专业村在三次产业中分别有 1 个、3 个、7 个，总体上呈金字塔形的分布结构。再结合表 9—1 可以看出，从事第一产业的村庄其劳动力占总人口比重相对偏低，如宋庄就仍属于准专业村的范畴；而劳动力比重相对较高、经济发展规模较大的专业村都分布在第二、第三产业。从专业村和准专业村在三次产业的分布数量及其专业化规模两个方面综合判断：野鸡坨镇已经由以传统农业为主的单一型乡镇转变为以第二、第三产业为主的综合型乡镇，并且随着专业村的进一步繁荣和发展，第二、第三产业的比重还将进一步提高。通过培育和发展专业村，野鸡坨镇成功地调整和优化了产业结构，这对唐山市乃至环渤海地区的农业乡镇都具有一定示范意义。与野鸡坨镇发展条件相似的乡镇，也可以根据各自的历史基础和发展现状等，创造条件培育和发展专业村以及准专业村，以便实现产业结构的转型与升级，更好地将资源的比较优势转化为市场的竞争优势。

表 9—2　　　　　　　　按三次产业属性划分的专业村类型

类型	专业村	准专业村
第一产业		宋庄
第二产业	小杨官营、朱庄子	张都庄
第三产业	武各庄、大杨官营、仓库营、西周庄	爪村、大山东庄、野鸡坨

资料来源：根据《中国社会科学院国情调研项目：野鸡坨镇专业村发展专题调查》整理。

2. 按行业性质划分

可将专业村和准专业村分为七种类型，即养殖型、农产品加工型、工业产品加工型、废弃资源和废旧材料回收型、商贸物流型、交通运输型、劳务输出型，具体划分如表 9—3 所示。这种分类方法更为细致，可以为我们清晰地描绘出专业村的行业属性。野鸡坨镇过去未能充分利用较好的农业资源条件、较丰富的劳动力资源以及优越的交通区位条件等比较优势来发展专门特色产业。近年来，迁安市委、市政府出台了若干支持专门行业发展的政策措施，通过镇党委和镇政府的努力，野鸡坨镇专业村、准专业村蓬勃发展起来了。从表 9—3 可以看出，野鸡坨镇的专业村和准专业村主要分布在农产品加工、交通运输、劳务输出三种类型上。通过发展专业村或准专业村，野鸡坨镇逐步地发挥了农业基础、资源禀赋、交通区位等比较优势，较好地实现了从传统种植业到其他行业的转型。

表 9—3　　　　　　　　按行业性质划分的专业村类型

类型	专业村	准专业村
养殖型		宋庄
农产品加工型	小杨官营、朱庄子	
工业产品加工型		张都庄
废弃资源和废旧材料回收型	武各庄	

类型	专业村	准专业村
商贸物流型		野鸡坨
交通运输型	仓库营	爪村、大山东庄
劳务输出型	大杨官营、西周庄	

资料来源：根据《中国社会科学院国情调研项目：野鸡坨镇专业村发展专题调查》整理。

（二）专业村和准专业村的空间分布

从空间分布来看，除个别专业村外，大多数专业村和准专业村都分布在交通要道沿线或交通枢纽附近。2007 年，野鸡坨镇各专业村和准专业村的具体分布，如图 9—1 所示。从图 9—1 可以看出，在交通干线交汇点及其附近分布有野鸡坨、武各庄两个专业村，前者地处京沈高速公路迁安站、102 国道、平青大公路、野兴公路的交汇点，同时也是镇政府所在地；后者则临近京秦铁路和野兴公路交汇点。在京秦铁路两侧自西向东分布有朱庄子核桃加工贩运专业村、西周庄劳务输出专业村、武各庄废品回收专业村、大山东庄运输专业村。在平青大公路沿线自北向南分布有爪村运输专业村、大杨官营劳务输出专业村、野鸡坨商贸物流专业村。在京沈高速公路两侧自西向东分布有小杨官营生猪屠宰贩运专业村、仓库营运输专业村。只有宋庄蛋鸡养殖专业村和张都庄球团塑钢加工专业村离交通要道的距离相对较远，与这两个专业村距离最近的就是平青大公路。

从图 9—1 还可以发现一个有趣的现象，这些专业村和准专业村在整体上呈现出扇形环状分布：扇心为镇政府所在的野鸡坨商贸物流准专业村；大约同等半径的第一环分布有小杨官营屠宰贩运专业村、仓库营运输专业村；第二环为朱庄子核桃加工贩运专业村、西周庄劳务输出专业村、武各庄废品回收专业村、大杨官营劳务输出专业村、张都庄球团塑钢加工准专业村、宋庄蛋鸡养殖准专业村；第三环则分布有爪村运输准专业村、大山东庄运输准专业村。其原因主要是野鸡坨镇的政区形状如同一个左上角破损的扇形，各行政村原本就大致呈扇环分布。扇心所在地不仅是野鸡坨镇对外联系的窗口，而且是整个迁安市对外开放的南大门，加上又是镇政府所在地，这些有利条件为

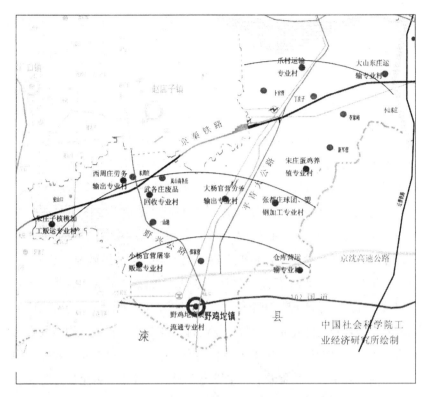

图9—1　野鸡坨镇专业村和准专业村分布图

其发展成商贸物流专业村奠定了良好的基础。

三　发展专业村的意义和作用

专业村是社会专业化生产的一种表现形式，它对于提高农村的社会生产力具有重要意义。发展专业村不仅可以增加就业机会，还可以直接增加农民纯收入、集体收入和财税收入，对加快农村经济社会发展具有重要作用。从野鸡坨镇的实践来看，专业村的意义和作用主要表现在以下六个方面：

第一，专业村的发展有利于增加农村就业，加快剩余劳动力转移。专业村通过专门行业的发展，可以增加就业岗位，进而促进剩余劳动力转移。一般的说，农村剩余劳动力转移有两种方式：一是部门转移，即从传统种植业转移到其他行业；二是空间转移，即到域外去寻找新的职业。随着专业村的发展，越来越多的剩余劳动力不用出村就可以找到合适的就业岗位，在当地实现了部门转移。从表9—4可以看出，各专业村和准专业村专门行业吸纳的就业人数占全部劳动力的比重较高。2007年，野鸡坨镇专业村和准专业村的主要专门行业吸纳劳动力就业共4893名，约占全镇劳动力总数的四分之一；如果加上非专业村的专门行业吸纳劳动力，则共有6674名，约占全镇劳动力总数的三分之一。这说明专业村和准专业村吸纳当地劳动力就业的能力是比较强的。相对空间转移而言，通过发展专业村在当地实现的部门转移可以节约更多的运输成本、时间成本、信息成本、心理成本以及其他社会成本，从而更有利于加快农村剩余劳动力的转移。

第二，专业村的发展有利于促进农民增收，提高镇政府财税收入。首先，相对于非专业村而言，专业村带动农民致富的能力更强。从表9—4可以看出，野鸡坨镇21个行政村中，2006年，农民人均纯收入前十名的有7个是专业村或准专业村，专业村和准专业村农民人均纯收入的算术平均值是5000.4元，比非专业村高出162.1元。2007年，农民人均纯收入前十名中有7个是专业村或准专业村，并且前六名全部是专业村或准专业村，专业村和准专业村农民人均纯收入的算术平均值是6981.2元，比非专业村高出409.7元。其次，相对于非专门行业而言，专门行业促进农民增收的能力也更强。例如，爪村运输专业村，2007年运输业从业人员只占全村劳动力的30.8%，但其总收入达2100万元，占全村总收入的80.7%。最后，由于专业村和准专业村大都分布在第二、第三产业，对财税收入的带动能力也较强。随着我国农业税收的全面取消，专业村和准专业村的发展对增加镇政府财税收入将起到越来越重要的作用。但由于专业村和准专业村的专门行业都是个体户或私营企业，所以对增加村集体收入的作用不是很明显。

第三，专业村的发展有利于调整农业结构，促进三次产业的协调发展。一般说来，专门行业的发展更有利于科学技术的应用和推广、产业链条的延伸以及产品附加值的提高，因而有利于提高产业结构的高度化水平。野鸡坨镇曾是一个典型的农业大镇，三次产业比例不太协调，第一产业比重偏大，其中传统粮食种植业比重又比较大。随着专业村的不断发展，野鸡坨镇的农业比重已经大幅下降，2007 年三次产业的产值结构演进为 9.7∶54.9∶35.4。同时，野鸡坨镇三次产业的内部结构也在发生变化：农业的内部结构中，传统种植业的比重进一步下降，设施农业、特色养殖业的比重不断提高；工业内部结构由简单的铁矿采选延伸到铁矿冶炼等技术含量和产品附加值较高的行业；服务业由传统餐饮业拓展到商贸物流等现代服务业。如前所述，野鸡坨镇的专业村在三次产业上呈现出"金字塔形"的分布结构，这意味着第二、第三产业的比重还将进一步提高。

表 9—4　　　　**野鸡坨镇各村就业和收入情况（2007 年）**

类型	村庄名称	专门行业吸纳就业人数（人，%）		农民人均纯收入（2006 年，元）		农民人均纯收入（2007 年，元）		增加集体收入（万元）
		绝对值	就业占比	绝对值	排名	绝对值	排名	
非专业村	新军营	0	0	4807	16	6686	16	
	丁庄子	0	0	4756	19	5970	21	
	岚山高各庄	40	4.6	4854	14	6920	9	5
	山港	213	18.5	4802	18	6385	18	
	邵家营	270	25	4952	2	5995	20	
	安山口	120	26	4915	10	6420	17	35
	卜官营	400	26	4940	5	6936	7	75
	东周庄	260	26.8	4884	12	6900	10	100
	李家峪	276	29.5	4807	17	6803	13	
	小山东庄	32	40.5	4666	21	6700	15	
准专业村	爪村	952	30.8	4921	8	7000	5	13
	大山东庄	260	31	4858	13	6860	12	
	宋庄	230	31.3	4706	20	6700	14	
	野鸡坨	410	32.6	4933	6	8074	1	35
	张都庄	466	37.1	4948	3	6050	19	
专业村	武各庄	360	43.6	4846	15	6923	8	
	大杨官营	700	44.8	4915	11	6862	11	
	仓库营	400	67.9	4923	7	7250	2	
	小杨官营	480	73.8	6091	1	7091	3	
	朱庄子	580	76.9	4918	9	7023	4	
	西周庄	225	90.7	4945	4	6960	6	

资料来源：根据本课题组的调查问卷《中国社会科学院国情调研项目：野鸡坨镇专业村发展专题调查》（2008 年 3 月）和《迁安市国民经济统计资料》（2006 年）汇总。

第四，专业村的发展有利于集约利用土地，优化农村产业布局。传统粮食种植业受土地资源状况的制约特别明显，因而处于较低水平的匀质分布状态。而专业村的专门行业可以更有效率地利用土地资源，产业布局也更加灵活自由。野鸡坨镇目前的 11 个专业村和准专业村，基本上属于点—轴式的空间布局，即以专业大户为点，以交通要道沿线为轴，土地资源得到更有效的集约利用、节约利用，单位土地面积的产出率大大地提高了。随着专业村的孕育和发展，野鸡坨镇的整体产业布局还将进一步得到优化。

第五，专业村的发展有利于改变农村的生产生活方式，促进小城镇建设。随着专业村的发展，越来越多的农民从单纯的农业生产中分离出来，从事第二、第三产业。第二、第三产业中的专门行业发展，一方面要求生产要素加快流动和集中，使农村生产方式由分散化经营逐渐向规模化经营转变；另一方面又要求农民的思想观念和行为习惯等发生变化，使传统农村生活方式不断向现代城镇生活方式转变。农村生产方式和农民生活方式的改变，为乡村城镇化提供了必要条件。专业村发展与小城镇建设构成了一种对立统一的关系，即在地理空间关系上此进彼退，但在经济社会关系上却相互关联。近年来，随着野鸡坨商贸流通专业村的发展，野鸡坨镇的小城镇建设取得了较快的突破。1995 年，野鸡坨镇成为迁安市的四个省级试点小城镇之一。尤其是经过近五年的快速发展，野鸡坨镇的小城镇面貌已经焕然一新，小城镇建设走在了迁安市、唐山市乃至河北省的前列。

第六，专业村的发展有利于塑造村庄品牌形象，增强企业市场竞争力。对于外面的人来说，专业村就是一个整体，各个企业或农户共同打造一个良好的村庄品牌形象。专业村作为参与社会化大分工的共同体，从事着相同产品的生产、加工、销售，形成往往不是村庄内某个产品的知名度或者品牌，而是以村庄命名的产品或行业。[1] 因此，通过整体的形象塑造，对于单个企业或农户增强市场竞争力有着非常重要的作用。例如，中关村的电子产品就是通过打造整体品牌形象来

---

① 陈建胜：《分工、市场、合作——基于浙江专业村发展路径研究》，载《中外企业家》2007 年第 12 期。

增加企业知名度和增强市场竞争力的。据调查，野鸡坨镇的专业村和准专业村在打造产品的品牌形象方面做得还不够，目前尚未形成自己的名牌产品。但是通过整体形象的塑造，在一定程度上弥补了这种缺陷。例如，朱庄子核桃加工贩运村，就是作为一个整体打入国内市场，甚至是部分优质产品已经进入俄罗斯、日本等国际市场，通过打造村庄整体的品牌形象，增强了市场竞争力。

四　专业村的发展特点与问题

（一）专业村和准专业村的发展特点

经过调查研究，我们认为野鸡坨镇专业村和准专业村的发展具有以下四个突出特点：

第一，经营主体都是个体户或私营企业。野鸡坨镇现有的 11 个专业村和准专业村的专门行业中的经营主体都是个体户或者私营企业，没有一家是集体企业、国有企业或三资企业。其原因是：专业村是由部分农民自发形成的；在专业村发展规模比较小的时候，几乎没有可能成为国家重点投资项目；在迁安市目前整体对外开放水平较低的情况下，外资企业也难以进入其专门行业；集体企业虽有可能成为专门行业发展的企业组织形式，但历经经济体制改革和企业改制后，村办的集体企业逐步转型。实践表明，个体户或私营企业的形式比较灵活，比较适合于专业村发展初期的需要。

第二，资金筹措以自筹或互借为主。绝大多数专业户主要靠自筹资金或者在亲戚朋友之间互借。大多数专业村自筹资金所占比重都在80%以上，个别专业村自筹资金甚至高达100%，如宋庄蛋鸡养殖专业村、武各庄废品收购专业村、小杨官营屠宰贩运专业村等。只有少数专业村贷款资金的比例较大，如朱庄子核桃加工贩运专业村的自筹资金只占40%，而贷款资金约占60%。所以出现这种情况，主要有两个原因：一是综合考虑到借贷的信用等因素，我国银行偏好于把资金借贷给大型企业；二是相对集体企业、国有企业等而言，专业户所需的资金投入较少，部分资金筹措可以通过自筹或互借来解决，从而可以节省支付银行利息。

第三，"能人经济"效应比较明显。据调查，野鸡坨镇的11个专业村和准专业村都有致富带头人，在管理、技术、信息等方面示范带头，对专业村的形成和发展具有举足轻重的作用。经济能人往往能够突破传统的经济发展模式，率先从事专门行业，利用先进的管理技术带头致富，然后通过言传身教带动其他村民发展，由此形成"一户带多户"、"多户带全村"、"一村带多村"、"多村带全镇"的滚动发展模式。例如，宋庄蛋鸡养殖专业村就是在老党员张棉的带动下发展起来的，到2007年底全村已有100多户从事蛋鸡养殖，并且宋庄的蛋鸡养殖还带动了周边新军营、李家峪等几个村的规模养殖业的发展。从野鸡坨镇专业村的发展实践来看，经济能人的示范性作用非常突出。

第四，可供后备选择的专门行业较多。野鸡坨镇目前的专业村和准专业村大多是"一村一品"形式。但也有些专业村，除了主要的专门行业外，还有一些发展潜力较大的其他行业，具有"一村两品"或"一村多品"的特点；甚至某些非专业村也有一些发展潜力较大的专门行业。较多的后备专门行业，为孕育和发展新的专业村奠定了较好的产业基础。例如，李家峪的糕点加工、卜官营村的生猪规模养殖、大杨官营的花生米贩运、山港的棉花贩运、大山东庄的豆片、丁庄子和爪村的豆腐加工、岚山高各庄的林果业、生态旅游、铁精粉采选等专门行业的经济效益可观，发展前景较好。

（二）专业村和准专业村发展存在的问题

据课题组的调查，野鸡坨镇目前的专业村和准专业村存在以下三个普遍性问题：

第一，资金筹措较为困难。随着产业发展规模的扩大，专门行业所需的资金投入也越来越大，一些专业户面临较大的资金缺口。据本课题组调查，爪村、朱庄子、大杨官营、张都庄等专业村或准专业村都存在一定程度的资金运转困难。一些非专业村的专门行业也存在同样的资金筹措难题，如邵家营的矿渣运输业等。目前，单靠自筹或互借已不能满足专业户进一步扩大专门行业产业规模的需要。但当前信贷措施还不够完善，对专业户的信贷支持力度尚不能满足不断扩大的资金需求。

第二，专业技术人员不足。野鸡坨镇的专业人才相对较少，2006年，乡村从业人员16472名，其中有高中、中专及其以上学历的有2894名，占17.6%，比迁安市的平均水平低2.5个百分点；大专以上学历100名，仅占0.61%，不足迁安市平均水平的一半。虽然野鸡坨镇的"能人经济"效应明显，但是高层次专业技术人才稀缺，不利于产业规模的扩大、新技术工艺的应用、产品质量的提升和新产品的开发等。

第三，基础设施不够完善。调研中发现，野鸡坨镇工业用电供应不足，拉闸限电现象较严重，对耗电量较大的一些工业产品加工型专业村影响较大。目前全镇还没有统一建设自来水厂，工业用水较为紧张；也没有建设大型污水处理厂，各专业村和准专业村的工业废水和生活污水直接向外排放；各村虽设有垃圾堆放点，但缺乏对生活垃圾、工业垃圾的分类处理。信息网络建设相对滞后，只有野鸡坨村等少数几个村接入互联网，大多数专业村和准专业村都缺乏这个重要的信息获取渠道和交流平台。

此外，个别专业村或准专业村还面临着加工场地不足（如朱庄子核桃加工贩运专业村）、加工原料短缺（如小杨官营生猪屠宰贩运专业村）等问题。

五　专业村的形成机理

过去，受传统种植业影响，野鸡坨镇在空间发展格局上基本接近于匀质分布，各个自然村或行政村之间的产业发展差别不大。但随着生产力的不断发展，专业化分工不断增强，社会劳动地域分工不断细化和深化，原有的匀质分布的发展格局逐渐被打破。在各种因素的综合作用下，自改革开放以来，专门行业不断涌现，并且聚集在某个特定的村庄形成了一定经济规模和产品特色，逐渐发展成专业村或准专业村。在专业村或准专业村的形成发展过程中，历史基础、资源禀赋、交通区位等一般因素都可能会发挥重要作用。根据本课题组的调查，某些专业村在形成过程中，个别因素甚至是某个人所起到的作用非常之关键。按其形成过程的主导因素，野鸡坨镇专业村或准专业村的形成机理大致可以归纳为四种类型：

1. 龙头企业拉动型

该类专业村或准专业村主要是受本村或邻村骨干企业的拉动而形成的，一般是为骨干企业的采购、生产、运输、销售等某个环节提供配套服务。其具体运作是以农副产品加工或流通企业为龙头，通过合同契约、股份合作制等多种利益联结机制，带动农户从事专业生产，将生产、加工、销售有机结合，实施一体化经营。一般说来，该类型以"公司＋农户"为基本组织模式，上联市场，下联农户，包括龙头企业自办基地、龙头企业扶持发展、龙头企业订单拉动三种模式。① 在龙头企业强有力的拉动下，分散的农户将集中起来从事某一专门行业，从而促进了准专业村、专业村的形成和发展。

过去，野鸡坨镇的企业很少，但自改革开放以来，该镇逐步成长起来了若干个从事铁矿采选、钢铁冶炼、水泥生产的骨干企业。在这些企业的带动下，某些村的大部分劳动力从事相关的专门行业，为骨干企业提供相关配套服务，逐渐形成了专业村或准专业村。据调查，在骨干企业拉动下，野鸡坨镇逐步推动形成了 3 个准专业村和 1 个专业村。张都庄村曾是一个以传统农业为主的村庄，主要发展林果业、庭院养殖业、劳务输出等行业，但近年来开始从事钢铁冶炼业，并且发展非常迅速。张都庄于 2003 年始建球团厂，当时只有 3 个高炉，吸纳就业 100 人，至 2008 年 3 月，已发展到 2 个分厂，共安排本村就业 460 多人，张都庄村现已初现专业村的雏形。爪村属于交通运输准专业村，当初就是通过为燕山钢铁公司、永固油井水泥厂两个骨干企业提供运输服务而发展起来的。爪村有不少的村民经营着矿石拉运、燕钢运输和水泥销售等业务，截至 2007 年底，运输车辆达到 280 多辆，2007 年全村运输总收入达 2100 万元。而同样属于交通运

---

① 宝鸡市委政研室产业组：《加快"一村一品"发展的有效模式——宝鸡市"一村一品"示范村发展情况调查》，载《陕西综合经济》2007 年第 4 期。

输准专业村的大山东庄村，则是在铁矿采选企业的带动下逐步形成的。自 1985 年大山东庄村开采了两个铁矿之后，为铁矿企业提供服务的交通运输业获得了长足的发展，截至 2007 年末，各种车辆增加到 160 辆，从业人员发展为 260 多人，2007 年运营收入达到 900 多万元。与大山东庄村情况类似，仓库营村在本村 3 个铁矿企业和 1 个砖厂的带动下，充分利用紧邻 102 国道的交通优势发展交通运输业。至 2008 年 3 月，仓库营村共有运输车辆 165 辆，交通运输业的就业比重高达 67.9%，2007 年全村实现年纯收入 380 万元，现已发展成为野鸡坨镇出名的交通运输专业村。

2. 传统行业延伸型

该类专业村或准专业村主要是在传统行业或产品的基础上，通过扩大经济规模、延伸产业链条、应用新技术、创新生产组织机制等方式发展起来的。有学者将这种类型称之为传统技艺型，即认为是运用传统的一技之长，发展某项专业生产，如种植蔬菜、瓜果、培养食用菌、养猪、养羊、养禽、养鱼、编织、副产品粗加工等。[1] 也有学者称之为传统项目拓展型，即认为是将历史延传的"拿手项目"，进一步扩大规模，形成专业经济村。[2] 从实践来看，这种类型从事的行业确实是以传统行业为基础，不断扩大经济规模；但其所使用的技术未必就是传统的，他们往往会通过学习效应进行一定的技术创新或组织创新，使得产业链条有所延伸，从而获得竞争优势。一般说来，由于这种类型的专门行业具有历史基础较好、所需设备较简单、资本有机构成的比例较小、劳动强度较低、男女老少都能参与等优点，故易于起步，容易发展成为专业村或准专业村。

据调查，野鸡坨镇有 3 个专业村就属于传统行业延伸型，包括宋庄、朱庄子、小杨官营等 3 个禽畜养殖型、农产品加工型的专业村。宋庄村素有鸡蛋贩运的传统，1995 年，村民张棉由鸡蛋贩运转移到

① 陈永良、石一飞：《南通市专业村的调查和思考》，载《中国农业资源与区划》2006 年第 6 期。

② 李学海：《关于专业村发展情况的调查与思考》，载《农业管理科学》1996 年第 1 期。

蛋鸡养殖，其他村民在他的带动之下也实行规模养殖，由此形成了雏鸡孵化、蛋鸡养殖、蛋鸡贩运一条龙式的经营模式。2001 年，宋庄村被迁安市政府确定为蛋鸡养殖专业村，到 2007 年，全村养鸡户达106 户，鸡存栏 12.2 万只，养鸡业纯收入 488 万元，全村共实现养殖业总收入 837 万元。在宋庄村蛋鸡养殖业的示范带动下，周边的新军营村、李家峪村也开始发展规模养殖业。朱庄子村素有核桃贩运的传统，1993 年，村民朱有理在一位干果商建议之下，与其他村民一起开创了"买核桃、砸核桃、卖核桃"的经营模式。朱庄子本村村民和部分雇用的邻村村民，利用在生产实践中总结出的砸核桃的独特技巧，将来自于甘肃、陕西、山西、湖南等省区的核桃加工成核桃仁，其产品销往东北三省、京津冀以及俄罗斯远东地区。核桃加工贩运专业村逐渐形成规模，2007 年销售收入达 1600 万元。小杨官营生猪屠宰贩运专业村也属于传统行业延伸型。小杨官营村素有生猪养殖的传统，20 世纪 80 年代，有村民在外出经商时发现了生猪屠宰贩运的商机，逐渐形成了生猪贩运、生猪屠宰、猪肉销售的经济模式，从东北三省、陕西、山西、河北等北方省区收购生猪，采用现代化机器屠宰后销往京津秦唐等大城市，2007 年屠宰生猪 5 万多头，实现产值 4000 多万元，年纯收入 400 多万元。

3. 区位优势主导型

这类专业村或准专业村主要是利用优越的交通区位条件发展起来的。也有人称之为地理优势型，即认为"利用独特的地理优势，生财、聚财"，"利用沿城、沿海、沿江、沿路等地理优势发展专业村"。① 一般说来，良好的地理区位优势对于专业村的形成和发展是有利的，但并不构成专业村形成发展的充分条件。只有在区域整体水平发展到一定程度，其经济活动的区位优势才能充分地发挥出来。

野鸡坨村商贸物流准专业村和武各庄废品回收专业村的形成，就是很好的例子。野鸡坨村位于京沈高速公路、102 国道、平青大公路、野兴公路的交汇点，是野鸡坨镇的镇政府所在地，又是迁安市对

---

① 陈永良、石一飞：《南通市专业村的调查和思考》，载《中国农业资源与区划》2006 年第 6 期。

外开放的南大门。充分利用这种区位优势，1993 年野鸡坨村在 102
国道两侧就发展了 69 家饭店。目前，野鸡坨村商铺、餐馆发展到
100 多家。野鸡坨村原有小物流公司、配货站 30 户，规模较小；但
自 2007 年 7 月迁安市实施"122"富民工程以来，该村的物流、配货
行业获得了迅速发展，目前已发展到 50 多家物流、配货企业，其中
包括迁安市龙泰进出口矿石加工基地、晨阳物流和建设物流等规模较
大的企业。经过规划改造，野鸡坨村现已形成了商贸一条街，商贸物
流业已初具规模。此外，武各庄废品回收专业村的形成也与良好的区
位条件有关。武各庄村临近京秦铁路和野兴公路交汇点，区位优势也
比较突出。利用交通便利的优势，1989 年村民高树材、武作泰等人
开始收购废品，在他们的示范带动下，现在全村已有 150 多户从事塑
料、玻璃、钢材等的废品回收，从业人员多达 360 多人，流动收购的
车辆为 50 余辆，坐地收购摊点 6 个，2007 年销售总额达 500 多万元，
实现总收入 260 万元。

4. 集体企业衰落转向型

这类专业村或准专业村的形成，主要是由于以前的集体企业或村
办企业在市场经济竞争大潮中逐渐走向衰落，多数职工在本村又找不
到合适的工作，不得不到外村去从事劳务输出，通过亲朋互相传带的
方式组织起来一支从事某些专门行业的外出务工队伍，逐步发展成为
劳务输出型专业村。严格地说来，这种形成机制不像前三种类型那样
具有普遍性，只是野鸡坨镇的特例而已。与一般的专业村不同，这种
类型的专业村形成的一个前提条件是曾经辉煌一时的集体企业衰落
了，但集体企业衰落却并不是专业村形成的充分条件或根本原因。要
形成具有专业化特色的外出务工队伍，还需其他因素在后续阶段发挥
主导作用。换句话说，集体企业衰落并不必然会促进专业村的形成，
劳务输出型专业村的形成还可以通过其他因素来诱发形成。

据调查，野鸡坨镇的两个劳务输出专业村恰巧都属于集体企业衰
落转向型。据迁安市的县志记载，大杨官营村的村办企业曾多达 150
多个，1998 年实现工业产值为 704 万元。后来，随着经济体制改革的
深入，这些村办的小企业逐渐被市场淘汰。现在只剩下大小建筑石磴

矿山、小铁选厂18家，从业人员为150人。由于本村的就业机会相对较少，大部分村民只好到村外去谋发展，外出务工的村民又回来介绍本村其他村民出去工作，通过这种亲朋传帮带的方式不断扩大劳务输出专业队伍的规模。西周庄劳务输出专业村的形成，也与此类似。据有关资料显示，西周庄村曾经有过一个集体所有的烧铁厂，几年前，因资源有限、生产条件差而关闭。村支两委人员经认真思考，把劳务输出作为第一发展要务，通过上网发布信息、职业介绍等多种渠道积极向外输出劳动力资源，2007年西周庄村90%以上的劳动力都从事劳务输出。

六　专业村的组织载体——农民专业合作组织

按照西方学者的观点，农民专业合作组织是"由多人共同分享所有权的企业"。[①] 但我国的农民专业化合作组织与西方发达国家有很大不同。我国农民专业合作组织悄然发端于20世纪80年代，蓬勃兴起于90年代，而且在整体上呈现松散的专业协会与具有股份化色彩的专业合作社并存的情形。[②] 从目前的发展实践来看，我国的农民专业合作组织主要是以专业协会的形式，专业合作社的发展水平还远远不如国外。我国农民专业合作组织在专业村的形成发展中发挥了比较重要的作用：组织成员可以更便利地实现信息、技术、资金等要素的共享，可以更有效地开展生产分工与协作，以及共同规避市场风险。农民专业合作组织的存在意义在于依托集体的力量来弥补农民分散化经营决策的缺陷。目前，农民专业合作组织正在成为专业村的重要带动力量和组织载体。

从浙江、江苏、山东等沿海发达省区的实践来看，大凡发展较好的专业村或专业镇都有农民专业合作组织作为组织载体，其对专业村的形成和发展起着重要的作用。野鸡坨镇的农民专业合作组织也起到

---

① ［］亨利·汉曼特著：《企业所有权论》，中国政法大学出版社2001年版。

② 徐旭初：《农民专业合作：基于组织能力的产权安排——对浙江省农民专业合作社产权安排的一种解释》，载《浙江学刊》2006年第3期。

了这样的作用。随着专业村的不断发展，各专业村的村民对农民专业合作组织的需求日益迫切。在"122"富民工程的优惠政策引导下，野鸡坨镇各种农民专业合作组织如雨后春笋般兴起。据调查，野鸡坨镇现有的11个专业村和准专业村，围绕专门行业大多成立了自己的专业协会或专业合作社，部分非专业村也成立了农民专业合作组织，有的村甚至成立好几个专业协会。截至2008年3月，野鸡坨镇共有专业合作社3家，专业经济协会12家。各个农民专业合作组织的具体情况，如表9—5所示。

表9—5　　　　　野鸡坨镇农民专业合作组织发展概况

协会名称	成立时间	是否自发组成	收取会费	会员户数变化		作用
				成立时	2008年3月	
宋庄克军养鸡协会	2006年11月	是	65元/年	41	41	培训会员养鸡技术，联系饲料供给公司，产品促销
荣达獭兔养殖专业合作社	2007年5月	是	无会费	—	12	交流信息、技术
野鸡坨村顺园奶牛养殖协会	2006年12月	是	无会费		55	统一管理、统一购料、统一购牛，技术培训，信息交流
小杨官营生猪屠宰贩运协会	2003年	是	1元/月	200	450	交流信息
朱庄子核桃仁加工协会	2006年7月	是	无会费	30	165	统一采购、分散加工、统一销售
迁安市京东核桃种植专业合作社	2007年9月	是	无会费	—	165	培育品牌，扩大规模，共享市场信息和管理技术方法
宋庄苹果协会	2007年12月	是	无会费	41	41	协调会员关系，培训服务
新军营村柿子协会	2007年10月	是	无会费	120	120	为果农提供产前、产中、产后服务

协会名称	成立时间	是否自发组成	收取会费	会员户数变化		作 用
				成立时	2008 年 3 月	
野鸡坨村亚军花卉专业合作社	2007 年初	是	无会费	1	1	—
安山口村运输协会	2005 年	是	无会费	15	45	提供信息
迁安市仓库营运输协会	2007 年 9 月	是	无会费	160	160	提供信息服务，协调内部关系
爪村运输协会	2007 年 10 月	是	8 元/月	221	238	协调管理，争取信贷部门的资金支持
邵家营村运输协会	2007 年 11 月	是	无会费	121	133	提供信息，组织协调
卜官营村运输协会	2007 年 11 月	否	无会费	68	68	协调管理，争取信贷部门的资金支持
大山东庄村运输协会	2007 年 12 月	是	无会费	66	68	提供信息服务

资料来源：根据本课题组的调查问卷《中国社会科学院国情调研项目：野鸡坨镇专业村发展专题调查》（2008 年 3 月）以及各村 2008 年 4 月补充的书面材料汇总。

　　这些农民专业合作组织，从组织形式上看，绝大多数都是村民自发形成的，坚持了"民办、民管、民受益"的原则。但是后来野鸡坨镇党委和政府加强了对专业合作组织的支持和管理，在专业协会建立党支部，积极吸收思想觉悟较高的经济能手加入党组织。这是野鸡坨镇专业协会的一大特色，专业协会也成为了党员干部密切联系群众、带动群众致富的一个有效平台。从成立时间看，野鸡坨镇从2003 年开始就有专业协会成立，但大多数都是成立于 2007 年。特别是在迁安市委市政府实施"122"富民工程之后，野鸡坨镇的农民专业合作组织呈现出"忽如一夜春风来，千树万树梨花开"之势。这充分说明了政府对农民专业合作组织适时引导的重要性。从会费情况来看，基本上都是免费的或者只是象征性地收取年费以维持基本运营的成本。按照迁安市的优惠政策，迁安市政府每年都会给每个专业协会或专业合作社 1 万元左右的财政补贴，这就为专业合作组织的正常运转提供了有力保障。从会员数变化情况看，有的总数迅速增加，有的参与率稳定在较高水平，这说明农户参与专业合作组织的积极性相当高。最后，从发挥的作用来看，目前主要是在信息交换、技术交流、协调管理等方面体现了组织载体的重要职能。通过农民专业合作组织这个公共交流平台的作用，各个专业村或准专业村在行业规模、生产技术、产品品牌、市场营销等方面都取得了重大进步。例如，朱庄子专业村在组建核桃加工贩运专业协会的同时，率先在迁安市成立了京东核桃种植专业合作社，使该村迅速扩大了核桃加工贩运的行业规模，更便捷地实现了市场信息和管理技术方法的共享，更有效地提升产品的档次和品牌，初步形成了"买全国，卖全国"的竞争优势，部分优质产品已远销俄罗斯、日本等国际市场。

这些事实说明，野鸡坨镇广大村民对专业合作组织有着强烈的内在需求；一旦有适当的政策进行正确引导，各种合作组织将会更快更健康地成长，并在专业村的生产实践中发挥着组织载体的重要作用。值得注意的是，不少非专业村围绕某些专门行业也成立了专业协会，起到了组织载体的重要作用，为孕育和发展更多的专业村奠定了较好的组织基础。

七　专业村的支持政策

（一）迁安市现有的支持政策

对专业村的支持政策，主要是由迁安市委、市政府统一制定。2007 年 6 月，迁安市委、市政府出台了《市委、市政府关于全面推进"122"工程、促进农民增收的实施方案》，为专业村的发展奠定了制度、人才、技术保障。此外，还出台了《选聘退休（提前离岗、二线）、市直及乡镇机关党员干部到村任职的实施方案》和《鼓励市直农口部门专业技术人员到基层工作的实施办法》两个配套文件，实行领导干部包村工作制度；鼓励专业技术人员到基层工作；选聘退休（提前离岗、二线）、市直及乡镇机关党员干部到村任职。针对不同类型的专业村，迁安市制定了统一的扶持奖励政策。

1. 扶持特色种植专业村发展的政策措施

（1）以户为单位，当年新发展设施瓜、菜、果生产，春提前或秋延后冷棚按棚室占地面积每平方米奖励 5 元，日光温室大棚按棚室占地面积每平方米奖励 15 元；当年新发展特色种植业集中连片 50 亩以上的，每亩补助 100 元；当年新发展农业休闲观光园规模在 100 亩以上，达到有龙头企业、有特色产品、有品牌、有标准、有规模、有效益"六有"标准的，每百亩规模奖励观光园创办人 10 万元。

（2）以村为单位，当年新发展特色林果业，集中连片达到 100 亩以上，经济林每亩补助 200 元；当年新建优质苗木基地集中连片 50 亩以上的，每亩补助 100 元；当年新建花卉基地集中连片 30 亩以上的，每亩补助 200 元；引进示范新技术、新品种面积达到 100 亩以上，亩效益增收 1000 元以上的，奖励示范户 1 万元。

（3）经相关部门认定，建成种植专业村的，补助村集体 10 万元（用于专业村建设）；林果等各种专业合作经济组织或协会年销售额达 200 万元以上的，除享受市政府关于农民专业合作经济组织奖励补助政策外，奖励合作组织或协会创办人 3 万元。

（4）创省级名牌、国家级名牌和省级著名商标、全国驰名商标的参照市政府《关于印发迁安市实施名牌战略争创驰名商标和名牌产品实施方案的通知》（迁政发〔2006〕25 号）给予奖励；年内达到绿色食品标准的，补助示范基地（企业）2 万元，获得使用标识后，另加补助 1 万元；达到有机食品标准的，补助示范基地（企业）3 万元，获得使用标识后，另加补助 2 万元；年内创省级名优农产品的，奖励示范基地（企业）2 万元；创国家级名优农产品的，奖励示范基地（企业）5 万元。

2. 扶持养殖、农产品加工专业村发展的政策措施

（1）养殖、农产品加工专业户（企业）达到规模的，按照市政府《关于印发 2007 年农业重点项目扶持奖励办法的通知》（迁政发〔2007〕12 号）规定享受补助政策；达不到规模养殖场的农户，庭院年存栏生猪 20 头以上的一次性补助 500 元；饲养蛋鸡或柴鸡的，按

照肉鸡补助标准奖励补助；当年新建投资额巨大、辐射带动力强的重点养殖、农产品加工企业，或对农民增收贡献突出的养殖、农产品加工企业，采取"一事一议"的办法予以重奖。

（2）经相关部门认定，建成养殖、农产品加工专业村的，奖励村集体10万元（用于专业村建设）。

3. 扶持工业品、小商品生产和运输、商贸、旅游专业村发展的政策措施

（1）凡本市户口的城乡居民当年新建生产工业品、小商品、配套零部件的加工厂（家庭作坊），年销售额10万元以上的，一次性给予创办补助2000元；安排劳动力就业人数在10人以上的，一次性给予创办补助5000元。对年内新发展的商贸流通专业户，年销售额达20万元以上的一次性奖励补助2000元。

（2）当年新建加工厂投资购置制造装备或已办加工厂购置新增制造装备1万元以上，并投产见效，按实际设备投资额的3%补助；安排劳动力就业人数在10人以上的，按实际新购设备投资额的5%补助，每厂最高补助10万元（实际投资额以真实的正式原始票据或资产评估报告为准）；购置设备贷款的，凭贷款银行利息清单贴息80%，每厂最高贴息5万元。

（3）以村为单位，当年新增设计载重量5吨以上运输货车（不含三轮车）或50马力以上农用车10辆以上，或已成立运输协会（经工商、民政或交通部门登记注册，拥有运输货车规模在20辆以上），新购买的运输货车，按车辆购置费用的5%对车主补助（车辆购置费用以真实的正式原始票据为准），最低补助1000元，最高补助1万元。

（4）当年新发展农家餐馆、农家旅馆等旅游接待专业户，达到相关部门规范要求的，给予一次性补助2000元；农家餐馆、农家旅馆等旅游接待专业户达到10户以上，户年均营业额达到8万元以上，成立自律性组织或协会，并正常运转、服务作用发挥较好的，除享受市政府农民专业合作经济组织奖励补助政策外，奖励自律性组织或协会5万元。

（5）经相关部门认定，建成工业品、小商品生产加工专业村的，补助村集体 20 万元（用于专业村建设）。建成运输专业村，成立运输协会，并正常运转、服务作用发挥较好的，除享受市政府关于农民专业合作经济组织奖励补助政策外，补助运输协会 5 万元；建成旅游专业村的，奖励村集体 10 万元（用于专业村建设）。

（6）从事多种经营的村，经相关部门认定，多种经营收入占全村年经济收入 70% 以上，从业农户占全村总户数 70% 以上，且带动农民增收作用较大的，奖励村集体 10 万元（用于专业村建设）。

（二）对现行政策及相关规划的评价

迁安市委、市政府及时提出要实施 "122" 富民工程，分门别类地制定了促进专业村发展的有关政策措施；野鸡坨镇党委和镇政府在有关文件中也制定了一些促进专业村发展的 "122" 工程规划。这些政策措施和发展规划对专业村和准专业村的形成、发展起到了非常重要的作用。但也存在一些值得商榷的地方。

第一，专业村发展的定位问题。在野鸡坨镇政府制定的 "122" 工程规划中，要求全镇 21 个行政村在 2010 年之前全部都发展成为专业村。一般说来，各村究竟是走 "一村一品" 的专业村模式还是走 "一村多品" 的综合发展道路；究竟是选择哪个专门行业作为重点发展方向，应该由资源禀赋和市场需求来决定，特别是要尊重市场选择的结果。从野鸡坨镇的实际情况来看，多数非专业村具有 "一村多品" 的特点，专门行业的优势尚未显现。部分专业村或准专业村实际上也具有 "一村两品" 的特点，主要的专门行业的优势还不是十分明显，次要的专门行业也有可能成为今后发展的重点。如大山东庄运输专业村的豆片制作等农产品加工业也很有特色和市场竞争力。因此，是否有必要发展成专业村、究竟该发展哪个专门行业，不宜做统一要求。

第二，专业村发展的速度问题。一般说来，专业村有其自身的形成机制，需要有一个孕育和发展的自然过程。虽然在新的发展环境下，加上政府强力支持，专业村的孕育周期可以比过去缩短一些，但是仍然需要一个接受市场检验的过程。考虑到专业村形成发展的一般规律和野鸡坨镇的实际情况，在 2010 年之前都发展成为专业村这个目标似乎有些急切。对于专业化程度较高，专门行业就业比重接近于准专业村的邵家营、安山口、卜官营、东周庄、李家峪、小山东庄几个村庄来说，在政府的大力支持下有可能近期就发展成为专业村或准专业村。但是对于专业化程度比较低的新军营、岚山高各庄、丁庄子、山港等几个村庄来说，要迅速发展成为专业村是有比较大的困难的。因此，应遵循循序渐进的原则，做好一些基础工作，不断完善专业村发展的运营基础，尽量规避市场风险，逐渐增强市场竞争力。

第三，政策的灵活性问题。支持政策要有一定的灵活性，政策倾斜对象不应仅局限于成型的专业村，对发展潜力较大的准专业村也要适时、适度地予以扶持。当前享受专业村优惠政策的门槛也比较高，亟须对一些非专业村发展潜力较大的专门行业进行灵活的支持。尤其是在准专业村的孕育发展的关键时期，要在技术信息、财政税收、信贷补贴等方面及时地给予必要的支持。

第四，政策的连续性问题。支持政策要有一定的连续性才能巩固发展成果。对专业村和准专业村的支持，不要仅仅局限于"当年"，要视具体情况对确实需要扶助的适当延长支持时间。但支持的力度可以灵活地采取逐年递减的方式。同时，要积极探索有利于专业村可持续发展的长效机制。着重培养和引进农村专业适用性人才，强化专业村发展基础和自我发展能力，从而促进专业村的持续快速健康发展。

（三）未来的政策措施探讨

针对野鸡坨镇的专业村和准专业的发展特点和存在问题，在现有支持政策的基础之上，还需要在以下五个方面进一步加强。

第一，加强信贷支持，解决资金筹措难题。小而分散的专业户一般较难取得银行的大量信贷支持。能够通过自筹或互借解决资金困难的，要尽量自己解决。但对于资金缺口较大且发展效益较好的，可以由专业协会或政府担保，以便获得更多的信贷支持。

第二，加强技术培训，培养一大批经济能人和专业经纪人。根据专业户的需要，由农民专业合作组织负责聘请京津冀等地区的高等院校和科研院所的专家进行专业培训和技术指导，政府要给予一定财政支持。对于致富带动能力强的经济能人要从精神上予以鼓励，在物质上予以奖励。对于促销专门行业产品有突出贡献的专业经纪人也要进行奖励。

第三，完善基础设施建设，改善专业村发展的硬环境。要采取措施加大供电、输电能力，缓解拉闸限电现象。统一建设自来水厂，保证居民生活用水和工业用水；建设大型污水处理厂，加大污水治理力度；建立垃圾填埋场，对生活垃圾、工业垃圾进行分类处理。畅通信息网络，加强信息利用能力，并在互联网上对各专业村进行推介。

第四，适时建立专业批发市场，搭载销售平台。山东、浙江、江苏等发达省区的经验表明，当专业村发展到一定水平时，专业户需要专业合作组织（包括专业协会、专业合作社）作为组织载体，需要专门经纪人作为供销中介，需要专业批发市场作为销售平台，亦即"专业户—农民专业合作组织—专业经纪人—专业批发市场—专业村"的"五专一体化"。当发展条件成熟时，野鸡坨镇可以建立专门批发市场，加强特色产品与国内市场乃至国际市场的对接。

第五，鼓励产品创新，拓展产业链条。对发展较为成熟的专业村，要鼓励产品创新，在原有基础上延长产业链条。例如，朱庄子就可以在原有的核桃加工贩运业的基础上，拓展核桃产品包装、销售及新产品研发等产业链条，从而增加产品附加值。

此外，要根据各专业村的自身实际和市场需求做好相关发展规划，市、镇两级政府要通过有关政策对专业村的发展进行宏观指导。

附录 9—1

野鸡坨镇专业村发展专题调查表格

中国社会科学院国情调研项目：

野鸡坨镇专业村发展专题调查

_____ 专业村，村长姓名 _____，手机 _____座机 _____

一、村基本情况

1. 地貌特征 _____（填平原、丘陵或山区）；全村面积 _____亩，耕地面积 _____亩。

2. 2007 年总人口 _____人，其中劳动力 _____人，村民小组 _____个。

3. 现有企业 _____个，其中纯集体或集体股份超过 51% 的企业 _____个，产值 _____万元；非集体企业 _____个，产值 _____万元；个体工商户及私有企业 _____个，产值 _____万元。

4. 以产值计，本村企业主要从事的行业是 _____；企业员工来自本村 _____人，外来职工 _____人。

5. 全村实现生产总值 _____万元，其中，第一产业 _____万元，第二产业 _____万元，第三产业 _____万

元；全村工商税收总额 ＿＿＿＿＿＿＿＿ 万元；人均纯收入
＿＿＿＿＿＿＿＿元，人均收入在全乡排名＿＿＿＿＿＿＿。

6. 村部距离最近车站或码头＿＿＿＿＿＿＿公里，距离县城
＿＿＿＿＿＿＿公里，距离乡镇＿＿＿＿＿＿＿公里。

二、专业村的发展历史

1. 形成时期：形成于＿＿＿＿＿＿＿年，形成时有企业＿＿＿＿＿＿＿
家，共有职工＿＿＿＿＿＿＿人。

2. 发展时期主要大事：

3. 成熟时期或现在：

三、专业村的核心企业情况

1. 专业村具有一村＿＿＿＿＿＿＿＿＿＿＿品特点，主要专业化产品
是＿＿＿＿＿＿＿＿＿＿。

2. 现有＿＿＿＿＿＿＿＿＿＿家带有专业分工性质的企业，总投资
＿＿＿＿＿＿＿万元，占地面积＿＿＿＿＿＿＿亩。

3. 原材料是＿＿＿＿＿＿＿＿＿＿＿，原材料来自＿＿＿＿＿＿＿
＿＿＿＿＿＿＿地区，产品销往＿＿＿＿＿＿＿＿＿＿＿＿＿＿＿＿＿
地区，销售总额＿＿＿＿＿＿＿＿＿万元。

4. 在本市的市场占有率＿＿＿＿＿＿＿%，在本省的市场占有率
＿＿＿＿＿＿＿%，平均利润率＿＿＿＿＿＿＿%，上缴利税＿＿＿＿＿＿＿万
元，在本省或国内的竞争对手有＿＿＿＿＿＿＿＿＿＿＿＿＿＿＿＿。

5. 资金来源是＿＿＿＿＿＿＿＿＿＿＿＿＿＿＿＿＿，其中贷款比
例 ＿＿＿＿＿＿＿%、自筹资金比例 ＿＿＿＿＿＿＿＿%，外资比例
＿＿＿＿＿＿＿%，股份资本比例＿＿＿＿＿＿＿%。

6. 企业所有权性质是＿＿＿＿＿＿＿＿＿＿＿＿（填集体企业、私
营企业、股份制、个体户）。

7. 技术支撑主要来源于＿＿＿＿＿＿＿＿＿＿协会或者大专院校

_____（名称）。

8. 品牌知名度 _____ 本市 _____ 本省
_____ 京津（打钩即可）。

9. 专业村发展中是否体现了能人经济的作用，致富带头人是
_____。

10. 专业村的分工情况：原料采购_____人，产品生
产_____人，原料与产品运输_____人，产品
销售_____人。

四、配套产业

1. 除主导产业外还有 _____产业，
每年产值依次是_____万元。

2. 为主导产业提供产前服务的企业有：_____。

3. 为主导产业提供产后服务的企业有：_____。

五、基础设施

1. 公路路面状况_____（填水泥、柏油、沙石或其他），
路宽_____米。

2. 电力单价：_____元/度。电话使用户数_____户，
占全村总户数比例_____％。

3. 集中供应自来水使用户数_____户，单价：_____
元/吨。饮用水主要水源：_____（填自来水、江河湖水、池塘
水、浅井水、深井水、其他水），饮用水是否经过集中净化处理
_____；垃圾是否集中堆放_____；有无公共污水排放管道_____；
沼气池_____个。

4. 村部或居民户是否可以连接到互联网_____。

**六、各级政府对专业行业的支持政策（写明是哪级政府对专业
村的具体政策）**

1. 补贴标准：_____。

2. 信贷优惠：＿＿＿＿＿＿＿＿＿＿＿＿＿＿＿＿＿。

3. 奖励措施：＿＿＿＿＿＿＿＿＿＿＿＿＿＿＿＿＿。

4. 科技支持：＿＿＿＿＿＿＿＿＿＿＿＿＿＿＿＿＿。

5. 对政策的建议：＿＿＿＿＿＿＿＿＿＿＿＿＿＿。

七、行业协会

1. 服务于专业村建设的协会名称＿＿＿＿＿＿＿＿，成立时间＿＿＿＿＿＿＿＿，成立时户数＿＿＿＿＿＿，目前户数＿＿＿＿＿，每个会员的会费＿＿＿＿＿元，是否自发组成＿＿＿＿＿。

2. 主要起到的作用是＿＿＿＿＿＿＿＿＿＿＿＿＿＿。

八、专业村核心企业对民生的带动作用

1. 就业：专业户有＿＿＿＿＿家，劳动力就业人数＿＿＿＿人，其中本地＿＿＿＿＿人，女人和老人＿＿＿＿＿人。

2. 收入：专业行业的年产值＿＿＿＿＿＿＿万元，人均收入＿＿＿＿＿＿元，提高农民收入＿＿＿＿＿元。

3. 除从事专业行业外，取得收入的其他主要形式是劳动力输出人均＿＿＿＿＿元，其他产业人均＿＿＿＿＿元。

九、专业村的形成机制（当初为什么会形成这个专业村?）

十、专业村特色（与国内同类专业村不同之处，如循环经济、原料供应、生产过程等）

十一、专业村目前存在哪些问题或困难? 打算怎样解决?

十二、专业村的发展方向是什么? 有什么新的计划或打算?

十三、本村得过哪些表彰或荣誉称号（包括县级、地区级、省级、国家级的)?

第十章

科学发展示范镇建设规划

为全面贯彻落实科学发展观，构筑唐山市建设科学发展示范区、迁安市建设科学发展示范市的坚实基础，根据唐山市和迁安市的有关文件精神和规划要求，结合野鸡坨镇的实际情况，制定本规划。规划地域范围包括野鸡坨镇所辖 21 个行政村，规划总面积 73 平方公里，总人口 3.7 万人。规划期限为 2008—2020 年。

一 建设科学发展示范镇的背景和条件

野鸡坨镇建设科学发展示范镇，是落实唐山市和迁安市建设科学发展示范区（市）的具体行动，也是野鸡坨镇转变经济发展方式，走科学发展之路的客观需要，具有重要意义。

（一）规划背景

野鸡坨镇建设科学发展示范镇，主要基于如下背景：

1. 唐山市提出建设科学发展示范区

胡锦涛总书记在 2006 年 7 月纪念唐山抗震 30 周年的讲话中，殷切希望唐山真正把科学发展观落到实处，把曹妃甸建成科学发展示范区。为贯彻落实总书记的讲话精神，唐山市委在八届三次全会上作出了建设科学发展示范区的重大部署，并委托中国社会科学院等学术机构完成了《唐山市建设科学发展示范区战略规划》，其中建设科学发展示范镇，是唐山市建设科学发展示范区的重要组成部分。唐山市委在《关于加快科学发展示范区建设的决定》中，也明确提出"加快建设科学发展示范县（市）区。同时分类推进科学发展示范村、乡镇、园区和社区建设，全力构筑建设科学发展示范区的基层基础"。野鸡坨镇建设科学发展示范镇，就是为了落实唐山建设科学发展示范区战略规划，实现唐山市委建设科学发展示范区决定的重要举措。

2. 迁安市提出建设科学发展示范市

为落实唐山市委关于建设科学发展示范区的决定，迁安市委四届四次全会明确提出了"建成科学发展示范市、建成人民群众幸福家园"的总目标。为此，迁安市政府设立了建设科学发展示范市领导小组办公室，在人事、经费、思想宣传等方面作出了重大部署，并委托中国社会科学院工业经济研究所编制完成了《迁安市建设科学发展示范市规划》。该规划提出了建设包括示范镇乡、示范村、示范单位、示范企业、示范园区、示范社区在内的科学发展示范体系。野鸡坨镇建设科学发展示范镇，是迁安市建设科学发展示范体系的重要组成部分，并将为迁安市实现镇域经济科学发展提供重要借鉴。

3. 野鸡坨镇进入经济发展的关键时期

"十五"计划以来，野鸡坨镇社会经济一直保持快速增长。全镇生产总值由 2001 年的 3.5 亿元增加到 2007 年的 11.3 亿元，人均地区生产总值已达到 3995 美元。国内外经验表明，当人均 GDP 达到 3000—5000 美元时，经济社会将进入快速增长和各种矛盾突发共同存在的关键时期，因此，总结经验，规划未来，牢牢把握好经济发展机遇，是实现镇域经济科学发展，消除各种影响经济发展、社会稳定的潜在因素的重要保障。

（二）重要意义

野鸡坨镇建设科学发展示范镇的重要意义在于，可以为唐山市乡镇科学发展树立一个典范，为迁安市经济社会转型探索一条新思路，为迁安市建设科学发展示范市开辟一扇门户，并为野鸡坨镇人民建设一方美好家园。

1. 为唐山市乡镇科学发展树立一个典范

野鸡坨镇是现阶段唐山市乡镇蓬勃发展的一个缩影，具有一定代表性。野鸡坨镇从过去经济社会发展比较落后，到近年来实现快速发展这一转变过程，与唐山市乡镇发展的路径较为吻合，很大程度上反映了唐山市乡镇发展的基本趋势。野鸡坨镇实现科学发展，将可以回答唐山市各乡镇在经济和社会发展过程中面临的一些重大问题，帮助解决一些最困难、最尖锐的难题。这样就可以为唐山市其他乡镇走可持续发展之路，提供一个有借鉴意义的现实范例。

2. 为迁安经济社会转型探索一条新思路

作为一个以铁矿开采和钢铁生产为核心的典型的资源型重化工城市，借助于近年来资源产业的快速扩张，迁安市的经济增长，一方面实现了跨越式的提升，另一方面，也进入了由数量型扩张向质量提升转变的关键时期。野鸡坨镇目前经济社会发展居于迁安市中等水平，镇域内既没有大型铁矿资源，也不是迁安市的钢铁主产区，在既无矿也无钢（铁）的情况下，如何实现经济的科学发展，在整个迁安的经济转型中具有较强的借鉴性。"十五"计划以来，野鸡坨镇新上了一批科技型、外向型、市场前景好、符合国家产业政策的大中型项目，从一个以农业经济为主的乡镇，初步实现了以工业为主导，以服务业为重要支撑的产业转型。因此，将野鸡坨镇建设成为科学发展示范镇，将有利于为迁安市的经济社会转型探索一条新思路、树立一个成功的样板。

3. 为迁安建设科学发展示范市开辟一扇门户

迁安建设科学发展示范市，就必须进一步扩大开放，提高开放型经济的质量和水平，积极引导各种要素合理流动。野鸡坨镇对外交通非常便利，铁路站点、高速公路等各项交通设施完善，是迁安市对外开放的南大门。对内区位条件优越，与迁安市中心城区迁安镇仅一河之隔。因此，充分发挥野鸡坨镇的交通区位优势，努力建成科学发展示范镇，着力打造迁安市对外开放的窗口和门户镇，将可以为整个迁安市开辟一扇崭新的门户。

4. 为野鸡坨镇人民建设一方美好家园

走科学发展之路，就是在坚持以人为本的前提下，走全面发展之路、协调发展之路、可持续发展之路。野鸡坨镇建设科学发展示范镇，必须从野鸡坨镇的实际出发，一切以最广大人民的根本利益为出发点，坚持发展为了人民、发展依靠人民、发展成果由人民共享，始终把群众利益作为第一追求，高度关注人的生活质量、发展潜能和幸福指数，最终实现人的全面发展，形成全民共建共享的发展格局，为野鸡坨镇人民建设一个经济繁荣、生活富裕、环境优美、社会和谐的美好幸福家园。

（三）基础条件

野鸡坨镇建设科学发展示范镇已具有较好的现实基础条件。具体体现在以下七个方面：

1. 交通区位条件优越

野鸡坨镇地处迁安市的南部，区位优势得天独厚，是迁安市对外联系中最重要的门户。境内交通十分发达，102 国道、京沈高速公路、京秦铁路横贯东西；平青大公路、冷大公路、野兴公路纵穿南北，京沈高速公路在此设有出站口，京秦铁路设有二级客货运站，是东北各省市通往内陆腹地的要塞和必经之地。建设中的京秦高速铁路设在唐山市的唯一客运站也在野鸡坨镇境内。

2. 矿产和旅游资源较为丰富

全镇已探明的矿藏有 20 多种，以铁矿石、石灰石、白云石最为丰富。其中铁矿石储量达 800 万吨，白云石储量达 500 万吨。旅游资源也较为丰富。镇政府所在地野鸡坨村留下了唐王东征时"金鸡不飞野鸡飞"的美丽传说；爪村旧石器时代遗址，被列为国家级文物保护单位；小山东庄商周墓群出土了稀世珍品铜盉，被列为唐山市重点文物保护单位；武各庄革命烈士纪念碑、大杨官村抗日死难群众纪念碑是迁安市的爱国主义教育基地；滦河边，龙山和岚山分列东西，滦水拖蓝、岚峰叠翠均属于迁安古八景；此外，镇域内的棒打龙头、老马识途、蚂蚁识泉等典故，为迁安市的旅游资源增添了浓重的文化色彩和历史积淀、丰富多样的旅游资源、临近迁安市区以及靠近京沈高速公路、京秦高速铁路等优势，将使野鸡坨成为迁安市吸引外地旅游者的重点地区。

3. 具备一定的产业基础

野鸡坨传统产业以特色专业村为载体，并获得良好发展。截至2007年底，朱庄子的核桃加工贩运业已初步形成了"买全国，卖全国"的模式，户均增收近2万元；小杨官营村生猪屠宰贩运业经营户达到260多户，人均增收3000元；大山东庄村、丁庄子村、爪村豆制品加工业规模发展到140多户；以宋庄村为主的规模养鸡场扩大到34个；建筑石碴建材产业规模不断壮大，年产量由发展初期的70万吨增加到2007年的600万吨。

新兴特色产业在政府支持下蓬勃发展。顺园乳业公司、三江奶牛场成为龙头企业，带动了全镇奶牛养殖业发展，2007年全镇奶牛养殖户增加到650户，奶牛存栏3000头。亚军花卉基地日光温室大棚27个，有剑兰、郁金香、百合、玫瑰等名贵花卉，成为迁安市最大的花卉专业培育基地。

工业经济发展势头良好，建成了一批"符合国家产业政策、达到环保标准、投资强度大、财政贡献率高、社会效益好"的企业。商贸物流业逐渐发展，正在初步形成涵盖钢铁物流、汽车贸易、木材交易等多个方面的区域性商贸物流中心。

4. 投资环境逐渐优化

投资硬环境不断优化。截至2007年底，全镇已累计投入资金7046万元用于工业园区和城镇基础设施建设，修筑道路5000米，供水管道1万米，排水管道3000米，配电容量达到3000KMA，各类工商业设施建筑面积达到10万平方米。设施完善、功能齐全、环境优美、形象良好的工业园区，为项目建设和经济布局搭载了一个良好的空间平台。

投资软环境逐步完善。在项目建设方面实行项目分包责任制，确立了"怎么有利于科学发展就怎么干"和"人人都是招商者，处处都是投资环境"的理念，树立了"只要项目定了干，手续我们帮着办；只要项目开了工，环境管理不放松；只要项目投了产，终身服务有人管"的服务意识。同时，按照科学发展观要求，逐步由"招商引资"转变到"招商选资"，优先考虑土地投资强度、单位土地上缴税金、实现效益都较高的企业落户工业园区。截至 2007 年底，已有 20 多个项目落户镇工业园区，累计投资 6.6 亿元，创产值 15 亿元，利税 1.2 亿元，安排就业 3000 人。

5. 干部群众基础较好

近年来，野鸡坨镇在发展中逐步打造出一个"想干事、会干事、干成事"的党政领导班子；锻炼了一支招之即来、来之能战、战则必胜、作风过硬的机关干部队伍；培养了一支勇于开拓、敢打敢拼、特别能战斗的党员干部队伍。野鸡坨镇连续六年被评为迁安市社会稳定工作先进单位，连续四年被评为实绩突出班子。领导干部对科学发展观的把握能力较强，为全镇经济社会的快速健康发展提供了有力保障。

野鸡坨镇的人民群众自古就有勤劳朴实、吃苦耐劳精神。建设科学发展示范镇，就是要为野鸡坨人民建设一方美好家园，因此，广大人民群众参与建设的积极性高，这就为建设科学发展示范镇凝聚了一股强大的合力。

6. 社会保障体系不断完善

按照迁安市的统一标准，野鸡坨镇初步形成了包括养老保险、合作医疗、失地保险、失业保险、五保低保在内的社会保障体系。全镇失地农民按规定标准缴纳养老保障费，按月分档享受养老保障待遇。失业保险金按照低于当地最低工资标准、高于城镇居民最低生活保障标准的水平确定。镇卫生院由防保型医院扩大成综合型医院，农民大病统筹保险一年只需交 15 元，报销比例由 40% 提高到 60%，起报点由 400 元下调到 100 元。2007 年，全镇农村社会养老保险参保率达 96%。较完善的社会保障体系，为科学发展奠定了良好的社会基础。

7. 教育文化事业稳步发展

"十五"计划以来，全镇投资 300 万元翻建教室 150 间，完成了危旧教室改造；投资 40 万元，为全镇 11 所完全小学和 3 所中学全部配备了微机室。教育教学效果显著，全镇"普九"教育顺利通过验收，小学"四率"达到100%，初中入学率、巩固率均达100%，中小学素质教育得到有力推进。在职业教育方面，迁安市劳动人事局在各镇都设有劳动服务站和就业培训中心，定期对适龄劳动力进行培训。全镇各村都有存量约3000册的图书室，镇图书室有图书4万多册。镇区有一个文化站，丰富了村民的业余文化生活。教育文化事业的稳步发展，为建设科学发展示范镇提供了精神动力和智力支持。

（四）制约因素

野鸡坨镇建设科学发展示范镇面临一些制约因素，具体有以下四点：

1. 基础设施不够完善

全镇工业用电供应不足，村庄拉闸限电现象较严重；没有自来水厂和污水处理厂，生活饮用水质量有待提高；工业废水和生活污水直接排放等。虽然各村设有垃圾堆放点，但爪村等9个村缺少垃圾填埋场，对生活垃圾、工业垃圾没有进行分类处理。信息化建设相对滞后，镇政府建有招商引资网，但只有野鸡坨村等少数几个村拥有网络。

2. 专业性人才稀缺

2006年，乡村可用劳动力18181名，占全镇总人数的50.7%，基本可满足用工的总量需求。但专业性人才相对较少，2006年，乡村从业人员16472名，其中有高中、中专及以上学历的2894名，占17.57%；大专以上文化仅100名，占0.61%，低于迁安市的平均水平。[①] 专业性人才稀缺，将制约野鸡坨镇现代化产业体系的建立和可持续发展能力的提高。

3. 镇区集聚规模小

野鸡坨镇镇区人口和产业集聚规模小，远达不到最小集聚规模经济的要求。2007年，野鸡坨镇镇区总人口仅有7194人，比全国建制

---

① 2006年，迁安市乡村从业人员314814名，其中有高中、中专及以上学历的63106名，占20.05%；大专以上文化4650名，占1.48%。

镇平均水平低 28.3%，仅相当于东部地区建制镇平均水平的 51.9%，也只相当于河北省建制镇平均水平的 59.9%。同时，野鸡坨镇镇区人口占全镇总人口的比重只有 20.7%，分别比全国、东部和河北省建制镇平均水平低 4.2、6.6 和 11.0 个百分点。

4. 产业特色不突出

近年来，野鸡坨镇第二、第三产业比重提升较快，工业和物流业已经成为重要的支柱产业。但在工业发展中，行业特色不突出，各项目之间缺乏有机联系，专业化分工不明确，产业配套能力低，没有形成产业链式发展的格局。

二 建设科学发展示范镇的原则和目标

确立建设的基本原则，制定符合野鸡坨实际的发展目标，有利于正确把握野鸡坨建设科学发展示范镇的方向，为科学发展示范镇建设描绘一幅宏伟蓝图。

（一）指导思想

以党的十七大精神和科学发展观为统揽，贯彻落实迁安市委四届四次全会精神，以特色小城镇和社会主义新农村建设为重点，以科技创新和体制机制创新为动力，以扩大开放为支撑，以实施"122"富民工程、发展先进制造业、推行工业节能降耗减排、打造综合物流基地、统筹城乡发展为突破口，以科学发展示范体系建设为抓手，采取示范带动、重点突破、稳步推进的发展思路，大力推进产业结构调整和升级，强化资源集约节约利用，加强生态建设和环境保护，健全社会安全保障体系，最终实现野鸡坨镇经济社会全面协调可持续发展，使广大群众共享经济社会发展和改革开放的成果。

（二）基本原则

1. 政府引导、市场机制与民众参与相结合

充分发挥政府在规划、引导镇域经济发展中的主导作用，积极利

用市场在镇域经济结构调整、生产要素整合和技术改造中的基础性作用，积极探索社会公共服务和生态环境治理的市场化途径，鼓励民众参与，创造良好的发展环境和公平的市场竞争秩序。

2. 整体推进、示范带动与重点突破相结合

牢固树立全局的观念，统筹协调各方面利益关系，整体推进镇域经济社会的全面协调发展。同时，要从实际出发，选择具有示范意义的村庄、单位和企业，解剖麻雀，总结出具有示范意义的经验和发展理念，并向全镇推广，由点及面，整体推进科学发展示范镇建设。

3. 近期目标与中长期发展相结合

建设科学发展示范镇是一项长期、复杂的艰巨任务，必须从长远着眼，从近期入手，统筹兼顾，量力而行，近中远结合，分步实施。既要尽快着手解决一些紧迫的问题，又要下大力气解决机制和体制问题。

4. 经济发展、环境保护与共建共享相结合

牢固树立以人为本的全面、协调、可持续发展理念，既要追求镇域经济的又好又快发展，又要高度重视生态环境保护和人民生活水平的提高，实现全民共建共享。

（三）发展目标

以科学发展观为统揽，以科学发展示范体系建设为切入点，统筹规划，分类指导，力争经过5—10年的努力，把野鸡坨镇建设成为迁安市对外开放和交流的门户镇，重要的综合物流基地和先进制造业基地，成为经济繁荣、环境优美、制度健全、和谐富裕的科学发展示范镇。

1. 经济目标

——经济发展水平迅速提高。到2010年，地区生产总值达到27亿元，年均递增29.8%，2020年达到70亿元；2010年全部财政收入达到2亿元，年均增长41.4%；2020年达到5亿元。

——城镇化进程快速推进。到2010年，城镇人口达到2万人，城镇化率达到52.8%；2020年达到66.7%。

2. 社会目标

——教育发展稳步推进。到 2010 年，人均受教育年限达到 11 年；整合教育资源，在野鸡坨镇新建一所寄宿制完全小学，2020 年人均受教育年限达到 13 年。

——社会发展不断进步。到 2010 年，各项社会事业全面发展，形成较为完善的社会公共服务体系，人均期望寿命达到 75 岁以上，2020 年达到 77 岁以上。

——居民收入水平显著提高。到 2010 年，农民人均纯收入达到 1 万元，年均递增 14.8%，城乡居民享受更加富足的小康生活，2020 年农民人均纯收入达到 3 万元。

——文化体育事业进一步繁荣。文化体育经费投入持续增加，各项基础设施不断完善，镇域文化蓬勃开展，实现建成全市文化先进乡镇的目标。

3. 生态环境目标

到 2010 年，万元生产总值综合能耗下降 20% 以上，资源节约集约利用水平显著提高；到 2020 年，万元生产总值能耗比 2010 年末下降 50%，基本建成资源节约型、环境友好型和紧凑型小城镇。

（四）实施步骤

为实现建设科学发展示范镇的战略目标，大体可以分三步实施：

1. 起步期（2008—2010 年）

初步形成科学发展示范镇的基本框架，确定科学发展示范村庄、示范企业和示范单位，建成科学发展示范体系，基本形成科学发展示范镇的新体制和新机制，为科学发展示范先行奠定基础和打造环境。

2. 提升期（2011—2015 年）

全面推进科学发展示范镇建设，科学发展示范体系进一步完善并发挥重要作用，基本形成完善的科学发展示范镇框架，绝大部分村庄、企业和单位达到相应的科学发展标准，并走在迁安市的前列。

3. 成熟期（2016—2020 年）

科学发展理念参透到经济社会各个领域，镇域科学发展由示范转向全面推开，农业、工业和服务业相继走上科学发展之路，形成科学发展的新体制和新机制，实现建成经济繁荣、环境优美、制度健全、和谐富裕的科学发展示范镇目标。

三 建设科学发展示范镇的战略任务

以科学发展观为统领，转变经济发展方式，促进产业结构优化升级，健全社会安全保障体系，积极发展教育文化事业，加强生态建设和环境保护，全面加快小城镇建设，扎实推进社会主义新农村建设。

（一）促进产业结构调整和优化

以工业园区为平台、以项目建设为载体，大力发展现代工业；以交通区位和旅游资源优势为依托，积极发展现代商贸物流业和旅游业；加快农业产业化步伐，发展特色现代农业，最终把野鸡坨镇建设成为区域性的工业发展重镇、商贸物流中心、"三色"旅游休闲区和特色现代农业基地。

1. 抓好项目建设，大力发展园区经济

以现有园区为基础，以骨干企业科学发展为依托，整合园区资源，积极与国内外知名品牌企业加强联系，进一步扩大对外开放，大力发展新兴产业。引导产业发展走专业化、集约化、园区化道路，通过园区建设，把野鸡坨镇建设成为区域性的工业重镇。重点抓好以下几个园区建设：

——现代物流园区。依托京沈高速、102国道和即将开工建设的京秦高速铁路客运站，大力发展现代物流和现代商贸及服务业，建设现代物流产业园区。

认真搞好物流产业园区规划。要采取积极有效措施，大力扶持物流产业发展，努力搞好物流产业园区规划，明确物流园区的功能定位、发展方向、园区规模和支撑体系，使其符合现代物流业发展的趋势。

加强物流园区基础设施建设。加快道路交通设施的建设，实现与城市路网有效对接；完善相关服务设施建设，在物流园区设立如商检、银行、行政等服务机构，实现物流过程的"一站式"服务；加强信息化基础设施建设，包括通信、宽带、网络等信息节点建设，为电子商务和整个供应链的管理打下基础。

建立专业化的园区管理部门，实现园区管理运作科学化。按照国际通行办法，建设、管理、运营物流园区，整合现有物流资源，提升物流的组织化程度；通过与国际知名物流企业的整体与部分嫁接，引进先进的物流管理理念与技术，提升总体经营管理水平。

近期，应以健全、完善松钢博远物流、昌和物流项目为重点，建成面向京津、连接东北的集仓储、运输、配送、信息、金融抵押监管服务为一体的钢铁配套及相关产品区域性物流集散中心；抓好物流项目的服务工作，加强项目建设的协调力度，相关部门要将该项目纳入目标管理，责任落实到人；尽快完成项目占地工作，加快工程施工进度，确保工程如期完成；帮助企业多方面筹措资金，拓宽融资渠道，确保项目顺利建设。

——北部城郊工业园区。以京秦铁路、平青大公路为轴线，以燕山钢铁、油井水泥等骨干企业和火车站客货站为依托，大力发展城郊型产业项目，积极启动燕山钢铁250万吨板材项目建设，引导燕山钢铁增加设备制造，延伸钢铁产业产品链条；支持道也公司、开隆炉料公司、红军工贸公司扩展生产经营范围；加快油井水泥厂扩建技改步伐，打造"岚塔"牌水泥的品牌优势，使"岚塔"水泥以质量优势晋升为国家名牌产品，把油井水泥厂打造成全国建材行业500强企业；实施京秦铁路货运站扩建工程，启动滦河南岸经济带建设，把滦河南岸打造成中等城市的外迁产业的扩展区。

——南部工业商贸园区。以京沈高速和102国道为轴线，以现有工业园区为基础，继续完善基础设施建设，整合园区土地、能源等资源，努力把工业园区打造成科学发展示范园区，同时适当扩大园区规模，依托龙泰50万吨精密冷轧薄板、唐山晒阳公司、海鑫灯饰、精诚耐火等骨干企业，大力发展环保型、科技型和劳动密集型工业，并沿102国道重点谋划一些商贸、餐饮、配货、修理等项目。

——西部钢铁附属产业园区。以杨柏路、野兴路为轴线，发挥紧邻首钢、松钢的区位优势，吸引投资者到西部建设服务钢铁产业的附属产业园区，重点支持松汀钢铁加快建设博远物流基地，建设钢铁深加工项目；加快东周庄工业小区建设步伐，适时启动朱庄子、安山口工业小区建设，将西部打造成规划科学、布局合理、功能完善的新兴产业园区。

——东部高科技产业园区。以平青大连线为轴线，在北部城郊工业园区和南部工业商贸园区之间，加大对外开放步伐，把握迁安"走向海洋，走向世界"的开放契机，加大招商引资力度，规划建设一批轻钢结构加工、机械装备制造、汽车修理及零配件加工、印刷包装、食品加工、电子设备、精密仪器仪表等高科技型、外向型工业项目。将东部的区位优势和交通优势转化为经济优势和产业优势，摆脱东部项目少、发展慢的落后现状。

2. 积极发展现代服务业

——积极发展现代商贸服务业。依托高速铁路客运站和102国道，建设以中高档餐饮宾馆为主的现代服务产业园区，在高速铁路客运站广场以北、102国道以南地区建设一批各具特色的宾馆、饭店、写字楼、金融通信、商场及休闲娱乐设施，实现人流、物流、资金流的有效聚集，拉动现代服务业实现新的跨越。

——积极发展"三色"旅游业。实施"红色引人、古色迷人、绿色留人"的"三色"旅游联合发展战略，把野鸡坨镇建设成迁安市的"三色"旅游区。一是依托龙山旅游资源优势，进一步改善龙山附近各村的交通状况，保护整体环境，严格限制石矿开采，恢复废弃石矿植被。实行山水公园、休闲度假、林果采摘、畜牧养殖等多业并举，建设龙山生态旅游休闲区。加强岚山植被的恢复和保护，封山育林，建立岚山农业休闲观光园，使岚山旅游度假与龙山旅游相呼应，共促进，共繁荣。二是整合武各庄革命烈士纪念碑、大杨官营村抗日死难群众纪念碑等红色旅游资源，开辟红色旅游专线。三是挖掘古代文物的科研旅游价值，发展"古色旅游"，整合棒打龙头、蚂蚁识泉、老马识途、野鸡坨村唐王东征的历史典故、爪村旧石器遗址、小山东庄商周墓群等资源，开辟古色旅游专线。四是加大旅游基础设施建设，利用多种媒介广泛宣传旅游产业和产品，将各个旅游景点连成一个闭合路线，打造一日游和两日游。五是围绕旅游开发相关产品，并借此将野鸡坨镇的特色产品推销出去。

3. 加速农业产业化，发展特色农业

针对野鸡坨镇传统农业生产存在的产业链条短、产品附加值低、经济效益低等问题，改变农业发展模式，调整农牧业结构，走农业产业化道路，把野鸡坨镇建成区域性的特色养殖基地、种植业基地和花卉基地。

——产业结构由种植业为主体向畜牧业为主体转变。野鸡坨镇在迁安市"122"富民工程的推动下，农业内部结构发生了重大变化，种植业和林业的比重急剧下降，牧业比重略有上升，农林牧服务业比重则大幅上升。这种结构调整，既符合农业现代化的发展方向，也符合因地制宜原则。今后发展的思路是，进一步突出畜牧业的比较优势，尤其是把特色养殖业做大做强，通过规模化经营，增强奶牛、生猪、家禽等养殖业的竞争能力。

——产品结构由普通产品向特色产品转变。调整农产品结构，选择特色种植业和养殖业产品作为发展重点，既要加强核桃加工和生猪屠宰等传统特色产业，又要对奶牛养殖、花卉种植等新兴特色产业加以重点扶持。争取把野鸡坨镇建成京津唐地区重要的肉蛋奶基地、特色养殖基地和花卉基地。

——组织形式由分散经营向龙头企业带动型转变。以顺园乳业公司和三元奶源基地等企业为龙头，带动全镇奶牛养殖业的发展；以宋庄村肉、蛋鸡养殖基地为龙头，带动周边新军营村、李家峪村规模养殖业的发展；以双汇集团生猪养殖基地为龙头，带动卜官营村、大山东村规模养猪业发展，以小杨官营村的生猪屠宰贩运为样板，扶植生猪屠宰业。

——生产方式由产品初加工向精深加工转变。延长农业产业链条，提高产品附加价值。例如，野鸡坨镇的养殖业就可以采用"养殖＋沼气＋屠宰＋肉制品加工＋包装销售"等形式。创新"公司＋

基地＋农户"的模式，把农产品生产基地打造成为工业企业的"第一车间"。

（二）健全社会安全保障体系

1. 完善社会保障体系

为适应新形势的需要，在养老、医疗、就业等方面还需进一步完善。

——农村社会养老保险。目前，参加农村养老保险的主要人群是老年人，中青年参保的积极性还有待提高，要扩大农村中青年的入保率，到 2015 年争取达 100％ 的覆盖率。完善养老保险金的补贴机制，以消除物价上涨等因素的消极影响。

——新农村合作医疗。根据镇财力等实际情况，适当提高报销比例，进一步下调起报点，以便能够照顾到农民的常见小病。

——就业和失业保险。要进一步完善失业保险制度，同时采取有效措施促进实际就业，为就业提供更多的信息支持和技能培训，尤其是鼓励有条件的农民创业。

——五保、低保。重点关注不愿住在敬老院的农村五保户，提高对五保、低保的补贴标准，切实照顾好他们的基本生活需要。

2. 完善社会安全体系

要高度重视建立健全社会安全体系。当前，要着力抓好以下工作：

——高度重视安全生产。继续落实安全生产责任制，强化企业主体责任，加大安全隐患排查力度，健全长效机制，确保安全生产不出问题，保障人民生命财产安全。一要进一步健全乡镇科级领导包片、股级干部包企业、企业主为直接责任人的安全生产责任制，要求责任与权利的对称；二要深入开展矿山企业安全专项整治；三要开展产品质量和食品安全专项整治行动；四要开展镇域内公共场所安全、交通运输安全、危险化学品、易燃易爆品安全和建筑安装企业安全专项整治；五要狠抓防火、防汛工作，确保人民群众生命财产安全。

——妥善处理信访问题。坚决落实好"有理有序坚决解决，有理无序坚决纠正，无理无序坚决打击"的信访原则，对"有理访"要体现党的宗旨，诚信、高效地解决；对"无理访"要做到既有力度又有艺术，有魄力又不蛮干，全面又不优柔寡断，多种方法，多种渠道，妥善处理信访问题；要从政府自身做起，建立诚信、高效、廉洁的政府；要从干部自身做起，做到"四清"、"四带头"，即自己清、子女清、亲属清、身边清，自己带头、子女带头、亲属带头、身边带头；及时排除信访隐患，防患于未然，从根源上减少上访事件；成立信访稳定领导小组，责任落实到人，有效处理信访工作。

（三）积极发展教育文化事业

1. 加快中小学并迁，集约利用教学资源

为适应各村学生人数逐渐下降的新趋势，加快中小学的并迁工作，实现教育资源的集约、有效利用。将野鸡坨、邵家营的小学撤并为野鸡坨中心完全小学，将张都庄、大杨官营的小学撤并为大杨官营中心完全小学，将丁庄子、李家峪、卜官营、爪村、大山东庄五所完全小学撤并为爪村中心完全小学。

2. 加大教育投入，培养新型农民

加大对农民的教育投入，切实提高农民的科技文化素质，培养懂技术、善经营、会管理的社会主义新型农民，重点提高农民的致富能力。

——借助京、津农业大专院校优势，调动社会各界广泛参与农民技术培训，实施农业建设人才培育工程。

——加强思想道德建设，深入学习党的基本理论知识，弘扬大杨官营抗日死难群众、武各庄革命烈士的爱国精神，发扬迁安的团结、务实、拼争、奉献精神。

——以阳光技术培训、农村职业教育和农民夜校为载体，因地制宜、因业制宜、因人制宜开展技术培训，提高农民的劳动技能。

3. 丰富农村文化生活

——传承传统文化，打造野鸡坨镇的特色文化。在野鸡坨镇，民间形成了"二月二、龙抬头、钻岚山洞、登龙山"的传统风俗。要争取将此节日上升为迁安市的传统文化节日，扩大宣传力度，成为迁安对外宣传的名片，力争使其影响范围扩大到京津地区。

——提供文娱平台，丰富农民业余活动。每村都要修建具有一定规模的文娱活动设施，为丰富群众的业余文化生活提供平台，使群众养成积极、健康、向上的生活习惯。可将张都庄的书法、爪村的篮球、丁庄子的乒乓球、卜官营的评剧进一步推广，组建小评剧团、秧歌队、书法协会、乒乓球队、篮球队等，在各村各乡巡回演出，创建具有浓郁地方特色的群众文体活动形式。

——举办各种文体竞赛，促进文化交流。可采用由镇主办、各村轮流承办的形式，每年举行1—2次文体竞赛活动。还可以采取联谊赛等形式邀请相邻乡镇参与，通过竞赛促进交流，增进友谊。

（四）加强生态建设和环境保护

1. 积极发展循环经济

——促进工业企业发展循环经济。大力推行清洁生产，鼓励企业循环式生产。在冶金、水泥建材等重点行业，支持企业开展清洁生产并进行节能、节水、节材等方面的技术改造，在生产过程中充分利用资源，综合利用废水、废气、固废等"三废"资源，在企业内部实现能源的梯级利用、资源的循环利用，做到节约、降耗、减污、增效；建立完善的发展循环经济支持体系和激励约束机制。

——鼓励农业加工企业进行循环生产。推动"农业＋企业＋产业生态园区"的企业生产模式。通过合理规划，引导农业企业强化生产、加工、销售、疗养、旅游观光、休闲娱乐等多种功能；提高企业科技意识，建立现代化的生产工艺，促进农产品生产标准化、质量标准化；提高农业加工型企业的环保意识，推行清洁生产，督促企业购置环保设备。帮助企业进行工艺改造，实现企业自身循环生产；从废弃物的产生源头采取措施，打造企业内部的物质循环链，减少企业产生的废弃物；支持企业进行新产品研发，分析生产环节产生的农产品废弃物，变废为宝，推动农产品加工企业向产品深加工方向转变。

2. 加大"两废"处理力度

——推进城镇污水资源化。实施开源节流，以节流为主的水资源政策，并大力推进城镇污水资源化；规划建设城镇污水集中处理设施，根据全镇水资源开发利用的具体情况，确定再生水资源利用方向和用水量，把再生水资源纳入本地区水资源开发规划，综合考虑污水处理与循环利用，统筹规划污水再生利用设施的建设。

——规划垃圾填埋场的建设与管理。要对生活垃圾和生产垃圾进行无公害处理，避免二次污染。扩大垃圾填埋场建设的投融资渠道，居民承担一部分污染治理费用，同时政府给予一定的财政补贴；创新管理模式，积极探索垃圾处理的市场化，通过招标实现企业化运营。

3. 大力加强绿化建设

——加强小城镇绿化建设。增加街头绿地，扩大花卉、草坪种植面积，因地制宜绿化小街小巷，形成乔、灌、草、花组成的多种风格、多层次的道路绿化系统及林荫道路系统，呈现"三季有花、四季常青"的道路绿化景观；重视城镇景观建设，保护周围山体的完整，保护联结城乡之间的天然绿色通道；突出绿地景观中"绿楔"、"绿廊"与道路廊道带状之间的紧密联系；优先选择乡土树种，形成有地方特色的植物群落，保护当地的人文和自然景观要素，体现当地的特色。

——加快农村绿化建设。强化乡村领导的生态意识，教育和引导群众增强管护意识和责任意识，充分认识生态建设在新农村整体建设中的重要地位和作用；广泛发动群众大力开展全民义务植树活动，因地制宜搞好绿化美化；重点搞好村边、宅边、渠边、田边、路边"五边"绿化，街道更要栽植适宜树种、排列整齐有序。

——强化企业绿化建设。厂区内形成"乔、灌、草"复层结构的绿地，乔木、灌木与适量的草坪结合，针叶与阔叶结合，季相景观与空间结构相协调，充分利用立体空间，增加绿地的绿量；在厂区周边建设高大绿化隔离带，① 达到防尘降噪、吸收有毒有害气体、调节局部气候、改善环境质量的目的；在树种的选择上，既要考虑地形、

---

① 绿化隔离带要达到园林部门规划标准，新建企业适当提高标准，钢铁、水泥、焦化、烧结等重污染行业的绿化隔离带要达到 50 米以上。

地势、土壤、水分、光照以及季节变化等常规因素，还要考虑污染物和废弃物排放对植物适生性的特殊影响，要选择生态学特性与之相适应的树种。

（五）全面加快小城镇建设

按照"城市化定位、市场化开发、园区化建设、一体化发展"的思路，立足于现代物流中心、交通枢纽的河南区定位，努力形成布局合理、功能完善、特色鲜明的现代城镇发展格局。

1. 科学规划小城镇建设

从长远着眼，对野鸡坨镇进行合理定位，同时立足实际制定好小城镇发展规划，科学处理和协调好小城镇的各种功能，解决好城镇化进程中出现的各种矛盾。要综合考虑野鸡坨镇的经济社会发展水平和小城镇建设的需要，科学谋划城镇发展的功能布局、市政建设、城镇管理等方面，切实把城镇建设的相关要素、可能存在的问题和解决办法都考虑进去。

——规划建设小城镇中心区。建立多元化的投融资机制，进一步完善医院、图书馆、影剧院、文化广场、体育活动中心等公共服务设施，将中心区建成镇域群众文娱活动的核心区，商贸活动、科技服务、文化设施的集中区，使之成为对外展示野鸡坨形象的窗口。

——以园区为载体，构建小城镇建设的产业支撑。以燕山大路南延为契机，以大秦铁路二级客运站为依托，依托燕山钢铁、油井水泥等大中型企业，规划建设现代化工贸园区；以高速铁路客运站和京沈高速出口为依托，建设辐射华北与东北地区、面向世界的现代化物流园区。

——按照远期建设河南区的标准规划农村居民点。适时展开"村改居"工程，将镇建成区内的农村居民点改造成为住宅区。通过"村改居"工程，一方面提高土地集约利用程度，节约土地；另一方面优化居住环境，提高居民的生活质量。按照科学发展示范社区的要求，将住宅小区建设成为高标准的居民社区。

2. 完善基础设施建设

——按照"工贸型小城镇"定位，集中力量建成覆盖城乡的基础设施网络体系，促进城镇基础设施和公共服务向农村延伸。进一步加强镇村公路网建设，把交通一体化作为推进城乡一体化的突破口，加快建设步伐，实施客运村村通工程，加大村村通公路建设力度，形成内外衔接、城乡互通、方便快捷的交通网络。

——按照统筹城乡重大基础设施建设，形成城乡一体的基础设施网络的要求，全面抓好供水、供电、排污、通信、垃圾处理等基础设施规划布局和配套建设。

——进一步优化村庄布局，加快推进改水、改线、改厕等工作，加大农田水利建设力度，形成城镇和谐的生产环境、人居环境和生态环境。

——完善互联网建设，建立统一的服务平台，把社会保障、公共卫生、科技教育、文化娱乐等信息系统和网络延伸到农村，提高农民生活水平和质量。

——加强中小学、医院、邮局、金融网点等服务设施建设，完善小城镇服务功能。积极引导商贸、餐饮、文化娱乐等服务业向102国道、野兴公路、平青大公路两侧地区集聚，形成服务业集聚区。

3. 拓宽小城镇建设投融资渠道

——广泛吸引民间资金，推进投入社会化。积极鼓励和引导民间资金投向城镇基础设施，依靠社会力量推动城镇发展，促使城镇建设投入走上社会化之路。要制定优惠政策，鼓励民间投入；采取BOT、TOT、公私合营（PPP）、冠名权拍卖等多种形式，推进小城镇设施建设；积极引进外地资金，推进投入外向化。

——积极争取上级政府的投资支持。要搞好小城镇基础设施规划和项目前期论证，积极争取迁安市、唐山市、河北省乃至国家有关部门的资金支持，一些具有示范性的公共基础设施项目，还可争取亚行和世界银行的贷款。

——压缩办公经费等财政支出，集中财力用于重点设施建设。一是节约用电，办公时间尽量采用自然光，人员离开或下班时应关闭用电设备；二是节约用水，按规定要求对机关用水设施加装节水装置，加强对机关自来水管网和用水设备的检查、巡查，确保其完好，杜绝"跑、冒、滴、漏"现象发生；三是节约办公用品，对办公设备保管、更换等明确规定相关责任，提倡资源再利用，尽量自带会议设备及办公设备等，杜绝铺张浪费现象。

4. 集约利用小城镇土地资源

——增强集约节约用地意识。利用一切宣传工具，采取多种形式，广泛深入宣传集约节约用地的目的和意义，介绍国家和省市有关政策，增强各单位、各村镇、各企业集约节约用地的意识。

——盘活存量用地，提高土地利用效率。要采取多种有效措施，深度挖潜和盘活存量用地，推进集体建设用地流转，千方百计减少新增建设用地压力。城镇建设要严格执行城市和村镇建设用地标准，推行建设用地准入制度，引导工业企业向园区集中，进一步调整优化用地结构，提高土地利用效率。

——加大"空心村"整治力度。积极开展"空心村"整治工作，提高农村居民点用地的集约利用水平，腾出剩余土地，作为企业发展、基础设施配套建设用地。加强土地执法力度，严查土地违法行为，严格控制和规范农村宅基地审批。

——加强综合治理，遏制非法用地。对非法占用土地要给予严厉惩罚，加大土地执法力度，把经常性的监督与执法检查活动结合起来，真正做到有法必依，执法必严，对违反土地利用总体规划，破坏耕地、乱占滥用耕地的行为给予严惩。

5. 建立完善小城镇管理体制，加强服务职能

——全面推进小城镇户籍制度改革，完善配套政策措施，确保城乡居民享有同等待遇，积极为城乡劳动力合理流动创造有利条件，维护农民工的合法权益，提高小城镇的管理水平。

——完善镇财政管理体制，逐步形成自我积累、自我发展的良性循环体制。

——转变政府职能，将政府工作的重心转移到搞好城乡社区服务上来；加快城镇管理人员队伍建设，注重培养和引进急需的管理人才、专业技术人才、经营型人才，提高城镇建设的决策和管理水平；

依法行政，搞好小城镇社会治安综合治理，逐步建立法治化、社会化和民主化的新型城镇管理体制。

（六）扎实推进社会主义新农村建设

1. 制定科学的村庄规划

搞好新农村建设，村庄规划要先行。村庄规划的目的是改善农村人居环境，缩小城乡差别，实现城乡协调发展，为农村提供更有利的发展条件，减少低水平重复建设。

当前的重点是做好村庄人口与用地预测、经济社会发展、空间布局调整、村庄迁并、公共服务设施、生态建设和政策保障措施等方面的规划。要着力解决好居住条件、迁村并点等迫切需要解决的问题。

要对野鸡坨村进行重点建设，强化其集聚和辐射功能。随着镇区第二、第三产业的发展，适时对野鸡坨村进行"城中村"改造，彻底实现村居城市化。要将人口规模较小的西周庄并入到东周村，把小山东庄村并入大山东庄村，以便节约土地和共享基础设施。

2. 加强社会服务设施建设和维护

为了满足村民对卫生、购物、教育、文化的基本需求，需要加强野鸡坨镇社会服务设施建设，并建立长效维护机制。可参照以下标准来建设：

——根据人口数量，配置卫生所（院、室），中心村卫生所要设观察病床，观察病床按服务范围1.5张/千人设置。村庄卫生所（院、室）占地按0.5—1.5平方米/人安排。村卫生所建筑面积要在60平方米以上。到2010年，所有村庄将全部拥有1—2个标准村卫生所。

——村庄要设置商店或小超市，用地面积按0.4—1.2平方米/人计算。商店或小超市由村民按商品需求自行设置。村庄应按其常住人口及流动人口的规模建设小饭店。

——村庄要设置幼儿园，用地面积按0.2—1平方米/人计算。村庄小学要集中设置，一般应设在中心村，小学规模不小于6个班，每个班30—50人。

——村庄应设置集中科技文化活动场所，包括文化站、青少年之家、老年之家、体育健身设施等。用地面积按 0.4—1.2 平方米/人设置。1000 人口以上的村庄，可结合绿地广场安排公用礼堂或露天戏台。

——村庄要设立乡村图书室，每个乡村图书室要订购不少于 10 份的农业科技杂志，适合乡村阅读的图书不少于 500 册。村图书室藏书不低于 3000 册。适当建立一批农家书屋。

——村庄应有村委会办公建筑，用地面积按 0.25—1.5 平方米/人计算，村委会可与其他公共建筑共同布置。

3. 做大做强乡村特色产业

2007 年以来，野鸡坨镇大力开展"122"富民工程，初步形成了"一村一品"、"一村多品"的乡村特色产业体系。未来发展的基本思路是：

（1）进一步做精传统特色产业

——延长核桃加工产业链，借助物流业拓宽收购和销售渠道，将核桃产品推向全国。具体措施有：①将核桃仁深加工成核桃粉，并辅之其他原料，开发新产品；②充分利用核桃壳，变废为宝；打出品牌，靠质量和品牌抢占市场。

——扩大生猪屠宰销售业规模，延长产业链条，进行肉质产品的深加工。

——加强豆制品加工制作工艺水平，提高产品质量，采用现代化生产方式，并扩大相关产品的生产。

——搞好山林果品种植和果品加工，借助旅游等产业在原地高价出售。

（2）提升养殖业综合发展能力

做大、做强龙头企业。要积极探索"市场牵动龙头，龙头带动基地，基地连到农户"的新模式。加快顺园乳业公司的二期扩建工程建设，提高奶牛养殖科研开发能力，增强产业发展后劲。进一步加强龙头企业对其他农户在技术、信息等方面的指导，变分散经营为规模化经营。对生猪、蛋鸡等特色养殖也可以采取类似政策。

（3）增强花卉产业的市场适应性

加大政府的贷款扶持，继续购进优良花卉品种，提高生产技术水平，改善以温室保护地栽培为主、露天培育为辅的经营模式，把握花卉市场的季节性波动规律，进一步畅通销售渠道，扩大市场份额，力争今后把野鸡坨镇建成京津冀地区重要的花卉基地。

4. 积极发展农民专业合作组织

党的十七大报告明确指出，"探索集体经济有效形式，发展农民专业合作组织，支持农业产业化经营和龙头企业发展"。野鸡坨镇农民专业合作组织较为活跃，2007 年，农业产业化合作组织已发展到 3 家，专业经济协会 11 家。但仍须扩大合作的范围和领域，进一步强化它的积极作用。野鸡坨镇的这些专业经济合作组织还可以在生产合作、资金合作、销售服务等领域进一步扩大合作。会员之间要互相提供生产技术和经济信息等，以增强特色产业抵御市场风险的能力，促进特色产业有序发展。

镇政府要继续加大对专业合作组织的支持力度，鼓励和引导其快速发展，尽快出台相应政策措施，对有关组织或协会给予物质奖励或精神鼓励，为农村合作组织的健康发展提供有力的政策保障。

5. 推进农村基层民主建设

农村基层民主建设是农村健康稳定发展的重要保障。既是村支两委提高其领导能力的需要，也是广大村民参与民主管理和自我管理的需要。加强农村基层民主政治建设，就是要在民主选举、民主决策、民主管理、民主监督等方面取得更大的进步。结合野鸡坨镇的实际情况，具体操作可以从三个方面入手：一是建立健全农村民主建设的体制、机制；二是加强农村村支两委班子的领导能力；三是不断提高村民的民主意识和参与民主建设的能力。

四　科学发展示范体系的建设和布局

科学发展示范体系建设是野鸡坨镇建设科学发展示范镇的重要组成部分。科学发展示范体系由示范村庄、示范企业、示范单位构成，它是一个系统完整、层次分明、各具特色的有机整体。

（一）示范村

按照分类指导、重点突出、动态调控和全面效益原则，基于野鸡坨镇专业村的发展现状和特点，参考《迁安市市域村庄空间布局规划》，选择 7 个村作为科学发展示范村。其中，特色农业产业化型村庄有小杨官营村、朱庄子村、宋庄村；工业品加工型村庄有东周庄村；生态观光旅游型村庄有岚山高各庄、爪村；商贸流通型村庄有野鸡坨村。

1. 特色农业产业化型村庄

——培育优势产业和特色产品。以种植业和农产品加工为主的村庄，种植业以林果、蔬菜和花卉等产品为主，鼓励发展高效农业、精品农业和设施农业，农产品加工以玉米、甘薯、花生和杂粮的精深加工为重点，提高产品的附加值。以养殖业和养殖加工为主的村庄，养殖业以家禽、家畜为主，扩大圈养规模，改良品种以提高产量，养殖加工以肉鸡、肉鸭等畜禽为主，改良加工工艺，发展高档次和高附加值产品，提高农业产业化程度。

——扶持农业龙头企业。积极培育和扶持大型农产品加工龙头企业，形成"公司＋基地＋农户"的产销一体化经营组织。加强龙头企业与农户之间的协作和配合，形成有效的利益联结机制。

——加强品牌农业建设。鼓励并组织村庄内的龙头企业和合作经济组织开展商标注册和品牌认证，严格按照质量要求规范生产。

——提高农业生产的组织化程度。加强农民经济合作组织和行业协会建设，从原料和良种购进、生产和繁殖、初级产品和加工产品的销售三个阶段为农畜产品提供信息和技术支持。围绕畜产品、林果、蔬菜和花卉等规划建设功能完善的农产品贸易市场，探索农产品产销直挂和连锁经营、配套服务，积极指导与扶持农产品物流企业和物流中心的建设。

——强化农业科技培训。积极引进和推广农业科技成果，定期聘请省市农业研究人员下乡推广农业生产技术，加强动植物重大疫情防控和农产品质量安全检测体系建设。

——完善生产设施建设。要进一步完善农业生产基础设施，发展农业节水灌溉，积极改造中低产田，引进和改造粮食加工成套设备、果蔬预处理及冷冻保鲜加工设备、果蔬汁和果酒加工设备、农产品干燥加工设备和畜禽肉冷冻设备等。

——改善农民居住环境，推广新型能源。采取整体搬迁或者异地集中联建的方式，建设"八个一"标准的示范村，① 推广太阳能、沼气等新型能源。

——积极发展农村公共事业。加强农村基础教育设施建设，改善农村办学条件，提高教育质量。改善农村公共卫生保健和医疗救治条件，提高卫生服务水平；完善农村失地养老保险、农村社会养老保险、农村合作医疗和农村最低生活保障等体系建设，争取到 2015 年各项保险参保率达到 100%。

2. 工业品加工型村庄

——培育工业特色产品，打造品牌经济。按照"一村一品"要求，结合自身产业基础，培育特色工业产品，并鼓励龙头企业申请注册和品牌认证，带动工业品加工示范基地的建设。

——实施精深加工，提高生产技术。要不断改良生产技术，减少生产过程的消耗，促进产品的精深加工，降低工业污染物的排放，尝试建立村级污水处理厂。

——提高工业生产的组织化程度。加强工业经济合作组织和行业协会建设，从原料采购、生产和销售三个环节为工业加工产品提供信息和技术支持，规划建设功能较为完善的工业品贸易市场，探索工业品直销、连锁经营以及售后服务，积极指导与扶持工业品物流企业和物流中心的建设。

——大力发展循环经济。在资源开采、消耗、废弃物产生、资源

① 迁安市提出的文明示范村"八个一"创建标准为：一个好班子、一所达标村民学校、一个藏书 3000 册的农村图书室、一个文明设施齐全的农民活动室、一条无农村"五乱"的示范街（路）、一个切实可行的创建规划、一项行之有效的创建活动载体、一支文明科技新风进农家的队伍。

再生等环节，推动资源高效和循环利用。在开采环节，推广先进适用的开采技术、工艺和设备，提高资源综合开发和回收利用效率。在消耗环节，加强对重点行业的能源、原材料、水等资源消耗管理，提高资源利用效率。在废弃物产生环节，强化污染预防和全过程控制，推动不同行业合理延长产业链，降低废弃物最终处置量。在资源再生环节，大力回收和循环利用再生资源。比如，在钢铁行业，可以形成四个闭合环路，即钢渣和含铁尘泥闭路利用、煤气闭路利用、工业用水闭路利用、余热蒸汽闭路利用，推动循环经济发展。

——改善农民居住环境，推广新型能源。同特色农业产业化型村庄。

——积极发展农村公共事业。同特色农业产业化型村庄。

3. 生态观光旅游型村庄

——加大宣传力度。利用广播、报纸、电视等各种宣传手段，扩大知名度，开拓周边地区的客源市场。

——加强基础设施建设，提高服务水平。要加强宾馆、餐饮及娱乐休闲场所的软硬件建设，增强旅游接待能力，对服务人员进行专业培训，提高服务水平。

——不断丰富旅游产品。要大力发展以原始森林和原始地貌为核心的农家生态旅游和以"农家乐"为核心的民俗旅游产业，发展集林果采摘、观光、工业旅游、民俗旅游为一体的多元化旅游。

——改善农民居住环境，推广新型能源。同特色农业产业化型村庄。

——积极发展农村公共事业。同特色农业产业化型村庄。

4. 商贸物流型村庄

——培育商贸物流龙头企业。大力培育商贸物流龙头企业，发挥示范带动作用，加强龙头企业和个体户之间的协作。

——提高商贸物流业的组织化程度。加强商贸物流经济合作组织和行业协会建设，为商贸活动和运输提供信息和技术支持。规划建设标准化的商贸市场和物流基地，加强商贸和物流信息中心的建设，统一协调管理。物流业要逐步从简单的运输和仓储服务过渡到以提供第三方物流为主的综合物流服务。

——加强农民的素质教育。定期对农民进行法律、金融、保险等方面的教育培训，提高农民的个人素质、防风险能力和业务能力。

——改善农民居住环境，推广新型能源。同特色农业产业化型村庄。

——积极发展农村公共事业。同特色农业产业化型村庄。

（二）示范企业

根据分类指导、重点突出、经济效益和社会效益兼顾的原则，基于野鸡坨镇企业发展现状，现阶段先在 3 个主要行业各选择一个企业作为科学发展示范企业。其中，特色农产品加工企业有顺园乳业；钢铁冶金企业有龙泰 50 万吨精密冷轧薄板厂；物流企业有昌和钢铁物流。

1. 特色农产品加工企业

——提高产品科技含量。示范企业应加强与迁安市、唐山市或河北省农业科研机构合作，加大科技投入，促使农产品加工由初加工和粗加工转向深加工和精加工，提高农产品的附加价值。

——发展链式经营。支持农产品加工示范企业带动前向和后向产业发展，既要重视农产品原料基地建设，也要重视后续农产品加工和产品营销队伍建设。

——注重员工培训。示范企业每年针对员工的职业技能培训和素质教育不少于 6 次，以提高劳动生产效率。

——打造品牌产品。鼓励示范企业进行商标注册和品牌认证，严格按照质量要求规范生产。

2. 钢铁冶金企业

——注重节能降耗减排。要采用先进设备和工艺，大力推行节能降耗和清洁生产，从源头和生产过程加强对资源的利用，推动企业在节能、节水、节地、节材等方面的技术改造，减少废弃物排放，加大环保设施投入，提高污染的治理水平。

——提高产品科技含量。示范企业根据自身情况建立技术创新机构，每年投入一定比例资金进行科技研发，开发具有自主知识产权的产品和核心技术，提高自主创新能力。

——注重员工技能培训。示范企业应定期通过职业技能学校等途径对员工进行专业职业技能培训，每年培训不少于 6 次。

——打造品牌产品。品牌是企业创新力和竞争力的核心，要鼓励示范企业实施品牌战略，加强商标注册、品牌认证和形象推介，不断提高产品质量，增强品牌的影响力。

3. 物流企业

——提高物流企业信息化水平。国外物流企业发展经验表明，信息化建设是物流企业做大做强的催化剂。示范企业应制定信息化发展规划，加快发展电子商务，通过高效快捷的信息化处理手段，引进 GIS（地理信息系统）、EDI（电子数据交换）、个人电脑、管理信息系统（专家系统）、互联网等信息技术，实现信息流、商品流和资金流的有效结合。

——加快标准体系建设。现代物流标准化趋势有三个方面：业务流程标准化、信息流标准化和文件格式标准化，核心任务是实现数据交换和新型共享，把供应链上的各个伙伴、各个环节联结成一个整体，在编码、文件格式、数据接口、EDI、GPS 等相关代码方面实现标准化。

——推进物流公共信息平台建设。通过对各个区域内物流相关信息的采集，为生产、销售及物流企业等信息系统提供基础物流信息，满足企业信息系统对物流公用信息的需求，支撑企业信息系统各种功能的实现；同时，通过共享物流信息来支撑政府部门之间行业管理与市场规范化管理方面协同工作机制的建立。

——发展链式经营。示范企业应发展以钢铁贸易和物流为主的链式经营，建成集规模采购、集中仓储、网络分销、加工增值、配送以及钢材市场的连锁经营为一体的大型物流企业。

——重视培养物流人才。示范企业应通过行业协会、高校和研究机构等途径，加强对在职物流从业人员进行培训，培养高级物流管理人才、物流政策研究人才、物流运营管理人才、技术技能型操作人才等。

（三）示范单位

为深入贯彻落实科学发展观和深化政治体制改革，根据以点带面、全面推进、分类指导、动态调整的原则，基于野鸡坨镇政府职能机构发展现状，选择 7 个单位作为科学发展示范单位。其中，综合行政服务示范单位为野鸡坨镇党政办公室；公共秩序与公共安全职能示范单位为野鸡坨镇派出所，综合经济事务示范单位为野鸡坨镇企业发展服务中心，市场监管职能示范单位为野鸡坨镇工商所，资源与环境保护示范单位为野鸡坨镇国土资源所，社会文化事业示范单位为野鸡坨镇教育办公室，社会保障和就业示范单位为野鸡坨镇民政所及社会劳动保障站。

1. 野鸡坨镇党政办公室

——做好全镇党员的发展、培训和党员干部管理工作。

——制定全镇的发展规划和年度目标。

——做好全镇各组织结构日常事务的综合协调工作。

——每年至少进行 12 次在职人员的政治理论和专业知识培训。

2. 野鸡坨镇派出所

——提高民警的科学文化水平和执法水平。

——落实科技强警，推进治安工作信息化和现代化建设。

——提高维护社会治安和执法能力，从全镇人民的需要出发，推出新的便民措施，服务群众。

3. 野鸡坨镇企业发展服务中心

——认真研究国家产业政策，设立产业、技术和环境门槛，严格执行项目节能评估、项目环评制度，按照科学发展观的理念选择项目。

——为全镇第二、第三产业的发展提供优质、高效服务。

——每年至少进行 12 次在职人员业务知识的培训。

4. 野鸡坨镇工商所

——对全镇各类工商企业、个体工商户进行监督管理，调解经济合同纠纷，做到依法执政，公平客观。

——创造良好市场环境。完善12315申诉举报网络，健全机制和措施，保障消费者权益，创造良好市场氛围。

——每年至少进行12次在职人员的职业知识培训。

5. 野鸡坨镇国土资源所

——每年至少进行12次在职人员业务知识的培训。

——按照国家有关规定，聘请专家和科研机构科学编制全镇土地利用规划。

——监督全镇及各村土地城建规划的落实和开发建设，杜绝违规用地现象。

6. 野鸡坨镇教育办公室

——提高基础教育水平。到2010年，学前教育普及率达到99%以上，小学入学率、巩固率和初中入学率保持100%，初中巩固率达到99%以上，高中阶段教育普及率达到95%以上。

——逐步开展教育资源整合，建立寄宿制完全小学。

——建设高素质的教师队伍，全镇大专及以上学历教师人数逐年提高。到2010年，全镇学前教育教师幼教专业毕业生所占比率达到50%以上，小学专任教师大专学历要达到80%以上，初中专任教师本科学历要达到60%以上。

——加快教育装备现代化步伐，确保全镇所有学校实现教学现代化、办公自动化、通信网络化、资源数字化。到2010年，全镇学校接入教育城域网，并实现校校通，80%的教室配备多媒体教学平台。

7. 野鸡坨镇民政所

——推进失地农民基本养老保障、农村社会养老保险以及机关、企事业单位基本养老保险等各项制度的改革，建立多层次的社会保障体系。

——积极推进失业保险并轨工作，完善失业保险三方负担机制，加强失业保险基金的管理，发挥失业保险促进失业人员再就业功能。

——不断推进工伤、生育保险的健康发展。

——提高社会保险基金支撑能力，努力实现社会保障覆盖全社会的目标。

——健全参保人员基本资料数据库，加强社会保障信息化建设，构建完善的社会保障信息网络。

——加强社会保险基金的监督和管理。建立完善政府基金监督管理机构和劳动保障部门基金监督机构，建立定期向人大报告和向社会公布社会保险基金收支情况的制度。

——每年至少进行 12 次在职人员业务知识的培训和思想道德教育。

五 组织保障和政策措施

野鸡坨建设科学发展示范镇规划的实施，是一个庞大的系统工程。为此，需要加强组织和法制保障，并制定有力的政策措施推动规划的实施。

（一） 健全组织保障

建立以镇领导为主要负责人，各职能部门负责同志为成员的建设科学发展示范镇领导小组，全面负责科学发展示范镇建设工作。强化目标责任制管理，把科学发展示范镇建设作为领导干部业绩考核的重要内容。建立创建科学发展示范镇工作调度会制度，定期或不定期召开工作调度会，及时掌握新情况，研究新问题，协调下一步工作。加强对各项建设方案的协调以及实施过程中的监督检查，协调解决建设过程中出现的问题。加强社会监督，及时掌握相关政策信息。实施重大项目、事项公示和听证会制度，进一步完善民主决策程序。

（二） 加强法制建设

严格执行国家、省、市有关法律、法规和相关政策规定，制定相配套的实施办法。全力支持执法部门依法行使职权，严格执法，依法惩治污染环境、破坏生态环境和自然资源、违法占地等行为。加强规划的法制化建设，建立规范的规划实施管理和监督检查机制，建立确保规划实施的制度和保障体系，规划的编制要严格执行有关法律、法规，维护规划的严肃性，规划的调整要按法定程序办理，杜绝随意更改规划的行为。

（三）推进体制改革

加强公共基础设施建设，提高公共服务能力和水平，建设廉洁高效的公共服务型政府。一是大力发展中介服务机构，把政府管理的一些事务，交给中介组织；二是强化政府的服务观念，为镇区建设服务，为民营经济发展服务，为新农村建设服务；三是加快发展教育、文化、卫生等城镇基础设施，提高城镇公共服务水平，以满足经济社会发展的需要；四是加强镇政府在教育、文化、环保等方面的投入，为企业和居民创造良好的生产和生活条件。

（四）扩大双向开放

立足本镇，拓宽"外商"投资领域。确立"区外就是外"的观念，实行"内外商一起招，内外资一起上"，坚持从镇外引进资金与引进项目、引进技术、引进人才并重，形成多层次、宽领域、全方位对外招商的格局。

拓宽利用外资渠道。允许以货币、设备、物资、知名商标、知名品牌、专利、技术以及国家法律、法规、政策允许的其他出资方式进行投资，采取合资、合作或独资方式兴办企业。

创新招商手段。大规模招商与小分队招商相结合，普遍招商与专业招商相结合，采取以会招商、叩门招商、以商招商、网络招商、情感招商等多种形式，实现由资源招商向魅力招商的转变。

积极参加省市组织的各类洽谈会、博览会，让具有强烈招商欲望的企业成为洽谈主体。突出抓好洽谈成果的后续落实工作，努力实现合同项目、合同金额与实际到位资金同步增长。

（五）促进公众参与

充分发挥各种新闻媒体的作用，通过制作宣传片、在电视媒体上播放公益广告、在镇窗口地带和重要交通干道树立广告牌、建立网站等方式营造野鸡坨镇建设科学发展示范镇的氛围；通过工会、团委、宣传部门开展形式多样的宣传活动，组织志愿者进入社区、街道、乡村进行宣传，让广大人民群众认识到建设科学发展示范镇这项工作关系到野鸡坨镇全体人民的切身利益，是功在当代、利在千秋的大事、好事，从而在全镇区内形成共同参与科学发展示范镇建设的局面。

附录一

野鸡坨镇各村基本情况

小杨官营村：2007 年，全村共 301 户，总人口 1100 人，有劳动力 605 个，耕地面积 1480 亩，实现总收入 1110 万元，人均纯收入 7091 元。有养鸡场 3 个，存栏 11000 只，年纯收入 18 万元；生猪屠宰贩运 165 户，从业人员 380 多人，年纯收入 450 万元；有三轮运输车 86 辆，年纯收入 95 万元；小商品经营 8 户，从业人员 15 人，年纯收入 16 万元。经济特点为农产品加工，属于农业产业化专业村。

宋庄村：2007 年，全村共 426 户，总人口 1470 人，有劳动力 712 个，耕地面积 1987 亩，实现总收入 1522 万元，人均纯收入 5706 元。有水浇地 230 亩，山场面积 1200 亩，种植苹果 110 亩，年收入 27 万元；桃 15 亩，年收入 2 万元；核桃 5 亩，年纯收入 1 万元。养鸡 135 户，6.2 万只，从业人数 310 人，年纯收入 200 万元；养奶牛 20 户，50 头，从业人数 40 人，年纯收入 30 万元；养猪 30 户，320 头，从业人数 40 人，年纯收入 32 万元。经济特点为种养殖业，属于农业产业化专业村。

朱庄子村：2007 年，全村共 314 户，总人口 1096 人，有劳动力 641 个，耕地面积 1740 亩，实现总收入 873 万元，人均纯收入 5918 元。从事核桃加工 230 户，从业人员 580 人，年纯收入 600 万元。经济特点为农产品加工，属于农业产业化专业村。

邵家营村：2007 年，全村共 550 户，总人口 1946 人，有劳动力

1048 个，耕地面积 2924 亩，实现总收入 2607 万元，人均纯收入 5955 元。有水浇地 800 亩，板栗 300 亩，年纯收入 15 万元；貉子养殖 56 户，2000 只，年纯收入 70 万元；蛋鸡养殖 2 户，3000 只，年纯收入 8 万元；石碴厂 12 个，从业人数 360 人，年纯收入 240 万元；运输车 149 辆，350 人，年纯收入 550 万元；建筑从业人数 70 人，年纯收入 100 万元。经济特点为多种经营，属于商贸流通专业村。

安山口村：2007 年，全村共 245 户，总人口 837 人，有劳动力 386 个，耕地面积 1195 亩，实现总收入 923 万元，人均纯收入 5914 元。有山场面积 200 亩，水浇地 400 亩；劳务输出 150 户，210 人，年纯收入 300 万元；大型运输车 20 辆，60 人，年纯收入 200 万元。经济特点为劳务输出，属于商贸流通专业村。

爪村：2007 年，全村共 857 户，总人口 3000 人，有劳动力 1460 个，耕地面积 2356 亩，实现总收入 3455 万元，人均纯收入 5921 元。有 5 吨以上运输车 150 辆，其他运输车 60 辆，从业人数 510 人，年纯收入 710 万元；商贸 72 户，从业人数 220 人，年纯收入 240 万元；修理部 14 个，从业人数 35 人，年纯收入 60 万元。经济特点为运输商贸，属于商贸流通专业村。

卜官营村：2007 年，全村共 700 户，总人口 2386 人，有劳动力 1340 个，耕地面积 2696 亩，实现总收入 3977 万元，人均纯收入 5940 元。有山场 1500 亩，水浇地 700 亩；养猪场 4 个，存栏 830 头，年纯收入 80 万元；养鸡场 4 个，存栏 1.8 万只，年纯收入 60 万元。劳务输出 370 户，680 人，年纯收入 720 万元；运输车 30 辆，从业人数 110 人，年纯收入 135 万元。经济特点为劳务输出，属于劳务输出专业村。

丁庄子村：2007 年，全村共 465 户，总人口 1510 人，有劳动力 667 个，耕地面积 1526 亩，实现总收入 1290 万元，人均纯收入 5756 元。有山场面积 1600 亩，桃 100 亩，苹果 50 亩，杏、梨、李等 60 亩，年纯收入 40 万元。豆制品加工 40 户，年收入 40 万元。养鸡 5 户，7000 只，年收入 20 万元；养猪 5 户，存栏 116 头，年收入 21.7 万元；养鸭 2 户，400 只，年收入 4 万元；大型汽车运输 5 户，年收入 70 万元；从事建筑业 200 人，年收入 482 万元。经济特点为特色种植。

高各庄村：2007 年，全村共 427 户，总人口 1538 人，有劳动力 650 个，耕地面积 2192 亩，实现总收入 1269 万元，人均纯收入 5854 元。种植板栗 100 亩，年纯收入 20 万元；桃 200 亩，年纯收入 40 万元；梨 200 亩，年纯收入 50 万元；大枣 80 亩，年纯收入 12 万元；西瓜 30 亩，年纯收入 6 万元。经济特点为特色种植。

新军营村：2007 年，全村共 260 户，总人口 820 人，有劳动力 480 个，耕地面积 1280 亩，实现总收入 637 万元，人均纯收入 5686 元。种植板栗 40 亩，年纯收入 20 万元；大枣 20 亩，年纯收入 11 万元；核桃 20 亩，年纯收入 12 万元；柿子 30 亩，年纯收入 12 万元；苹果 20 亩，年纯收入 9 万元；梨 20 亩，年纯收入 9 万元。经济特点为特色种植。

西周庄村：2007 年，全村共 165 户，总人口 525 人，有劳动力 248 个，耕地面积 1164 亩，实现总收入 361 万元，人均纯收入 5940 元。有优质板栗 350 亩，年纯收入 17 万元。经济特点为特色种植。

李家峪村：2007 年，全村共 502 户，总人口 1569 人，有劳动力 734 个，耕地面积 2064 亩，实现总收入 1522 万元，人均纯收入 5809 元。有山场面积 1500 亩，苹果 160 亩，板栗 300 亩，核桃、梨等 40 亩，年纯收入 204 万元；大棚黄瓜 5 亩，年纯收入 9 万元。经济特点为特色种植。

大杨官营村：2007 年，全村共 1135 户，总人口 3521 人，有劳动力 1858 个，耕地面积 3000 亩，实现总收入 3108 万元，人均纯收入 5960 元。种植苹果 80 亩，年纯收入 24 万元；梨 40 亩，年纯收入 12 万元；板栗 20 亩，年纯收入 8 万元；核桃 65 亩，年纯收入 20 万元。养貉子 10 户，存栏 800 只，年纯收入 24 万元；养狐狸 3 户，存栏 200 只，年纯收入 6 万元；养鸡场 5 个，存栏 1.5 万只，年纯收入 40 万元；石碴厂 10 个，230 人，年纯收入 210 万元；粮油贩运 50 户，150 人，年纯收入 270 万；建筑队 4 个，300 人，年纯收入 450 万元；劳务输出 350 人，年纯收入 900 万元；运输车 60 辆，200

年纯收入 700 万元。经济特点为多种经营。

山港村：2007 年，全村共 645 户，总人口 2191 人，有劳动力 1035 个，耕地面积 2878 亩，实现总收入 1485 万元，人均纯收入 5733 元。有山场面积 1000 亩。大型汽车 12 户，120 人，年纯收入 360 万元；小拖车、三轮车 55 户，100 人，年纯收入 110 万元；小卖部 7 户，10 人，年纯收入 8 万元；棉花贩运 90 户，200 人，年纯收入 400 万元；建筑业 7 户，100 人，年纯收入 200 万元。经济特点为多种经营。

小山东庄村：2007 年，全村共 45 户，总人口 165 人，有劳动力 105 个，耕地面积 200 亩，实现总收入 178 万元，人均纯收入 5666 元。种植栗子 20 亩，枣 20 亩，梨 10 亩，柿子、杏 30 亩，年纯收入 8000 元。劳务输出 72 人，年收入 80 万元。经济特点为劳务输出，属于劳务输出专业村。

东周庄村：2007 年，全村共 375 户，总人口 1255 人，有劳动力 551 个，耕地面积 2349 亩，实现总收入 872 万元，人均纯收入 5884 元。有 5 吨以上运输车 95 辆，从业户数 120 户，从业人数 260 人，年纯收入 500 万元。经济特点为运输，属于商贸流通专业村。

张都庄村：2007 年，全村共 840 户，总人口 2696 人，有劳动力 1200 个，耕地面积 4840 亩，实现总收入 2184 万元，人均纯收入 5946 元。有山场面积 1700 亩，苹果 120 亩，年纯收入 30 万元；桃 130 亩，年纯收入 31 万元；核桃 70 亩，年纯收入 10 万元。板栗 50 亩，年纯收入 10 万元。有养猪场 3 个，共存栏 52 头，年纯收入 24 万元；养貉子 30 户，存栏 400 只，年纯收入 16 万元；养鸡场 4 个，共存栏 2000 只，年纯收入 6 万元；烧结厂 1 个，从业 450 人，年纯收入 800 万元；商贸从业人数 20 人，年纯收入 30 万元；建筑队 3 个，176 人，年纯收入 246 万元。经济特点为多种经营，属于工业品加工专业村。

野鸡坨村：2007 年，全村共 737 户，总人口 2717 人，有劳动力 1200 个，耕地面积 3652 亩，实现总收入 4542 万元，人均纯收入 5933 元。种植板栗 170 亩，收入 65 万元。奶牛场 2 个，其中，顺园乳业 634 头，年收入 315 万元；玉江奶牛场 100 头，年收入 35 万元。安富友蛋鸡养殖场 1 个，养鸡 2000 只，年收入 7 万元。有运输车 90 辆，从业人员 150 人，年纯收入 500 万元。商贸 40 户，120 人，年纯收入 400 万元；餐饮 60 户，180 人，年纯收入 480 万元；汽车修理 30 户，90 人，年纯收入 400 万元。经济特点为商贸、运输。属于商贸流通专业村。

大山东庄村：2007 年，全村共 560 户，总人口 2070 人，有劳动力 1050 个，耕地面积 1020 亩，实现总收入 5651 万元，人均纯收入 5800 元。种植苹果 80 亩，年纯收入 24 万元；大枣 50 亩，年纯收入 15 万元。5 吨以上运输车 114 辆，从业人数 342 人，年纯收入 500 万元。经济特点为运输，属于商贸流通专业村。

仓库营村：2007 年，全村共 315 户，总人口 1042 人，有劳动力 589 个，耕地面积 1436 亩，实现总收入 779 万元，人均纯收入 5923 元。有山场面积 1500 亩，油桃 11 亩，李子 9 亩，年纯收入 3120 元；板栗 13 亩，年纯收入 5100 元。小拖车 80 辆，从业人数 160 人，年纯收入 170 万元；汽车 35 辆，从业人数 105 人，年纯收入 200 万元。经济特点为运输，属于商贸流通专业村。

武各庄村：2007 年，全村共 417 户，总人口 1300 人，有劳动力 700 个，耕地面积 1807.8 亩，实现总收入 1269 万元，人均纯收入 5854 元。种植丰水梨 1000 亩，年纯收入 300 万元。养牛 36 头；养猪 50 户，存栏 300 头，共计年纯收入 100 万元。经济特点为特色种植，属于农业产业化专业村。

附录二

野鸡坨镇基本统计数据

表 1   野鸡坨镇区域面积

年度	总面积（平方公里）	农业用地（亩）		
		总计	耕地	林地
2004	72.931	83764	52039	31725
2005	72.931	83748	52023	31725
2006	72.931	83315	51590	31725
2007	72.931	80276	48551	31725

表 2   野鸡坨镇人口

单位：人

年度	年末人口			按农业非农业分		户数
	总计	男	女	农业	非农业	
2004	35765	18529	17236	34869	896	9917
2005	36269	18823	17446	35301	968	9954
2006	35897	18603	17294	34795	1102	9995
2007	36402	18827	17575	35237	1165	10389

表3　　　　　　　　　　野鸡坨镇人口就业情况

单位：人

年度	劳动力			在乡镇就业情况				在外就业情况	失业情况
	总计	男	女	总计	第一产业	第二产业	第三产业		
1995	13211	6817	6394	4643	967	2200	1476	997	279
1996	13978	7003	6975	4980	891	2311	1778	1018	243
1997	14117	7111	7006	5144	887	2416	1841	1125	275
1998	14910	7569	7341	5622	823	2733	2066	989	234
1999	15420	7896	7524	5984	796	2941	2247	865	199
2000	15898	8017	7881	6127	598	3129	2400	811	311
2001	16510	8496	8014	6631	496	3317	2818	756	256
2002	16378	8044	8334	6979	548	3464	2967	696	243
2003	17422	8911	8511	7836	632	3921	3283	789	289
2004	17950	9122	8828	8180	747	4259	3174	629	327
2005	18181	9367	8814	9245	758	5166	3321	478	217
2006	19825	10388	9437	9964	803	5821	3340	416	189
2007	20704	11217	9487	10544	1022	6101	3421	361	103

表4　　　　　　　　　　外来人口及就业情况

单位：人

年度	总人口	劳动力			就业情况			
		总计	男	女	总计	第一产业	第二产业	第三产业
1995	156	143	105	38	141	2	103	36
1996	203	195	117	78	196	0	153	43
1997	216	202	123	79	256	3	192	61
1998	259	238	175	63	289	5	219	65
1999	286	257	237	20	316	2	232	82

续表

年度	总人口	劳动力			就业情况			
		总计	男	女	总计	第一产业	第二产业	第三产业
2000	325	302	286	16	365	0	292	73
2001	378	356	327	29	402	0	316	86
2002	453	425	302	123	416	2	329	85
2003	472	453	316	137	438	2	353	83
2004	503	501	352	149	475	4	376	95
2005	535	512	375	137	512	2	430	80
2006	592	575	412	163	521	3	445	73
2007	611	602	436	166	561	0	477	84

表5　　　　　　　农业科技与服务人员技术职称情况

单位：人

年度	合计	初级	中级
1995	12	11	1
1996	13	11	1
1997	14	12	2
1998	14	12	2
1999	15	13	2
2000	17	15	2
2001	18	16	2
2002	20	17	3
2003	26	22	4
2004	27	23	4
2005	27	23	4
2006	31	27	4
2007	31	27	4

表6　　　　　　　　　　　　生产总值

年度	生产总值（当年价格）（元）				生产总值比重（%）			人均生产总值（元）
	总计	第一产业	第二产业	第三产业	第一产业	第二产业	第三产业	
1995	20483	7169	3482	9832	35	17	48	
1996	22378	7832	4028	10518	35	18	47	
1997	24569	7862	4913	11794	32	20	48	
1998	26784	8303	6160	12321	31	23	46	
1999	28967	8690	7242	13035	30	25	45	
2000	32468	8442	11039	12987	26	34	40	
2001	38027	7605	13309	17113	20	35	45	
2002	40103	8112	13911	18080	20	35	45	
2003	47843	12372	15715	19756	26	33	41	
2004	46987	12352	15617	19018	26	33	41	13137
2005	75605	9375	37273	28957	12	49	39	20845
2006	96506	10018	51511	34977	10	53	37	26884
2007	113185	10918	62184	40083	10	55	35	31093

表7　　　　　　　　　　　企业发展情况（一）

单位：个

年度	总计	国有	集体	私营
1995	325	2	23	300
1996	372	2	23	347
1997	388	2	25	361
1998	396	2	25	369
1999	409	1	3	405
2000	457	0	0	457
2001	498	0	0	498

续表

年度	总计	国有	集体	私营
2002	586	0	0	586
2003	616	0	0	616
2004	618	0	0	618
2005	634	0	0	634
2006	659	0	0	659
2007	668	0	0	668

表 8　　　　　　　　　　　　企业发展情况（二）

单位：个

年度	总计	工业	建筑业	交通运输业	批发零售餐饮业	其他行业
1995	325	32	2	1	290	0
1996	367	34	5	2	316	10
1997	388	36	6	2	334	10
1998	396	40	6	2	336	12
1999	409	41	7	2	347	12
2000	457	46	7	3	386	15
2001	498	50	9	5	416	18
2002	586	56	10	5	495	20
2003	616	61	12	6	517	20
2004	618	62	13	6	517	20
2005	634	68	13	7	524	22
2006	659	69	14	9	541	26
2007	668	71	15	10	544	28

表 9 农业生产情况

年度	农作物播种总面积（亩）	粮食作物播种面积（亩）	粮食总产量（公斤）	猪牛羊鱼总产量（公斤）
1995	44469	34578	9687000	4987600
1996	46875	35467	9986000	5061200
1997	49652	36576	10996000	5234700
1998	50664	38895	11487000	5768900
1999	56438	39796	11692000	5876400
2000	59867	42160	11693000	6678900
2001	78669	57886	12809000	6846700
2002	83645	60792	13719000	7056800
2003	49951	36793	11093000	6044300
2004	58336	42180	12609000	7893000
2005	59443	43179	13108000	8080300
2006	50998	38980	13201000	7275300
2007	47785	35787	12147000	8870000

表 10 道路和汽车拥有量

年度	交通道路投资（万元）	公路里程（公里）	机动车拥有量（辆）			
			轿车	货车	拖拉机	总计
1995				15	98	113
1996				20	144	164
1997				39	193	232
1998				54	207	261
1999				64	298	362
2000				76	352	428
2001				84	483	567
2002				90	531	621

年度	交通道路投资（万元）	公路里程（公里）	机动车拥有量（辆）			
			轿车	货车	拖拉机	总计
2003	1242	69		90	603	693
2004	1818	101	2	110	700	812
2005	2214	123	10	121	814	945
2006	5274	293	20	140	814	974
2007	5274	293	24	142	817	983

表 11 　　　　　　　　　　　财政收入

单位：万元

年度	合计	财政预算内收入			财政预算外收入		
		总计	税收	上级财政补贴	总计	各种收费	专项收入
1995	270	99	68	31	171	36	135
1996	335	251	136	115	84	18	66
1997	422	326	183	143	96	41	55
1998	408	308	186	122	100	72	28
1999	513	384	208	176	129	36	93
2000	498	305	222	83	193	64	129
2001	487	300	199	101	187	146	41
2002	685	577	295	282	108	82	26
2003	1089	763	373	390	326	224	102
2004	1190	923	652	271	267	262	5
2005	1695	1250	1024	226	445	282	163
2006	2829	2052	1360	692	777	294	483
2007	4388	2954	2192	762	1434	416	1018

表 12   财政支出

单位：万元

年度	总计	行政事业费	基本建设	农业	教育	社会救济
1995	270	45		109		
1996	335	48		40		
1997	422	122		55		
1998	408	122	22	60		
1999	513	176		93		
2000	498	170	60	133		
2001	487	180	130	41		34
2002	685	282	13	13		50
2003	1089	390		102	18	61
2004	1190	450	68	176	20	55
2005	1695	919	257	188	51	89
2006	2829	966	130	137	47	169
2007	4388	1179	292	469	47	210

表 13   财政支出用于农业情况

年度	财政支出用于农业的部分（元）			支农支出占财政总支出的比重（％）
	总额	农田水利建设费	农业科技费	
1995	109	104	5	40.4
1996	40	36	4	11.9
1997	55	50	5	13.0
1998	60	55	5	14.7
1999	93	93		18.1
2000	133	133		26.7
2001	41	41		8.4
2002	13	13		1.9
2003	102	102		9.4
2004	176	176		14.8
2005	188	188		11.1
2006	137	137		4.8
2007	469	469		10.7

表 14　　　　　　　　　　　**银行和信用社存贷情况**

单位：万元

年度	年末存款余额			年末贷款余额		
	企事业单位存款	个人存款	总 计	农业用途	非农业用途	总 计
1995	2	7396	7398	360	65	425
1996	4	7802	7806	456	183	639
1997	3	8123	8126	651	72	723
1998	9	8460	8469	469	467	936
1999	13	8814	8827	502	564	1066
2000	27	9099	9126	562	789	1351
2001	16	9929	9945	625	1443	2068
2002	36	10533	10569	563	3726	4289
2003	35	11861	11896	829	5407	6236
2004	65	13201	13266	766	7334	8100
2005	182	15145	15327	765	10491	11256
2006	562	15405	15967	656	9482	10138
2007	847	20001	20848	670	7418	8088

表 15　　　　　　　　　　　**乡镇投资结构情况**

单位：万元

年度	农业	企业	环境卫生	教育	办公设施
2001	364			8	
2002	421			10	
2003	4275	6783	326	11	300
2004	4890	10921	363	11	
2005	5537	80116	438	12	
2006	6021	82257	491	14	
2007	6489	82499	504	15	

表 16　　　　　　　　　　　　医疗机构和医生

年度	医疗机构和医生			每个医生负担人口数（人）
	医疗机构（个）	病床（个）	医生（人）	
1995	3		47	736
1996	3		47	737
1997	5		48	734
1998	7		49	724
1999	9		49	745
2000	11		50	734
2001	12		52	715
2002	13		56	646
2003	14		57	652
2004	15		58	617
2005	16		60	604
2006	16		62	579
2007	18	20	70	520

表 17　　　　　　　　　　　　在校学生

单位：人

年度	在校学生			每个老师负担学生数
	小学	中学	总数	
2001	4469	2721	7190	20
2002	3716	2983	6699	19
2003	3035	2957	5992	18
2004	2536	2672	5208	15
2005	2123	2443	4566	15
2006	2131	1721	3852	13
2007	2195	1201	3396	11

表 18 居民房屋使用情况

单位：平方米

年　度	平均每人年末住房面积	年度	平均每人年末住房面积
1995	24	2002	32
1996	29	2003	34
1997	30	2004	37
1998	31	2005	39
1999	31	2006	40
2000	32	2007	40
2001	32		

表 19 乡镇政府及事业单位编制与人员构成

单位：人

年度	总计	编制内人员			编制外人员	
		总计	政府部门	事业单位	总计	事业单位
1995	66	40	20	20	26	26
1996	71	46	22	24	25	25
1997	76	48	22	26	28	28
1998	78	53	23	30	25	25
1999	81	57	25	32	24	24
2000	88	60	26	34	28	28
2001	88	62	26	36	26	26
2002	92	67	29	38	25	25
2003	75	67	29	38	8	8
2004	77	63	27	36	14	14
2005	79	63	27	36	16	16
2006	85	62	26	36	23	23
2007	86	55	21	34	31	31

表 20　　　　　　　　乡镇政府及事业单位人员分布

单位：人

年度	党及社会团体	财经部门	文教卫生	政法	科技	总计
1995	20	15	7	14	10	66
1996	22	15	7	15	12	71
1997	22	13	14	16	11	76
1998	23	14	13	15	13	78
1999	25	16	14	14	12	81
2000	26	15	17	16	14	88
2001	26	16	17	16	13	88
2002	29	16	19	15	13	92
2003	18	9	16	18	14	75
2004	27	7	12	16	15	77
2005	27	8	16	15	13	79
2006	26	9	16	16	18	85
2007	21	8	22	16	19	86

表 21　　　　　　　　乡镇管村级干部情况

年度	人数	平均年龄	平均文化程度	平均补贴（元）	平均家庭收入（元）
1995	135	53.2	初中	2800	8800
1996	121	51.1	初中	2900	8900
1997	128	49.7	初中	3000	9000
1998	134	50.4	初中	3600	10000
1999	129	51.8	初中	4200	11000
2000	132	49.3	初中	4800	12000
2001	141	51.2	初中	5060	13000
2002	130	50.1	初中	5100	14000
2003	129	49.9	初中	5300	16000
2004	128	49.7	初中	6500	18000
2005	130	47.2	初中	7100	19000
2006	123	46.3	初中	8200	25000
2007	122	46.2	初中	8912	31200